全国高等医药院校

医事法学规划教材 QUANGUO GAODENG YIYAO YUANXIAO YISHI FAXUE GUIHUA JIAOCAI

医事程序法

古津贤　张新华　主　编

冯　磊　王国平　邓　虹　副主编

西南師範大學出版社

全国高等医药院校医事法学规划教材

总主编　邓世雄　蒲　川

编　委（以姓氏笔画为序）

丁朝刚　王安富　王其林　王国平
王　萍　邓　虹　石　悦　古津贤
冯泽永　李宇阳　杜仕林　吴海峰
沈春明　张　静　张新华　汪丽青
罗　秀　赵　敏　贾国燕　高建伟
曹文姝　阎　婷

总 序

改革开放以来,我国的民主法制建设取得了长足的进步,依法治国已成为我国基本的治国方略,建设社会主义法治国家作为我国现代化建设所要实现的重要的政治目标被载入宪法,法律在社会生活中的地位得到了极大的提升。法律属于上层建筑的范畴,其目的在于规范制约社会生活,二者彼此依存,相互促进。世界各国发展的历史表明,法律是一门实践的科学,一方面,推动法律文明进步的动力,是现实的社会生活,是政治、经济和社会各项事业的变迁;另一方面,任何一项社会事业的发展也离不开法律的保障和规制。

医疗卫生事业和法律的关系也是如此,一方面医患矛盾、食品安全、药品质量、传染病的预防控制、现代生命科技发展所引发的各种冲突等等问题的出现不断地推动法律制度的发展和完善;另一方面上述各项卫生事业的发展也离不开法律的保障。改革开放以来,随着生活水平的提高、生活质量的提升,人们对自己的健康有了前所未有的关注;同时随着法治秩序的逐步建立,人民的权利意识、法律意识开始苏醒。但由于历史的原因,我国在医疗卫生领域的相关法制建设显得相对滞后,远远不能适应社会发展的需要,所以上述医患矛盾、食品安全、药品质量等种种问题出现了,医疗卫生事业的发展有赖于这些问题的解决,而这些问题的解决最终还得依靠法制的完善。

正因为如此,医事法律更成为当今极为重要的论题。医事法律研究的理论和实践问题,如医患关系、医疗纠纷的处理、食品安全、药品质量、现代医疗技术的应用等等问题大多是社会关注的热点。尤其是随着生命科技的高速发展,现代医疗技术对人的生、老、病、死强烈的干预和操纵,各种尖端医疗技术从实验室来到了普通大众的身边,如试管婴儿、代孕母亲、器官移植等等。但新技术的应用比以往任何时候都更容易引起公众的争论,这是因为生命科学技术引起的问题比任何以往的其他科学技术都复杂得多,科技的进步使得人类面临更多的选择,也需要作出更多的决定,这些选择和决定因为涉及了生命的因素,而具有更大的风险,承担更大的责任。如果缺乏法律和伦理的制约与规范,生命科技带给人类的可能不是幸福而是灾难。

"医学是科学学科中最人道的科学,是最经验主义的技艺,是人文学科中最富有科学性的学科",埃德蒙·D.佩莱格林诺的论述非常精辟,一语道出了医学与人文社会科学的关系。在医疗实践中，先进的医疗技术并不一定能推进医学和社会的进步。因为医学面对的是患者，患者是人，人不是单纯的生物体，而是生活在一定社会中有着一定文化习俗、伦理价值观念、复杂心理活动的主体。在医疗活动中患者往往从自己熟悉的传统习俗、伦理道德乃至法律观念去判断医生的行为，如果医生只把人作为一个生物体，而全然忽略患者的文化背景、社会环境、心理特性，医患冲突就再所难免。医学的主要问题在于"医术讲得多，人文关怀讲得少，行为科学不足，经济诱因太多。"佩莱格林诺这段话正是现代医学模式转化（由生物医学模式向"生物—心理—社会"模式转化）的最好注释，医学的发展正是由医学科技、伦理、文化、习俗、法律等多种因素合力的结果。

随着生物医学模式向"生物—心理—社会"模式的转化，传统的医学教育模式已经悄然地发生了变化。在医药院校，更多的人文社会科学课程在医学生的课堂上出现，医学与各类人文社会科学的交叉学科大量涌现，如卫生事业管理学、医院管理学、卫生法学、医事法学、医学哲学、医学伦理学等等。同时医学教育的目的也不再单纯是培养医学人才，培养具有医学背景的管理人才、法律人才、经济人才等各类复合型人才已经成为各类高等医药院校的重要任务，而这也正是各类高等医药院校适应社会发展的机遇所在。

我国的医事法律的专业教育较之发达国家起步较晚，而随着我国各项社会事业的不断发展，目前我国的医学法律人才与发达国家相比较，数量和质量都存在很大的差距，高素质的医学法律人才紧缺。随着我国医疗卫生体制改革的深入，医疗机构面临着越来越多的法律问题，归结起来主要体现在三个方面，一是医患权益的法律保障问题，一是医院管理的规范化和法制化问题，再就是医院的经营发展中的法律问题。医疗服务机构对法律人才的需求强烈，医事法律人才正是国家医疗卫生服务机构所急需的紧缺人才。随着我国公共卫生监督体制的改革，我国的卫生监督体制由过去卫生防疫体制为主的行政业务管理转向专门的卫生监督执法，由此需要大量的既懂医疗卫生，又懂法律的高素质专门人才。传统上我国的卫生行政管理干部都是来自于医药卫生领域的专业人才，而法律、管理等方面知识较为欠缺。医事法律专业的毕业生可以通过公务员考试，从而进入卫生行政机关，进而推动我国医疗卫生事业管理的规范化和法制化。与此同时，随着我国医疗卫生事业的发展和人们法律意识的提高，现有的医疗纠纷和医疗损害赔偿诉讼越来越多，在司法实践中存在大量的既需要医学知识又需要法律知识的个案，现有的医事法律人才结构状况远不能满足法律服务市场的需求。

作为一个刚刚起步的新兴专业，医事法律的专业建设还有很长的路要走。在师资队伍建设、教学计划、课程建设、实习基地建设等方面还有很多工作需要做。就课程建设而言，教材建设是一个基础性的工程，对于专业建设起着非常重要的作用，通过教材建设可以统一专业的建设思想、专业课程体系，还可以培养和锻炼一批学术骨干。有鉴于此，由重庆医科大学、大连医科大学、上海中医药大学等国内10余所高等医学医院和西南师范大学出版社经过协商研究，决定整合国内部分高等医学院校的学术优势和出版社的出版力量，出版这套“全国高等医药院校医事法学规划教材”，本套教材包括卫生法学、医事法学等多门专业核心课程教材，及部分案例分析教材在内。

我们期望这套教材的编写，能将学术性、新颖性、可读性有机结合起来，运用生动合理的案例、简洁流畅的语言去阐释相关的法律理论与制度。同时我们也期望，经过组织者、编写者、出版者的共同努力，这套教材能成为真正的精品教材，能推动全国医学院校医事法律、卫生事业管理等新兴专业的建设。

重庆医科大学校长　雷寒

2008年1月

目 录

绪 论

一、医事程序法的实践基础：医疗纠纷解决机制

(一)医疗纠纷

医疗纠纷已经成为常见的纠纷形态。随着医疗纠纷的增多，医患关系也呈现日趋紧张的状态。

因此，如何预防、缓解、遏制医疗纠纷，缓和日趋紧张的医患关系正在成为全社会共同面对的重大课题。这不仅关系到社会的文明进步，也与每个人的切身利益息息相关。

然而，不得不指出的是，目前关于医疗纠纷的基础性研究是十分薄弱的。学界对医疗纠纷的概念进行了阐释，通说的观点大体上将医疗纠纷分为广义和狭义。狭义的医疗纠纷是指病员或其家属与医疗机构(医务人员)之间，就诊治和护理过程中发生的不良后果及其产生的原因在认识上不一致而导致的分歧或争议。这一概念将医疗纠纷严格限定于与专业医疗行为相关的各种纠纷，其产生原因是医疗事故与医疗差错、医疗意外和并发症等；广义的医疗纠纷是指医患双方对于医疗服务的过程、结果以及出现不良后果的善后存在不同看法所造成的争议和分歧。这一概念不仅包括狭义医疗纠纷的范围，也包括在医疗过程中产生的其他纠纷，如由于医疗人员服务态度不良发生的争执，触犯病患隐私权等人身权利引发的争执等，这些争执与专业医疗行为本身关联不大。一般说来，属于医事法律关注的医疗纠纷主要是指狭义上的医疗纠纷，本书也赞同这一观点。这是因为广义上的医疗纠纷中的很大一部分并不具有医患关系所体现出的专业性和特殊性，这些纠纷既可能发生在医疗领域，也可能发生在其他服务领域。本书认为，作为专门研究对象的医疗纠纷应当具有领域上的独占性、技术上的专门性和争执内容上的确定性。领域上的独占性是指医疗纠纷应当发生在医疗卫生领域，争执双方应当是医患双方或护患双方；技术上的专门性是指医疗纠纷应当与专业化的医疗技术相关，这使得对医疗纠纷的认定往往需要运用专业化鉴定的方式；争执内容上的确定性是指医疗纠纷所争执的内容应当是医院是否违反医疗服务合同的约定或是否存在医疗行为中的过错，以至给患者

造成了损害。

通过以上介绍可以发现，目前关于医疗纠纷的界定都是从对医疗纠纷现象的概括性描述入手。这种界定方式具有简单清晰、便于理解的优点，但也存在可以提升的理论空间。

1. 这种解释侧重于现象归纳，没有从纠纷的本质上看待医疗纠纷。纠纷的本质是一种利益对抗状态。人类社会之所以会产生纠纷，是由于利益对抗的长期性、复杂性所致，尤其是在社会转型期或变革阶段，由于利益的多元分化和利益争端的频繁发生，纠纷必然处于多发状态。医疗纠纷作为纠纷之一种，其本质上也是医患双方的利益对抗形态。这种利益对抗体现了医疗服务之利益获得与患者健康成本和收益权衡之间的矛盾。当患者认为其付出相应成本，而未能收获其认为的健康收益之时，或者虽然有健康收益，但其认为成本支出太高，必然会对收取利益的医疗服务机构和人员产生不满，当这种不满积蓄到一定程度且无法化解之时，纠纷随之发生。

在这种利益对抗中，有几个因素尤其需要注意：

第一，医疗活动有本身易产生纠纷的特征。医疗活动与人的健康相联系，而健康则是每个社会成员都关注的基本生存资源，一旦发生损害，产生利益对抗的几率较大。与此同时，医疗活动又是一种兼具高度专业化和风险性的活动。专业化使得医患双方在发生利益关系时处于信息不对称的状态，这使患方难以对健康收益和成本付出作出准确的判断，而在急剧增长的医患矛盾增加了患方对医方的不信任感的情况下，患方更容易得出“健康收益小于成本付出”的利益衡量；风险性则意味着患方在利益衡量时必须在成本中增加对医疗活动风险的估算，而这种估算与专业知识相关，不是患方能够做到的，因此也对利益的不当估计埋下了伏笔。基于对健康资源的重视和利益衡量的困难甚至误判，利益对抗在医疗活动中较其他领域更易发生。

第二，转型社会中的各种问题也增加了医疗纠纷发生的可能性。市场经济的初步发展催化了人们的趋利倾向，而在转型期间，政治、经济、法律制度尚不完善的情况下，这种趋利倾向会对纠纷的发生有促进作用。具体到医疗卫生服务领域，一方面，由于转型期医疗卫生改革的持续进行，医疗机构游走于营利模式和公益服务模式之间且往往由于各种原因偏向前者，以药养医、收费畸高等现象普通；另一方面，转型期的医疗法律制度发展相对滞后，既没有对这些行为进行合理规范，也未对纠纷前期产生的不满进行合理疏导，以致纠纷频繁发生，医患关系日渐紧张，而这种现实状况又增加了患方对成本收益考量时的盲目和冲动，进一步加剧了医疗纠纷。

从纠纷本质看待医疗纠纷，会对医疗纠纷的产生提供更为本质的思考，也可以为纠纷的解决提供思路。在承认利益对抗的客观性的前提下，如何缓和这种对抗，或者使双方容忍这种对抗，应当成为医疗纠纷解决的思考方向。

2.这种解释所提供的信息偏于在实体意义上解决医疗纠纷，而忽略了纠纷解决机制本质上是一种程序性设置。承接上文的分析，从纠纷本质的角度来看，医疗纠纷的发生不仅与医疗行为的过错或失误相关，也与医患之间易发生争议的特性和具体的社会环境相关。将纠纷解决仅限于实体问题，一方面可能会将解决方案简单化，另一方面也会产生"一切纠纷皆可通过判定真相而解决"的错误预判。实体解决如判定过错是否存在、违约是否达成、赔偿是否妥当等的确是医疗纠纷处理中急需解决的问题，但如何才能达成令人满意的实体解决，甚至在实体判断无法发现真相的时候，医疗纠纷应以何种方式终结，这些都不是实体判断本身能够解决的问题。

因此，我们需要引入纠纷解决机制。所谓纠纷解决机制，是指缓解和处理纠纷的方法和制度。纠纷解决机制其实质是一种程序装置，它既会为实体性判断的产生提供对话的场所和空间，也会通过程序设置缓解纠纷所蕴含的不满和争执，在这种程序装置中，"每一方都被要求'全面地'考虑问题，反思他方的利益主张，而不应'片面地'斟酌一己的得失。"[①]更会通过程序装置本身的有序运行吸收实体判断无法准确达成时可能产生的不满。就医疗纠纷而言，医疗风险的权衡、信息不对称的平衡、患者苛求医疗服务质量的冲动，从实体本身难以作出恰当的安排，这就需要在医疗纠纷解决机制中，通过程序设置，对这些方面作出有益于实体判断的程序安排。

（二）医疗纠纷解决机制

医疗纠纷解决机制，是指缓解和处理医疗纠纷的方法和制度。根据纠纷处理的制度和方法不同，可以从以下三种形式来论述医疗纠纷的处理机制。

1.私力救济

私力救济，是指当事人认定权利遭受侵害，在没有第三方以中立名义介入纠纷解决的情形下，不通过国家机关和法定程序，而依靠自身或私人力量，解决纠纷，实现权利。[②] 医疗纠纷中的私力救济包括自决和和解，体现在《医疗事故处理条例》里"医疗单位与病员及其家属自行协商解决"的规定中。自决是医疗纠纷的主体一方凭借自己的力量使对方服从。在医疗纠纷中，自决主要表现为两种形态：1.医方利用自身的信息优势和强大组织地位使患方撤出纠纷。2.患方使用暴力、纠缠等方法设法使医方满足患方的要求。和解是指医疗纠纷双方相互妥协和让步，出于自愿对纠纷争执的内容达成一致。自决与和解的区别在于：自决的最终也是达成一致，但在这种一致的达成中，一方并不是出于自身意愿，而是迫于力量对比关系上的弱势；而和解所达成的一致是出于双方的自愿。一般说来，医方出于其组织地位的强大和

①何兵.现代社会的纠纷解决.北京：法律出版社，2003年，第2页。

②徐昕.论私力救济.北京：中国政法大学出版社，2005年，第102页。

信息优势在纠纷中力量较为强大，但这种力量对比在医疗纠纷中会有所改变。患方可以借助纠纷策略增强自己的力量，如借助媒体力量、雇佣职业“医闹”、对医生尤其是医院负责人个人施加暴力威胁、结伙形成群体性事件等，患方的力量急剧增加，从而改变力量对比关系，甚至变得非常强大。

私力救济在纠纷解决机制中是最常见的。以往将之归为生产力低下、文明程度不高的产物是片面的。私力救济符合面对纠纷的人性期望，①具有直接、高效的特点。但是私力救济存在不理性的特征，它可能将纠纷扩大化从而侵害社会其他成员的权益。在医疗纠纷中，私力救济尤其是患方私力救济的频繁适用，会对医疗卫生秩序造成损害，对安定的社会秩序形成威胁，容易衍生出其他违法犯罪行为。

2. 社会救济

社会救济，包括诉讼外的社会调解和仲裁，这主要是依靠社会力量对医疗纠纷进行处理的一种机制。社会调解是指社会第三方依据一定的道德和法律规范，对发生纠纷的当事人摆事实、讲道理，促使双方互相谅解、让步，从而妥善解决纠纷的机制。在我国，社会调解主要是指人民调解、社会综合力量组成的社会调解中心或类似机构的调解以及仍在一定范围存在的乡间权威调解。根据《人民调解委员会组织条例》，人民调解组织是村民委员会和居民委员会下设的调解民间纠纷的群众性组织，在基层人民政府和基层人民法院指导下进行工作，其工作职责是调解民间纠纷，并通过调解工作宣传法律、法规、规章和政策，教育公民遵纪守法，尊重社会公德。社会综合力量组成的社会调解中心或类似组织是目前中国新出现的纠纷解决机构，一般是指政府牵头，在原有人民调解、行政调解的基础上，吸收社会力量建立的社会综合调解组织。与人民调解相比，它具有调解内容上的广泛性、连接其他纠纷解救机构的便利性和调解结果的权威性等特征。乡间权威调解是指基层社会存在的宗族调解或乡间“能人”调解等方式。这种方式与中国传统社会的纠纷解决方式相承继，在基层农村、边远地区仍有存在。仲裁是指纠纷双方根据有关规定或者协议，将争议提交一定的机构以第三者居中裁决的方式。

社会调解与仲裁的相似之处是均属于第三方介入纠纷解决并发挥协助裁断作用的纠纷解决方式，其区别在于，社会调解更注重当事人本人意愿，调解者的作用重在协调、斡旋等，而仲裁的结果则着重体现了仲裁者的裁断意愿。

目前，医疗纠纷的社会调解已为实践所重视。一些地方在人民调解组织、社会调解组织的基础上组成有医学专业人士、经验丰富的社会调解人员、法学专业人士等参与的专业医疗纠纷调解委员会，如宁波市于 2008 年 2 月成立的医疗纠纷调解

---

①这里的人性期望主要是指两种本能：第一，每个人都有面对自己生活问题时自我解决的本能，过于求助他人会作为无能的标志；第二，当面临损害时，每个人都有直接报复的冲动。

委员会，天津市2009年2月成立的医疗纠纷人民调解委员会等。这些专业调解委员会对医疗纠纷的解决起到了重要的作用。而我国目前尚未建立医疗纠纷的专业仲裁机制，各地关于医疗纠纷的仲裁运用并不统一。有地方（如山西、广东等）在医疗纠纷中适用《仲裁法》中的规定，也有地方（如深圳、河北等）建议成立专业医疗纠纷仲裁机构或将医疗纠纷人民调解组织和仲裁组织合并成立“医疗纠纷调解仲裁中心”。如何建立高效、专业化的医疗仲裁机制，还需要进一步探讨和论证。但毋庸置疑的是，包括社会调解和仲裁在内的良好社会救济方式的运用，对解决医疗纠纷、缓解医患矛盾是一剂良方。

3.公力救济

公力救济是指以国家公力机关介入作为第三方，在纠纷主体的参与下，对纠纷进行解决的一种机制。公力救济在纠纷解决机制中最具权威性。它的特征是：(1)解决规则具有国家性特征，表现在公力救济的范围、方式和程序由法律明确规定。(2)解决结果具有国家强制力，表现在国家行使强制执行权迫使纠纷主体履行生效的判决和裁定。

医疗纠纷中的公力救济方式主要包括卫生行政处理和诉讼。这里主要介绍一下医疗卫生行政处理。根据《医疗事故处理条例》的规定，卫生行政处理主要针对的是医疗事故争议案件，分为对医疗事故争议的处理和对医疗事故案件赔偿的调解两类。

(1)医疗事故争议处理。发生医疗事故争议，当事人申请卫生行政部门处理的，应当提出书面申请。申请书应当载明申请人的基本情况、有关事实、具体请求及理由等。当事人自知道或者应当知道其身体健康受到损害之日起1年内，可以向卫生行政部门提出医疗事故争议处理申请。卫生行政部门应当自收到医疗事故争议处理申请之日起10日内进行审查，作出是否受理的决定。对符合本条例规定，予以受理，需要进行医疗事故技术鉴定的，应当自作出受理决定之日起5日内将有关材料交由负责医疗事故技术鉴定工作的医学会组织鉴定并书面通知申请人；对不符合规定，不予受理的，应当书面通知申请人并说明理由。当事人对首次医疗事故技术鉴定结论有异议，申请再次鉴定的，卫生行政部门应当自收到申请之日起7日内交由省、自治区、直辖市地方医学会组织再次鉴定。卫生行政部门收到负责组织医疗事故技术鉴定工作的医学会出具的医疗事故技术鉴定书后，应当对参加鉴定的人员资格和专业类别、鉴定程序进行审核；必要时，可以组织调查，听取医疗事故争议双方当事人的意见。卫生行政部门经审核，对符合规定作出的医疗事故技术鉴定结论，应当作为对发生医疗事故的医疗机构和医务人员作出行政处理以及进行医疗事故赔偿调解的依据；经审核，发现医疗事故技术鉴定不符合本条例规定的，应当要求重新鉴定。需要注意的是，当事人既向卫生行政部门提出医疗事故争议处理申请，又向人民法院提起诉讼的，卫生行政部门不予受理；卫生行政部门已经受理的，应当终止处理。

(2)医疗事故案件赔偿的调解。针对已经确定为医疗事故的赔偿案件，卫生行政部门应医疗事故争议双方当事人的请求，可以进行医疗事故赔偿调解。调解时，应当遵循当事人双方自愿原则，并应当依据本条例的规定计算赔偿数额。经调解，双方当事人就赔偿数额达成协议的，制作调解书，双方当事人应当履行；调解不成或者经调解达成协议后一方反悔的，卫生行政部门不再调解。

卫生行政处理作为公力救济的重要方式，对解决医疗纠纷有着重要作用，但目前的公力救济方式仅仅存在于医疗事故争议中，其范围是否可以拓宽到其他类型的医疗纠纷，可以探讨。同时，卫生行政处理可否借鉴劳动争议仲裁这类行政性专业仲裁方式，作为诉讼前置程序，也是可以研究的内容。

医疗纠纷诉讼是以国家审判机关为第三方，在医疗纠纷主体的参与下，遵从法定程序，依法作出裁决并凭借国家强制力保障执行的纠纷解决方式。诉讼是社会公平的底线装置，也是最具权威性、最规范的纠纷解决方式。

(三)医事程序法与医疗纠纷解决机制

从上述关于医疗纠纷和医疗纠纷解决机制的基本介绍中，我们可以得出这样的结论：医疗纠纷的解决和医患矛盾的缓解，既要求完善目前尚存缺陷的医事实体规范，也要求建立健全现有纠纷解决机制。而纠纷解决机制主要是一种程序性装置，除了私力救济和社会救济中的乡间权威调解没有固定的程序之外，其他纠纷解决机制都有程序性安排。从社会救济到公力救济，程序的严密程度和规范程度逐渐加强，其中表现为法律规范的程序设计就是医事程序法。从纠纷解决的本质上看，现实中广泛存在的医疗纠纷和医疗纠纷解决机制无疑是医事程序法的实践基础。

医事程序法与医疗纠纷解决机制的联系表现为：

1.医事程序法与医疗纠纷解决机制的目标一致。无论是医事程序法还是医疗纠纷解决机制，其目标都是最大可能化解医疗纠纷，实现社会公平、稳定，促进医疗卫生事业健康发展，满足人民群众日益增长的健康需求。

2.医事程序法是对医疗纠纷解决机制的规范和强化。医疗纠纷解决机制表现为多种程序形态，其中一些并没有规范的程序设置。对于私力救济和部分社会救济来说，灵活的程序或许是纠纷解决之必需，但对于其他纠纷解决机制来说，缺乏合理规范的程序设置会导致其解决纠纷能力下降、公正和效率双重缺位。而医事程序法恰恰是通过法律规定来建立、完善纠纷解决机制中的步骤、方式、手段，即程序设置问题。因此，良好的医事程序法律规范是对医疗纠纷解决机制的规范和强化。

医事程序法与医疗纠纷解决机制的区别在于：

1. 医疗纠纷解决机制与医事程序法的着重点有所不同。医疗纠纷解决机制虽然是程序装置，但更注重纠纷解决的实效及有助于达成实质公正；医事程序法则更注重于程序本身的安排，关注纠纷解决的形式理性及如何实现程序公正。

2. 医疗纠纷解决机制与医事程序法的研究视角不同。纠纷解决机制的研究视角更为广阔，包括个人、社会和国家，既有法律规范的研究，也有社会规范的寻求，甚至有道德规范的探究；而医事程序法的研究视角主要是国家程序法律规范的设立和完善，其研究范围相对集中。

二、医事程序法的价值基础：程序公正

（一）程序公正概述

医事程序法的价值基础是程序公正理念。程序公正又称程序正义，是指达成某一项实体结果的过程、步骤、手段的公正。程序公正是与实体公正相对应的概念。一般说来，在日常经验中，人们都比较重视实体结果的达成，认为这是行为的目的，而较为忽视程序问题。其实，程序公正往往是达成实体公正的前提和基础，这从日常生活经验中可以得到考量，如排队、抽签、投票等程序性设置，可以避免因为拥挤、暗箱操作、独断等不公平因素导致的实体结果上的不公正。

在美国哈佛大学教授约翰·罗尔斯于 1971 年出版的《正义论》中，罗尔斯从理论上对程序公正进行了分类。罗尔斯将程序公正分为三种。第一种是“纯粹的程序公正”，其含义是指：无论程序产生什么样的结果，它都是公正的。不存在衡量程序结果的独立标准，程序本身就决定了程序结果的公正性。罗尔斯举了赌博的例子来说明这种纯粹的程序公正。只要赌博的程序规则得到严格遵守，无论结果如何都是合乎正义的。第二种是“完善的程序公正”，其含义是指：在程序之外存在独立的公正标准，同时也存在着满足这一标准实现的程序。即存在两种判断公正的标准：结果公正和程序公正。为说明这一观点，罗尔斯举了切蛋糕的例子。在把蛋糕均分给数人的情境下，如何达到均分的结果，需要设计这样的程序：动手切蛋糕的人最后领取自己的一份。这样的程序就是公正的程序，也有利于达到公正的结果。第三种是“不完全的程序公正”，指的是虽然存在独立的实体公正标准，但满足这个结果实现的程序却不存在，罗尔斯举的例子是刑事审判。无论程序要件如何完备精巧，也不能确保结果的公正。为了弥补不完全的程序公正不能确保正当结果的问题，需要借助于程序公正的正当化作用，追加拟制的“半完善的程序公正”，如陪审制、当事人参与保障等。

罗尔斯的程序公正理论对我们理解程序公正的内涵具有重要意义。实体公正确实是我们追求的目标，但完美的实体公正可能仅仅是一种梦想。在大多数情况

下，我们实际上要求的是“可接受”的实体结果，而不是“绝对公正”的实体结果。对于“可接受”而言，正当化的程序设置可以帮助达成这样的目标。尤其是在实体结果无法公正（如在审判中因证据不足造成的错误判断）、无所谓公正（如上文的赌博）时，程序上的公正可能具有更重要的意义。

正当程序（程序公正）理论一直存在于法律史中，其思想谱系可以追溯到1216年制订的英国大宪章。在1354年英王爱德华三世的第二十八号法令中首次使用“法律的正当程序”以取代“国家的法律”的措辞，其原意是指刑事诉讼中必须采取正当的起诉方式并保障被告接受陪审裁判的权利，后来扩大了适用范围，意味着在广义上剥夺某种个人利益时必须保障他享有被告知和陈述自己意见并得到倾听的权利，从而成为英美法中人权保障的根本原则。[①] 正当程序理论最为发达的国家当属美国。美国法律深受英国普通法之影响，正当程序理念也为其所继受。《权利法案》的起草者之一麦迪逊在起草《权利法案》初稿时，将正当程序作为一项重要内容予以规定，规定“除非依照‘正当的法律程序’，否则，任何人都应得到保证，不被剥夺特定的权利”。随后实施的1867年美国联邦宪法案第14条是正当程序最基本的立法表述：“各州不得制定或施行剥夺合众国公民的特权与豁免的法律，也不得未经正当的法律程序，即行剥夺任何人的生命、自由和财产。”这一规定构建了美国宪法最具影响的“正当程序”理论。

从整体上看，程序公正理念具有以下价值：

1. 保障人权，尊重作为人的尊严。程序公正的根本目的在于保障人权。上文所介绍的正当程序理论，其肇端就是强调对人权的保障。在程序制度的设计中，禁止以未经正当程序许可的方式对基本的人身、财产权利进行侵犯，否则将以此否认达成的实体结果，哪怕这种结果是公正的。通过对基本权利的保障，处于程序中的人的尊严得到了维护。

2. 对权力肆意的限制，控制权力运行的内容和方式。限制权力与保障人权在程序公正中形成一体两面的关系。任何权力都有扩张和滥用的冲动，无所限制的权力也许会提高个案效率，但却可能对社会秩序形成破坏，对人的安全构成威胁，从而远离社会正义。通过程序的控制，可以最大限度地规范和限制权力的行使，使之有序运行。

3. 通过对程序的重视，形成可接受的结果，吸收因实体公正达成中的不满。实体公正的达成有两种情况：第一，实体公正标准可及的情形。在这种情形中，虽然实体公正有可及的标准，但达致这种标准的过程可能会形成对实体公正结果的质疑。

①［日］谷口安平著，王亚新、刘荣军译. 程序的正义与诉讼. 北京：中国政法大学出版社，1996年，第4页。

例如通过拷打犯罪嫌疑人而发现罪犯。当想到每个人都可能会经历这样无理由的拷打时，可能无辜者会不寒而栗，从而质疑这样的实体结果。第二，实体公正标准不可及的情形。公正和真实具有多义性。当实体公正不可及时（如证据湮灭，真相不可发现），如果要求达成的结果令人满意，可能最好的办法就是设计具有正当的程序装置，通过透明、公正、参与充分的程序标准，最终令结果被接受。因此，在实体公正的两种达成情形中，程序公正都具有吸收不满、有助于实体结果被接受的价值。

（二）程序公正的标准

程序公正的标准指的是达到程序公正需要满足何种条件。关于程序标准的看法很多，比较著名的是美国法哲学家戈尔丁、贝勒斯和日本学者谷口安平的观点。戈尔丁认为，正当程序的标准有以下九个原则：(1)任何人不能作为有关自己案件的法官；(2)结果中不应包含纠纷解决者的利益；(3)纠纷解决者不应有支持或反对某一方的偏见；(4)对各方当事人的意见均给予公平的关注；(5)纠纷解决者应听取双方的意见；(6)纠纷解决者只应在另一方当事人在场的情况下听取对方的意见；(7)各方当事人应得到公平机会来对另一方提出的辩论和证据作出反响；(8)冲突解决的诸项条件应以理性推演为依据；(9)推理应论及各方所提出的论据和证据。[①] 贝勒斯则认为程序公正应确定如下原则：(1)和平原则：程序应是和平的；(2)自愿原则：人们应自愿地将他们的争执交由法院解决；(3)参与原则：当事人应能富有影响地参与法院解决纠纷的活动；(4)公平原则：程序应能公平、平等地对待当事人；(5)可理解原则：程序应能为当事人所理解；(6)及时原则：程序应提供及时的判决；(7)止争原则：法院应作出解决争执的最终决定。[②] 而谷口安平认为，程序公正最基本的要求是确保与程序的结果有利害关系或者可能因该结果而遭受不利影响的人都有权参加程序，并得到提出有利于自己的主张和证据以及反驳对方提出的主张和证据的机会。同时，审判制度也应具有公正性。在判决中，须以判决理由的形式对当事人提出的主张和证据予以回答。[③]

中国学者的观点大致与上述学者的观点有继承关系，如顾培东认为，程序公正的要素取决于冲突事实的真实回复、执法者中立的立场、对冲突主体合法意愿的尊重；[④]季卫东认为，现代程序应遵循正当过程、中立性、条件优位、合理化等原则，其中

①[美]马丁·P.戈尔丁著，齐海滨译.法律哲学.北京：三联书店 1987 年，第 240～241 页。

②[美]迈克尔·D.贝勒斯.法律的原则——一个规范的分析.北京：中国大百科全书出版社，1996 年，第 34～37 页。

③[日]谷口安平著，王亚新、刘荣军译.程序的正义与诉讼.北京：中国政法大学出版社，1996 年，第 12～18 页。

④顾培东.社会冲突与诉讼机制.成都：四川人民出版社，1991 年，第 90 页。

条件优位的原则表明，关于程序的规定不宜过多采取“必须如何”样式，而应采取“如果……那么”、“否则……就要”样式，以使决定者既可以得到具体的指示也能够进行自由的裁量，合理化的原则要求把理性和经验结合起来；孙笑侠认为，程序公正的要义在于程序的民主性、控权性、平等性、公开性、科学性和文明性；①陈瑞华认为程序公正至少包括程序参与原则、中立原则、程序对等原则、程序理性原则、程序自治原则、程序及时终结原则等。② 值得指出的是两点：(1)国外学者出于成熟法治国家的经验，将程序公正的含义仅仅局限于在诉讼过程的直观考量上，而我国学者在讨论程序公正时，出于对中国法治促进的考虑和对传统沉疴的改造，往往将程序的民主性、控权性等制度功能加以考虑，这大大加强了程序公正在中国的现实意义；(2)我国学者在国外学者关于程序公正的理论中，注重了对当事人意愿的尊重，单独提出了对冲突主体合理意愿的程序化尊重，甚至指出可以因之灵活适用程序，这对于程序公正理论是一种补充。当然，这并不是说，国外相关理论中没有这些内容，或许是由于其不言自明而未加强调，但这种强调在中国仍然具有现实意义，可以避免机械适用程序的危险。

总的来看，程序公正的标准应当包括以下内容：

1.裁断者的中立性。裁断者的中立性是正当程序的基础。一旦纠纷交付程序处理，裁断者必然是与各方当事人保持超然无偏袒地位的人，这表现为：第一，裁断者与争议的案件及双方当事人无实质性联系。第二，裁断者无价值偏袒。前者是客观要求，主要通过回避制度等程序性要求予以实现；后者是主观要求，主要通过裁断者的选任和裁判者责任制加以控制。需要注意的是，裁断者中立性并不是裁断者消极性，以往研究中常常把消极中立加以并列，但其实消极只是中立的一种表现状态，积极主导和支配程序的裁断者仍然可以保持中立，只要其主导或支配行为符合程序规范并且对双方无偏倚。但就积极性的中立和消极性的中立进行对比，设定后者的程序规范更加容易，从外观上后者更容易获得中立的评价。

2.当事人的平等性。当事人平等与裁判者中立紧密相连。当事人平等包涵：第一，当事人地位平等，有平等的权利，承担同等的义务。第二，程序设置平等地保护当事人的权利行使，使之机会均等。当事人平等并不排斥一定条件下的“有差别对待”，这主要是基于对资源占有处于弱势状态的当事人的程序性帮助，如法律援助、举证责任分配上的区别对待等，这些差别对待本质上是弥补弱者的参与条件，使结果更趋向公正。

3.当事人参与原则。这一原则在程序公正标准中十分重要，它是当事人尊严保

---

①孙笑侠.两种程序法类型的纵向比较——兼论程序正义的要义.载《法学》1992年第8期。

②陈瑞华.刑事审判原理论.北京：北京大学出版社，1997年，第60～73页。

障的集中表现，是指与程序的裁断结果有利害关系的人或其权益可能会受到裁断影响的人均有充分的机会并富有意义地参与裁断的过程。这种参与包括以下几个方面：(1)当事人决定程序是否启动的参与权。程序的启动由受到利益影响的当事人来决定，一般情形下，裁断者不能违背当事人意愿自行启动程序。(2)当事人在程序中的参与权。表现在当事人有权利充分发表自己的意见、观点，提出自己的主张及支持主张的证据，这些参与对裁断结果的形成有实质性的影响。裁断结果不能随意超越当事人提出的主张范畴，也不能在未进行充分参与的情形下作出。(3)当事人的参与得到程序保障。当事人的每项参与权都有必要的程序保障措施，同时，剥夺参与权的行为会受到程序制裁，其所形成的实质性结果也会受到置疑。(4)当事人合理的共同意愿可以改变某些程序设置。这是参与权中较为新颖的内容。程序本来有其秩序所在，但根据当事人合理的共同意愿，可以改变某些程序秩序或省略某些程序流程，这是对“人作为目的”的充分尊重，也体现了程序公正的本质所在。当然，这并不意味着当事人所有的合意参与都会得到程序的许可，因为程序还有其理性所在。

4. 程序理性原则。程序理性与西方哲学中的形式理性概念相连，但又不尽相同。程序理性表现为几种功能：限制裁断者的恣意、增强程序的公正、提高程序的效率，因此，相应的程序设计应当遵循如下理性准则：(1)一致性。指程序适用应当保持一贯性，类似程序应当具有重复性，这样便于程序利用者对其进行预测，更易于形成正当和可接受的结果。这种一致性可能会根据参与原则有所变更，但总体上不能使程序限于不可知状态，这就要求程序设计者严格限定可变更的程序范围。(2)民主性。程序民主包括让各方人士参与程序进程，提供可资参考的意见。尤其是涉及专业问题时，专业人士的加入会更有利于正当结果的形成。(3)公开性。指除了必须秘密的进行的过程之外，程序应当具有公开为人所知的特征。公开的程序可以使程序进程置于大众监督之下，增强裁断者的责任感和公正性，同时也使程序的过程具有可预测和可接受性。(4)高效性。法谚有云：迟来的正义是非正义。理性的程序应当具有高效性，表现为及时终结、便于接近两大特征。及时终结是指程序设置尽管要保持严肃性和刚性，但仍要繁简得当，便于应付不同类型的纠纷，同时，纠纷处理不能无限延长，需要借助一些程序性要求(如失权要求、时效制度等)及时结束；便于接近是指面对程序利用者时，程序成本不能太高，要便于其接近程序以解决纠纷，否则将是变相将其拒之门外，这一特征可以通过援助、保险、繁简分流制度予以实现。

(三)医事程序法与程序公正

程序公正理念是医事程序法的价值基础。医事程序法就是通过设置合理的公正程序以解决医疗纠纷和争议的程序法律规范的总和。程序公正理念渗透于医事程序法的每一个程序法律环节中，是衡量这一规范是否科学和合理的标准。医疗纠纷的处理可以经由正当的程序形成公正的结果或可被接受的结果，尤其是后者，更是目前医疗纠纷中所急需的。

有学者提出转型中国的医疗纠纷最大的隐患是不信任及其引发的暴力事件。[①]而不信任既有由上文提及的社会环境、医疗事件本身之风险、不规范的医事实体法律法规所导致之外，也有医疗纠纷发生后处理程序不正当所导致的问题，而由程序原因所导致的对信任的摧毁是极为严重的。现实中，表现为当事人既不信任由与医疗机构有千丝万缕联系的医学会进行的鉴定，也不信任有强大组织优势的医疗机构参与的行政处理和医疗诉讼，这些不信任在本质上是对处理程序本身的不信任。这与长期医疗纠纷处理程序中的忽略裁断中立、当事人参与、当事人平等和程序理性等程序公正标准有关。因此，建立一种迈向过程导向、以程序公正为目标的正当程序是重建医患信任、缓解医患矛盾的合理策略。

面对日益严重的医患不信任，医疗机构已经开始重视医疗纠纷的处理程序。中国医院协会于 2008 年 9 月 26 日公布了《医疗纠纷处理程序》(试行)，向全社会征求意见。该程序规则本身共分为患方投诉程序、职能部门接待程序、医疗机构内部调查程序、医患双方的和解、医疗纠纷鉴定、法律诉讼、信息管理、医疗机构内部处理和整改提高、相关工作程序等九个部分，详尽地从医疗争议的程序处理方面作出了相关规定，尤其针对的是医方该以何种程序应对医疗纠纷。规定中特别强调了医疗纠纷处理程序的公开性、公正性和参与性，包括对接待媒体程序、和解程序和鉴定程序等都进行了详细的规定。这至少透露了医方意识到程序问题是导致医患双方激烈不信任的主要问题，也努力欲从程序问题上对医疗纠纷处理的现状进行改造的良好愿望。然而，这样的规定虽然体现了医方努力的意愿和行动，但却存在问题：(1)在法律性质和效力上处于尴尬境地。在规定中，既有医院内部管理程序，也有涉及和解方式、诉讼过程和鉴定程序等本应由法律规定的内容，而制定主体是中国医院协会这样的事业单位法人，有越俎代庖之嫌，其效力也存在疑问。(2)因制定主体不中立招致的怀疑。由医方单独制定的规定在实施中，使患方对哪怕是公正的程序也会形成误解和质疑，从而影响该规定被信任的程度。因此，仍然应当由医事程序法对医疗纠纷处理程序进行规定，形成具有权威性和公正性法律规范性文件，这样既能保障制定主体的中立性，也能保障其效力的统一性和权威性，这也是医事程序法需要完成的任务。

---

①徐昕，卢荣荣. 暴力与不信任——转型中国的医疗暴力研究：2000～2006. 载《法制与社会发展》2008 年第 1 期。

三、医事程序法的研习方法

（一）程序法与实体法相结合

程序法与实体法共同组成法律的“场”。在程序法与实体法的关系上，曾经有过“程序工具论”和“程序至上论”的理论争议。“程序工具论”认为程序仅仅是形成实体结果的工具，忽略了程序公正本身对于实体结果形成和对于现实的重要意义；“程序至上论”则是对“程序工具论”的矫枉过正，认为程序是实体之母，程序的意义大于实体，从而忽略了实体结果本身往往是程序参与者最重视的内容。这两种关系定位均有片面、狭隘的缺陷。实体法和程序法的关系恰如鸟之双翼，车之两轮，缺一不可。实体法规范中有程序的规定，程序法中也有与实体法内容相连的部分。因此，学习医事程序法随时要关注医事实体法的内容和动向，尤其是医事实体法中利益衡量论的理论，会对程序设计和安排有所裨益。

（二）理论与实践结合

理论是灰色的，实践之树常青。相较医事实体法而言，医事程序法的实践性更强。这并不是说医事实体法不具有实践性，而是由医事程序法的内容所决定。医事实体法是有关实体规范的学科，这些规范在实践运用时与规定的内容差别不大；而医事程序法主要涉及医疗纠纷解决的具体步骤、方式和手段，其目标是合理正当地解决医疗纠纷，比起不易变动的实体规范，程序规定在实践中更容易根据实际需求有所变化。尤其是随着医药卫生事业改革和医药卫生法制的实践的开展，各种解决纠纷的程序会在不同程度上与理论构建有所差别。因此，学习医事程序法必须与实践结合，吸收实践中的智慧，开阔视野，提高理论解决实践问题的本领。

（三）立足本土与域外借鉴结合

人类的许多智慧是相通的。在法律制度安排上，西方成熟法治国家的许多经验是堪足借鉴的。随着近代以来的“西法东渐”历程，中国法制建设的许多成就都与借鉴西方法制成果相关。但需要引起重视的是，学习不等于照搬照抄，借鉴不等于盲目引进。中国有自己的国情和传统，一些制度与中国的传统文化和国情不符，不但水土不服，可能还会适得其反。这就要求我们在学习西方先进法治经验的同时，结合本国国情，立足本土，拿来并为我所用。在医事程序法的学习上，我们既要了解西方医事程序中的一些制度、观点，也要分辨这些制度是否能够为我所用。必须指出的是，西方医疗体制与社会环境都与我国有较大差异，政治制度和司法制度上更大相径庭，这些差别表现在医事实体法规范上可能不太明显，但表现在纠纷处理程序上则有很大不同。因此，在某种意义上，医事程序法更具有地方性特色和本土化特点。在学习时，一定要注意这一点。

(四)医法结合

医事程序法本身就是交叉学科知识融通的产物。一方面,医事程序法旨在解决日益增多的医疗纠纷,医疗纠纷本身就具有极强的专业性,要设计合理、正当的医事程序,必须有医学知识的补充;另一方面,现代医学从生物模式向社会模式转换,日益强调人文社会科学的渗入,以创造良好的医疗环境和医疗效果。医事程序法有助于化解医疗纠纷,促进卫生医疗事业发展,是医学社会模式的体现之一。因此,学习医事程序法的过程中,需要了解基本的医疗卫生制度和必要的医学知识,这样更容易理解程序设计的初衷,发现程序存在的缺陷并进行完善。

第一章　医事程序法概述

内容提要

本章主要介绍了医事程序法的概念、渊源和体系；医事程序法的特征和作用；以及医事程序法律关系等内容。本章将医事程序法界定为处理医疗纠纷、解决医疗争议的程序法律规范的总称，为本门课程的学习奠定了理论基础。

第一节　医事程序法的概念、渊源和体系

一、医事程序法的概念

医事程序法是指处理医疗纠纷、解决医疗争议的程序法律规范的总称。

医事程序法包括各类纠纷解决机制中的程序性法律。诉讼和仲裁是其中最重要的法律制度。以往对医事程序法的学习和研究往往局限于诉讼和仲裁，甚至直接将之命名为医事诉讼与仲裁，这从某种意义上缩小了医事程序法在处理医疗纠纷、解决医疗争议上的范围和作用。在本书的“绪论”中，我们已经可以看出，以正当的程序法律安排解决医疗纠纷是有其理论和实践上的双重意义的。之所以提出医事程序法的概念，也是着眼于医事程序法在解决现实问题中的作用和价值。

以医事程序法命名，有以下几点意义：

1.概括了包括诉讼和仲裁在内的医疗纠纷解决机制的核心内容，便于学习和研究。纠纷解决机制在本质上是一种程序性安排，以医事程序法命名，可以更清晰地看出此类法律制度的核心要素。

2.不仅扩充了传统医疗纠纷解决机制的内容，也具有前瞻性。医事程序法可以囊括目前所有用以解决医疗纠纷的程序性法律制度，同时也可以此为基础，将可能用以解决医疗纠纷的程序性设计法定化、制度化，形成有效的纠纷解决机制。

3.更突出了各种程序法律制度之间的联系，有利于形成整体性的医疗纠纷解决机制。医疗纠纷解决机制并不是单一的、孤立的，而是彼此有所渗透和联系，这与纠

纷的产生、加剧、激烈、消弭的过程有关,也与纠纷本身的复杂性相关,往往单一的纠纷解决机制不能起到很好的作用。医事程序法可以凸显所有医疗纠纷解决机制之间的联系,使之组成一个有机整体,更有利于解决医患争议,处理医疗纠纷。

同其他部门法律一样,医事程序法也有广义和狭义之分。狭义的医事程序法,仅指由全国人民代表大会及其常务委员会所制定的各种医事程序法律,广义的医事程序法,不仅包括上述各种医事程序法律,也包括被授权的其他国家机关制定颁布的医事程序法规、规章等,如以条例、决定、规则、办法、章程等方式表现的法律规范性文件,还包括最高司法机关单独或与其他机关联合发布的司法解释,如以规定、批复、通知等方式表现的法律规范性文件。本书将以广义的医事程序法为研究对象。

二、医事程序法的渊源

医事程序法的渊源是指医事程序法律规范的各种具体表现形式。医事程序法主要体现在以下的法律规范性文件中:

(一)宪法

宪法是国家的根本大法,具有最高的法律效力。它不仅是国家一切立法的基础,也是制定各种法律、法规的依据。我国宪法中规定纠纷解决法律机制基本内容的条款,以及保护公民生命健康的医药卫生方面的许多条款,就是我国医事程序法的重要渊源,同时具有最高的法律效力。

(二)部门程序法律

部门程序法律是指由全国人大及其常务委员会制定的程序法律规范性文件。主要包括两类:第一类是直接以程序规范为内容的法律,如《公证法》、《仲裁法》、《民事诉讼法》、《刑事诉讼法》、《行政诉讼法》等,这类程序性法律规范是部门程序法律的主要表现形式;第二类是包含程序性条款的法律,如《律师法》、《法院组织法》、《民法通则》等,这类程序性法律规范分布较为零散,但也是部门程序法律的重要表现形式。部门程序法律是医事程序法最主要的渊源。

(三)行政法规、部门规章

行政法规是指由最高国家行政机关即国务院根据并且为实施宪法和法律而制定的法律规范性文件,如《医疗事故处理条例》、《诉讼费用收费办法》等都属于此类。部门规章是指国务院各部委等部门根据宪法、法律和行政法规在其权限范围内制定的法律规范性文件,如《医疗事故技术鉴定暂行办法》、《人民调解工作若干规定》、《卫生信访工作办法》等属于此类。需要注意的是,有一类以"批复"方式对个案请示进行抽象解释的部门回复不属于部门规章的范畴,但其内容也是医事程序法的渊源,如2009年3月16日《卫生部关于法医参加医疗事故技术鉴定有关问题的批复》。这种“批复”的性质有待进一步研究。

(四)地方性法规、地方政府规章

地方性法规是指省、自治区、直辖市,省、自治区人民政府所在地的市和经国务院批准的较大的市的人民代表大会及其常务委员会根据地方具体情况和需要,在不同宪法、法律和行政法规相抵触的情形下所制定的法律规范性文件,如《四川省司法鉴定管理条例》等都属于此类。地方政府规章是指省、自治区、直辖市,省、自治区人民政府所在地的市和经国务院批准的较大的市的人民政府可以根据地方具体情况和需要,在不同宪法、法律和行政法规相抵触的情形下所制定的法律规范性文件,如《天津市医疗纠纷处置办法》、《江苏省医疗机构医疗纠纷处置和治安秩序管理暂行规定》等就属于此类。

(五)司法解释

司法解释是指最高司法机关就审判和检察过程中应用法律的问题所做的、具有法律效力的说明。有时司法解释并非仅由最高司法机关单独作出,可能会由司法机关会同其他有权机关一同作出。司法解释的表现形式有规定、解释、通知、批复等,如《最高人民法院关于参照〈医疗事故处理条例〉审理医疗纠纷民事案件的通知》、《最高人民法院关于民事诉讼证据的若干规定》、《最高人民法院关于人民法院民事调解工作若干问题的规定》、《最高人民法院关于适用〈关于民事诉讼证据的若干规定〉中有关举证时限规定的通知》等均属于此类。这里需要指出,现实中,地方司法机关会颁发一些作为地方司法实践工作依据的司法解释性文件,这些文件在地方适用范围内有规范指导意义,如《江苏省常州市中级人民法院关于审理涉及医疗纠纷案件若干问题的意见》、《北京市高级人民法院关于审理医疗损害赔偿纠纷案件若干问题的意见(试行)》等,但是这些文件不属于司法解释的范畴,在进入正式司法解释和立法规定之前,不属于医事程序法的渊源。

(六)国际条约

这是指由我国政府与外国政府或国际组织签订的,或批准、承认的有关医事法律法规的国际性条约。它可由全国人大常委会决定同外国缔结医事条约和医事协定,或由国务院按职权范围同外国缔结医事条约和协定。国际医事条约除我国声明保留的条款外,对我国产生约束力。如《关于向国外送达民事或商事司法文书和司法外文书公约》、《关于从国外调取民事或商事证据的公约》等就属于此类。

三、医事程序法的体系

医事程序法的体系是指医事程序法律规范按照一定的原则和标准划分的由法律部门构成的一个有机联系的整体。医事程序法的内容是对纠纷的发生进行预防、裁断及最终解决，因此，也可以依照这样的顺序来梳理医事程序法的体系。

(一)医事公证程序

公证是指国家公证机关根据当事人的申请，依照法定程序对民事法律行为、有法律意义的文书或事实的真实性、合法性予以证明的活动。根据《公证法》第三十六条的规定，经公证的民事法律行为、有法律意义的事实和文书，应当作为认定事实的根据，但有相反证据足以推翻该项公证的除外。因此，公证程序可以作为固定或保全证据、增强证据证明力的程序，在预防纠纷发生、便利纠纷解决方面发挥重要作用。但公证程序不可被盲目滥用。近年来，在许多地方流行所谓“手术公证”，即对疑难、危重患者，在告知其愿意承担手术并发症、医疗意外等风险的条件下，请病人或家属签字，并由公证机关公证。这类公证中一般有医方免除责任的条款，医方往往以为公证后出现问题可以依此免除责任追究。其实，手术公证并不能为医院逃避责任提供依据。是否追究责任，是根据医方医疗行为是否存在过错或构成医疗事故而定；手术公证仅仅是对医方履行了告知义务的事实和告知的内容的证明，这种证明可用以确定医方是否承担侵犯患方知情同意权的法律责任，这才是手术公证的意义所在。因此，恰当地运用公证程序，才能起到预防医疗纠纷、保护医患双方合法权益的目的。

(二)医事调解程序

调解是指在争议双方同意的前提下，由第三方依据一定的道德或法律规范对双方进行劝说，通过摆事实、讲道理，最终使双方在互谅互让的基础上协商一致的纠纷解决机制。医事调解程序包括两类：一类是医疗纠纷的人民调解，一类是医疗纠纷的行政调解。前者是指由人民调解组织或专业人民调解委员会依据《人民调解工作规定》对医疗纠纷进行的调解，经合法调解达成的协议具有民事合同效力；后者是指根据《医疗事故处理条例》对医疗事故案件赔偿的调解，即针对已经确定为医疗事故的赔偿案件，卫生行政部门应医疗事故争议双方当事人请求，可以进行医疗事故赔偿调解，调解协议具有非拘束效力。目前，随着对调解这一传统“东方式”纠纷解决方式的再度重视，医事调解程序也越来越受到关注。然而，相应的法律法规不完善、专业人民调解组织的匮乏、卫生行政调解的效力不确定等问题也是阻碍医事调解程序发展的重要原因，需要有针对性地、分步骤地予以解决。

(三)医事行政程序

医事行政程序主要是指医疗事故争议的行政处理程序。在本书“绪论”中已经有所介绍，这里不再赘言。医事行政程序还包括对行政处理不服时的复议，需要注意的是，第一，根据《医疗事故处理办法》，医疗事故争议的行政处理程序的救济方式是申请重新鉴定，而不是复议。第二，由于《医疗事故处理条例》中行政机关对医疗事故的赔偿只保留了调解的处理方式，而调解协议并不具有强制约束效力，因此也就不再存在对行政处理申请复议程序的可能性。医事行政复议仅仅存在于：(1)依据医疗事故鉴定结论对医疗机构作出处罚决定时，医疗机构可以向上一级卫生行政部门提请复议；(2)医患双方可以对行政机关的不作为提起行政复议。

(四)医事仲裁程序

仲裁是指根据双方当事人在争议发生前或争议发生后所达成的协议，自愿将该争议提交中立的仲裁机构进行裁判的争议解决制度。我国《仲裁法》规定，仲裁受理的范围是平等主体之间发生的合同纠纷和其他财产纠纷。由于医疗纠纷可以被理解为对医方是否违反医疗合同之约定的争议，其涉及的损害赔偿问题也可以被理解为是财产纠纷，因此目前可以进入仲裁程序进行裁决。仲裁具有民间性、自愿性、便捷性等特征，不失为是解决医疗纠纷的较好选择。因此，许多国家建立了专门的医疗仲裁机构和制度，我国应当对现有仲裁制度进行完善，努力使其在解决医疗纠纷方面发挥更好作用。

(五)医事鉴定程序

医事鉴定程序是指在医疗纠纷中，鉴定人受人民法院、行政主管部门、当事人或其代理人的委托，运用专门知识或技能，依法对医疗双方所争议的某些专门性问题作出鉴别和判定的活动。医事鉴定程序与医疗纠纷技术上的专业性紧密相关，体现了医疗纠纷的特殊性，是医事程序中极为重要的程序。在我国，医事鉴定程序分为医疗事故鉴定和医疗事故争议的司法鉴定两类。前者是指根据《医疗事故处理条例》的规定，卫生部门移交或当事人共同委托，由医学会组织的对医疗行为是否构成医疗事故标准的鉴定；后者则是在医疗诉讼过程中，为查明案件事实，人民法院根据当事人申请或者依职权对纠纷涉及的专门性问题，委托相关机构进行鉴定的制度。根据最高人民法院《关于参照〈医疗事故处理条例〉审理医疗争议民事案件的通知》的规定，人民法院在民事审判中，根据当事人的申请或者依职权决定进行医疗事故司法鉴定的，交由条例所规定的医学会组织鉴定；因医疗事故以外的原因引起的其他医疗赔偿纠纷需要进行司法鉴定的，按照《人民法院对外委托司法鉴定管理规定》组织鉴定。目前，如何解决两类鉴定程序同时存在的二元鉴定结构之间的冲突和协调，是医事鉴定程序中的主要问题。

(六)医事诉讼程序

诉讼是指以国家审判机关为第三方，在纠纷主体的参与下，遵从法定程序，依法作出裁决并凭借国家强制力保障执行的制度。医事诉讼程序包括与医疗纠纷相关的民事诉讼、行政诉讼、刑事诉讼。民事诉讼包括违反医疗合同和医疗侵权行为产生的诉讼，刑事诉讼包括医疗事故罪等与医疗行为相关的诉讼，行政诉讼包括医患双方对卫生行政机关作出的与医疗行为相关的具体行政行为不满而提出的诉讼。

第二节　医事程序法的特征和作用

一、医事程序法的特征

(一)程序性

医事程序法作为解决医疗纠纷的基本程序法律,程序性是其首要特征。这一特征主要有以下几个方面的表现:1.法定性。医事程序法中的程序必须是依法设立的,不能随意增加或减少程序机制。2.阶段性。医事程序往往是分阶段进行的。如诉讼程序中的一审、二审,仲裁程序中的裁决和执行,每一阶段的程序是独立的,有其特有的目的。不能悖逆程序的要求,打乱程序的步骤和顺序,这样会混淆和损害每一阶段程序的价值。3.连续性。除了阶段性特征外,程序还具有连续性的特征。虽然每个阶段的程序是独立的,但它们共同组成了整个程序。程序与程序之间有必要的衔接机制,如起诉和上诉,判决和申请判决强制执行等程序设置,使程序前后连贯,彼此协力,共同实现程序上的公正,达成解决纠纷的目的。

程序性特征并不意味着医事程序法的机械性。在维系程序公正的同时,也可以在法律规定的框架下根据实际情况选择不同的程序对医疗纠纷进行处理,如简易程序和普通程序的选择,前者较为简便灵活,后者较为复杂严谨,两者都可以实现程序的目的。

(二)综合性

为了更好地解决医疗纠纷,医事程序法将纠纷解决扩充到了纠纷的预防、疏导、劝解、裁判等诸多领域,因此衍生出多元化的纠纷解决机制。既有纠纷前防范纠纷发生、便利纠纷解决的公证程序,也有缓和医患矛盾的调解程序;既有公力机构采用的行政调解、诉讼审判程序,也有社会性机构采用的仲裁程序、人民调解程序;既有法定的医疗事故鉴定程序,也有委托的司法鉴定程序。这些程序决定了医事程序法解决纠纷手段的多样性和综合性。医事程序法根据具体时空内纠纷解决的需要,可以对某类程序有所侧重,但永远不会放弃多元解纷机制存在的可能性。

(三)专业性

医药卫生工作是一项技术性很强的专业工作,当前科学技术飞速发展,使得医学诊断和治疗过程以及公共卫生的治理保护过程日益专业化和复杂化,医疗纠纷的解决也越来越趋向专业化。医事程序法是解决医疗纠纷的程序性法律,由于医疗纠纷本身具有极强的专业性,因此,医事程序法也具有专业性的特征,主要表现在鉴定程序的设置上。鉴定程序是解决医疗纠纷中医疗过错是否存在的专业性鉴别和认定。医事程序法对这一程序的调整主要是为了解决如下问题:1. 鉴定机构的中立性。鉴定机构由于其专业性特征往往与医疗机构有着千丝万缕的联系,如何使联系因素不在鉴定中影响公正,就需要通过出庭接受质证、加强鉴定的透明度等程序机制予以保障;2. 鉴定程序的科学性。如鉴定程序是否强制前置、能否进行重新鉴定、反复鉴定等问题,是目前程序设置中涉及鉴定程序科学性的主要问题;3. 鉴定结论的效力。主要涉及鉴定结论能否被推翻,如何被推翻,法官怎样看待鉴定结论的证明效力等问题,需要程序法加以确定。

(四)共同性

在人类文明不断发展的今天,健康问题已经成为当今人类所面临的共同问题。因此,医事程序法具有普适的共同性,也具有一些共性的规律,如医疗鉴定程序的设置、多元化医疗纠纷解决机制的采用等,特别需要强调的是,出于对处在弱势地位的患方的照顾,各国的医事程序法都作出了适当倾斜的安排,以照顾社会公平的实现。这也提醒我们,关注一些国外的医事程序法律规范和制度,可能会对我国完善医疗纠纷解决的程序法律制度大有裨益。

二、医事程序法的作用

(一)化解医疗纠纷,缓和医患矛盾的需要

新中国成立后,不同历史时期的医疗纠纷具有各自不同的特点,在实行市场经济之前,因传统计划经济体制对医疗保障体制的保护和当时人民群众的医疗需求的低水平之间没有形成突出的矛盾,因此医疗纠纷并不多见,也没有成为一类主要的社会矛盾。而近年来随着我国医疗体系改革的不断深入,医疗纠纷也一直处于不断上升的趋势,其显现出的社会矛盾也异常尖锐。据统计,医疗投诉在全国消费者投诉的排行榜上位居第 5 位。另据中华医院管理学会曾对全国 326 所各级各类医院进行调查统计,99%的医院曾发生过医疗纠纷;在发生医疗纠纷后,73.5%的病人及其家属曾发生扰乱医院工作秩序的过激行为,其中 43.86%的行为发展成打砸医院,这些过激行为对医院设施直接造成破坏的有 35.58%,导致医务人员受伤的有 34.46%。而且医疗事故的索赔金额呈逐年攀高的趋势,326 所医院病人索赔金额总计约 6000 多万元,平均每所医院 21 万元,同时,越是大医院,被索赔金额越高。全国很多地方出现了“职业医闹”,而某些医院也为医生配保镖。因此,如何在追求和谐社会的大目标下,合理、有效地解决医疗纠纷,成为政府、民众和相关机构极度关注的重要问题。而医事程序法的出现对于解决这类纠纷有着重要的作用和意义。

(二)依法治国,建设社会主义法治国家的需要

"依法治国,是党领导人民治理国家的基本方略,是发展社会主义市场经济的客观需要,是社会文明进步的重要标志,是国家长治久安的重要保障。"党的十六大进一步指出,依法治国是党领导人民治理国家的基本方略。为了实现这一方略,就必须加强社会各个领域的法治。医疗卫生事业是社会主义事业的重要组成部分,依法管理医药卫生事业、公平合理地解决医疗纠纷是实现依法治国,建设社会主义法治国家的重要内容。

真正建设社会主义法治国家,法律体系的完善是必不可少的,这不仅包括实体法,也包括程序法。在医患矛盾不断激化,医疗纠纷愈演愈烈的今天,专门用于解决医患纠纷的医事程序法的介入,对完善我国法律体系有着重要的意义,它不仅是建设社会主义法治国家的需要,也是促进社会和谐发展的需要。

(三)保障公民生命健康,打击医疗卫生领域犯罪的需要

我国的医疗卫生事业,以人民的健康为中心,以维护公民的健康权利为核心。一方面,对于司法人员和管理者而言,学习医事程序法律知识,有利于正确及时处理日益增加的医事纠纷,科学合理地解决医患矛盾冲突,防止行政机关滥用权力,保护当事人的合法权益免遭不法的威胁和侵害,更好地维护公民的健康权利。另一方面,对广大公民来讲,由于对医疗专业知识的缺乏导致信息的不对称,而通过学习和了解医事程序法的相关知识,树立医事法律观念,可以或多或少弥补这种信息的不对称,在自己的生命健康权利受到不法侵害时,正确运用法律武器来维护自己的合法权益,打击医疗卫生领域的犯罪活动。

(四)增强医事法制观念,推动医学科学进步的需要

医疗卫生事业的发展需要法律予以保障,医事法律制度的完善,也有助于增强人们的法制观念,使政府部门、企事业单位、社会团体、医药卫生组织和公民,明确各自在医事活动中的权利和义务。同时作为医事法中重要组成部分的医事程序法是保证和促进医学发展的重要手段。医事法律、法规和规章,使医药卫生事业从行政管理上升为法律管理,从一般技术规范和医德规范提高到法律规范,为医学科学的进步和发展起到强有力的法律保障作用。

第三节　医事程序法律关系

一、医事程序法律关系概述

（一）医事程序法律关系的概念

医事程序法律关系，是指医事程序法律、法规调整的程序主持者或者裁断者、医患争议双方及其他程序参与人之间存在的以程序权利和义务为内容的具体的社会关系。医事程序法律规范的存在是特定的社会关系转变为医事程序法律关系的前提，医事程序法律关系则是医事程序法律规范在现实生活中的体现。

（二）医事程序法律关系的特征

医事程序法律关系有如下特征：

1. 医事程序法律关系以医事程序法律规范为前提

从法律关系形成的依据上看，医事程序法律关系是根据医事程序法律规范而结成的法律关系，或者说它是由医事程序法律规范所确认和调整的法律关系。医事程序法律是解决医患纠纷和医疗争议的程序性法律规定，医事程序法律关系就是在纠纷解决程序中形成的以权利义务为内容的法律关系。这里包含两层意思：第一，医事程序中存在的权利义务关系必须是在法律规定和认可下，才能形成医事程序法律关系；第二，医事程序中为法律所认可的权利义务关系同时受到医事程序法律规范的制约和调整，包括权利行使的条件和违反义务履行的惩戒。

医事程序法律关系以医事程序法律规范为前提，意味着与其他法律关系相比，医事程序法律关系同时具备医患纠纷所特有的医学专业性和利益特殊性。首先，在医事程序法律关系中，权利义务的行使与医学专业性密不可分，典型的如在医疗事故鉴定程序、司法鉴定程序中的权利义务关系以及对鉴定结论进行辩论、质证而形成的权利义务关系。医事程序法律关系中必须针对医学专业性对权利义务的范围和内容进行规定和调整。其次，医事程序法律关系围绕的是个人和社会的健康利益，这与普通的人身权利和财产权利争议有一定的差别。由于健康利益是人生存的基本利益需求，因此，医事程序法必须对这种利益需求作出合乎社会公平的回应，这就要求医事程序法律关系必须以此为基础对程序权利义务进行适当的分配，既要谨慎，又要公正，必要时可能会形成一定的倾斜以满足这一特殊利益的社会需求。

2. 医事程序法律关系由程序主持法律关系和医患争议法律关系所组成

医事程序法律关系是一种程序意义上的法律关系，它由错综复杂的权利义务关系所构成，而诸多权利义务关系究竟如何发生，在何方主体之间发生，成为理解医事程序法律关系本质的关键。本书将医事程序法律关系理解为由程序主持法律关系和医患争议法律关系共同组成。

(1)程序主持法律关系。所谓程序主持法律关系，是指程序主持者(包括社会组织和公立机构)与医患争议双方和其他一切程序参与人之间形成的，由医事程序法律规范所调整的社会关系。首先，程序主持法律关系表现为程序主持者与医患争议双方之间的关系。一般来说，由医患争议双方中的某一方以程序启动权发起程序之后，产生了程序主持者与其之间的法律关系，在程序主持者的主持下，相对方进入程序，于是产生了程序主持者与相对方之间的法律关系；其次，程序主持者为了查清事实，化解纠纷或形成最终决断，还需要与其他程序参与人之间发生权利义务关系，如指定鉴定人、告知证人权利义务等。在程序主持法律关系中，程序主持者永远是一方主体，这是由医事程序法中的法定程序主持权力所决定的。

(2)医患争议法律关系。所谓医患争议法律关系，是指医患争议双方之间以及医患争议双方与其他程序参与人之间形成的由医事程序法律规范所调整的社会关系。首先，医患争议法律关系表现为医患双方在程序过程中的法律关系。作为程序发动一方和其相对方，在程序启动伊始，就由医事程序法创设了一系列的权利义务关系，如申请鉴定权、申请调解权和同意调解权、起诉权和应诉义务、答辩权和辩论权等权利义务。其次，医患争议法律关系还表现为医患争议双方与其他程序参与人之间的法律关系。为了查清争议事实、分清责任，医患争议双方要在其他程序参与人的协助下完成程序进程，如与鉴定人之间的权利义务关系、与证人之间的权利义务关系等。在医患争议法律关系中，医患双方作为争议的当事人，始终是法律关系的一方主体，这是由医患争议本身涉及的权利义务关系所决定的。

医事程序法律关系包含了上述两种关系的综合。一方面，医事程序法律关系是以医患争议存在为前提而形成的社会关系，而医患争议法律关系则是医患争议在程序上的体现；另一方面，医事程序法律关系是以解决医患争议为目的而形成的社会关系，而程序主持关系则是程序对医患争议作出处理方式、步骤的安排及最后裁断的反映。这两种关系彼此交织，综合作用，共同组成医事程序法律关系。

3. 医事程序法律关系体现了程序权利和程序权力的有机结合

在以往程序法律关系的研究中，有两种需要注意的观点。一种观点是过分强调程序主持者的权力，认为程序法律关系仅存在于程序主持者与争议双方及其他参与人之间。理由是程序的主要目的就是通过程序设置解决纠纷，程序主持者的权力是纠纷解决最重要的因素，否则双方无需进入程序；另一种观点将程序法律关系视为准契约或契约性质关系，认为程序的启动、进行或终结应当由程序当事人来把握，理由是程序是为解决当事人利益争议而存在的，就应当以当事人权利为中心，否则将损害当事人进入程序的利益期待。

上述两种观点都具有片面性。没有程序主持者的程序权力，医疗纠纷解决程序势必不可能发生，或者即使发生，也会陷入混乱不堪的境地；而没有医患争议双方的程序权利及其相对应的义务，程序主持者的权力也就失去了其存在意义。因此，医事程序法律关系中的程序主持权力和医患争议双方的程序权利有机地结合在一起，既无损于程序主持者对争议处置、判断的权威，也突出了医患双方的利益才是医疗纠纷程序真正应当关注的内容。通过医事程序法律关系中权力与权利的相互协助和制约，本书试图建立一种理性的医事程序观，既保障医事程序法能够恰当、正当、公平地化解、解决医疗争议和医疗纠纷，也增强医患双方的法律程序主体地位，不能因为解决纠纷的便利而随便处置其合法权益，从而增强程序理性，促进结果的正当性。

二、医事程序法律关系的要素

与其他法律关系一样，医事程序法律关系也是由主体、内容和客体三个要素组成的。

(一)医事程序法律关系的主体

医事程序法律关系的主体是指在法定医事程序中享有权利和承担义务的国家机关、公民、法人和其他组织。这些主体都依不同的原因进入纠纷解决程序中，依法享有权利，并承担相应义务。

医事程序法律关系主体主要包括公证机构、人民调解组织、卫生行政部门、仲裁机构、人民法院、人民检察院、公安机关等程序主持者，医患双方当事人及其代理人、共同诉讼人、第三人、诉讼代表人等程序参加人，辩护人、鉴定人、证人、翻译人、勘验人等其他程序参与人。

程序主持者对程序进行控制处理、居中调解、仲裁或裁判，并保障行政处理、调解协议、仲裁决定、裁判的强制效力。程序参加人拥有广泛的程序权利和相对应的诉讼义务，对程序的发生、发展和终结具有决定性的影响。其他程序参与人同程序最终结果无法律上的利害关系，他们基于不同原因参加程序，并协助参加人和程序主持者查明争议事实，有效化解纠纷。

(二)医事程序法律关系的内容

医事程序法律关系的内容，是指医事程序法律关系主体依程序法律规范所享有的权利和承担的义务。

医事程序法律关系主体不同，其所表现出的具体程序权利和义务就有所不同。程序主持者的权利义务同其职权联系在一起，如公证权、调解权、仲裁权、卫生行政权和审判权等。程序参加人的权利和义务较为广泛，主要是围绕如何通过医事程序以解决医疗争议和纠纷而展开，而随着程序主体性的加强，这些权利和义务势必进一步扩大。其他程序参与人的权利和义务根据其在程序中的不同作用而不同，总的来说，其权利和义务围绕的核心是如何如实反映争议事实，协助程序参加人实现其合法权益或协助程序主持者作出公正裁断。

(三)医事程序法律关系的客体

医事程序法律关系的客体是指医事程序法律关系主体的权利义务所指向的对象。医事程序法律关系分为程序主持法律关系和医患争议法律关系，在这两种关系中，医事程序法律关系主体的权利义务指向的对象不同。

1. 程序主持法律关系中的客体。程序主持者与程序参加人即医患争议双方之间程序权利和义务指向的对象是医患争议的事实和实体权利请求。在医疗纠纷中，争议事实一般是指医疗行为是否存在过错，这种过错是从广义上来理解的，包括是否构成一般的医疗过错、是否构成医疗事故或是否构成犯罪。争议双方有权要求程序主持者查明争议事实，通过其主持的调解、仲裁、行政处理、裁判等活动保护其合法权益，而医患争议双方也有义务提供证据、提出主张来支持其请求。程序主持者与其他程序参与人的程序权利和义务指向的对象是争议的客观事实。鉴定人、勘验人、证人等其他程序参与人行使权利和承担义务，是为了协助程序主持者查清争议事实的客观真相。

2. 医患争议法律关系中的客体。医患争议双方之间程序权利和义务指向的对象是争议事实、理由和实体权利请求。为了获得程序上的利益和实体上的收益，医患争议双方将围绕医疗行为是否存在过错的事实依据、法律依据展开对抗或协商，从而产生程序上的权利和义务。医患争议双方与其他程序参与人之间的程序权利和义务所指向的对象是争议的客观事实。通过其他诉讼参与人的权利行使和义务承担，医患争议双方对自己的主张进行论证，从而达到支持自己主张，保护自己合法权益的目的。

思考题

1. 医事程序法的概念是什么？
2. 医事程序法的体系包含哪些内容？
3. 医事程序法律关系的概念及特征是什么？

第二章　医事诉讼的基本原理

内容提要

本章主要介绍了民事诉讼基本原则、基本制度在医事诉讼中的体现、诉权与诉的基本理论在医事诉讼中的应用、医事诉讼基本特征以及医事诉讼的受案范围等内容，为今后医事诉讼法的学习提供理论上的依据。

本章所提到的医事诉讼仅指发生在医患之间的民事诉讼，医疗领域内的刑事诉讼与行政诉讼不属于我们研究的范畴。医事诉讼，是指法院、当事人（一般为医疗机构与患者）和其他诉讼参与人，在审理医事民事诉讼案件的过程中所进行的各种诉讼活动，以及由这些活动所产生的各种诉讼关系的总和。

第一节　医事诉讼的基本原则

医师为患者提供诊疗服务时，医患双方可能会因为医疗行为本身或者医疗结果发生争议。医事民事诉讼是解决医患之间民事争议的主要途径之一。医事民事诉讼的基本原则，是在医事民事诉讼的整个过程中或者在重要的诉讼阶段起主导作用的准则。医事民事诉讼基本原则是医事民事诉讼活动的本质和规律以及立法者所奉行的诉讼政策的集中体现。

医事民事诉讼是民事诉讼的一种具体表现形式。因此民事诉讼中确立下来的基本原则也是医事民事诉讼应当遵守的。这些原则是民事诉讼的共有原则。而医事民事诉讼解决的是医疗领域内医患之间的民事争议，因其所涉案件性质的特殊性，医事民事诉讼中对基本原则的解读和应用也具有特殊性。下面对这些原则的特殊性进行阐述。

一、医事民事诉讼的当事人诉讼权利平等原则

医事民事诉讼的当事人具有特定性，即只能为医疗机构与患者。一般认为，当患者与医疗机构发生纠纷时，患者往往处于较为弱势的地位。一是患者与医生之间

存在信息上的不对称，在医患关系中，由于双方对医学知识掌握的情况不同，患者无法与医生形成实质上的平等，医生在医疗过程中拥有压倒性的权力。二是患者作为一个势单力薄的个体与相对庞大的医疗机构相比，往往不具有话语权，并受到不公正的待遇。因此，社会普遍呼吁应当注重保护弱势群体的利益。但是，需要注意的是，这并不等于说在医事民事诉讼中二者享有不同的诉讼权利。民事诉讼基本原则中的诉讼权利平等原则指的是：

第一，在民事诉讼中，双方当事人的诉讼地位完全平等，不分优劣高低。民事诉讼当事人双方在民事诉讼中平等地享有诉讼权利，平等地承担诉讼义务。当然，由于当事人在诉讼中担负的具体角色不同，他们享有的权利或者负担的义务内容并不完全相同。医事民事诉讼中的医患双方，虽然在某些方面存在着实力上强弱的对比，但是这并不影响二者在诉讼地位上的平等性。双方都依据法律各自享有诉讼权利，负担诉讼义务。

第二，双方当事人拥有同等地行使诉讼权利的手段，同时，人民法院平等地保护双方当事人行使诉讼权利。行使诉讼权利的手段是实现诉讼权利的具体形式。医患双方既然享有平等的诉讼权利，当然也拥有同等地的行使诉讼权利的手段，例如医患双方都可以向法庭提交证据，都可以在法庭上进行辩论以实现辩论权。法院不得剥夺任何一方的诉讼权利，也不得限制任何一方合法的行使权利的手段。

第三，对当事人在适用法律上一律平等。一切当事人的合法权利都应当受到保护，一切当事人的违法行为都应当受到制裁。医患双方在社会地位、享有的资源上存在着差距，但是这不能影响适用法律上的平等。无论医疗机构还是患者，都应毫无例外地遵守法律，享受法律规定的权利，履行法律规定的义务。

二、直接言词原则的强调

直接言词原则是直接原则和言词原则的合称。直接原则又称直接审理原则，它是与按他人的审理结果进行裁判的间接审理原则相对立的，指的是判决只能由参加法庭调查、听取法庭辩论的审判人员亲自作出。言词原则又称言词审理原则，或称口头主义，它是与书面审理原则相对而言的，从诉讼行为角度看，它是指在案件审理过程中，当事人以及法院的诉讼行为特别是质证、辩论、证据调查，都要求以言词的形式进行。直接原则与言词原则有着密切的关系，甚至两者有重叠之处，两者均要求诉讼各方亲自到庭审判，法院的裁决须建立在法庭调查和辩论的基础上，而严禁以一方提交的书面卷宗资料作为法庭裁判的依据。因此诉讼的口头化、直接性是密切相关的，大陆法系法学家经常把这二者和程序的集中性视为民事诉讼程序改革所不可缺少的部分。[①] 该二原则在理论上被综合在一起，合并称为“直接言词原则”。直接言词原则对实现司法公正意义重大。

而直接言词原则在医事民事诉讼中的作用就更加突出。事实上，信息上的不对称不仅仅存在于医患之间，对法官来说，其对医学知识的了解也明显处于弱势。在医事诉讼中，由于医疗行为的高技术性和复杂性，所以大多数情况下法官需要借助鉴定结论来判断医疗行为是否存在过错、医疗行为与损害结果之间是否存在因果关系。因此鉴定结论往往关系到案件的审理结果。而对鉴定结论进行质证就成为了案件审理的焦点。鉴定结论是否具有证据能力、证明力以及如果具有证明力其大小如何，这些问题都需要通过询问鉴定人来完成。如果仅仅在法庭上宣读鉴定结论，鉴定人不出庭接受询问，对鉴定结论的质证也就无法真正实现，最终影响到案件的处理以及司法的公正性。因此，在医事民事诉讼中，鉴定人出庭就显得尤为重要，直接言词原则的作用更为显著。

三、辩论原则与处分原则

辩论原则和处分原则是我国民事诉讼法的基本原则。通常认为，辩论原则“是指在人民法院主持下，当事人有权就案件事实和争议问题，各自陈述自己的主张和根据，互相进行反驳和答辩，以维护自己的合法权益”。[②] 处分原则是指“当事人在诉讼过程中，对自己享有的民事权利和诉讼权利，在法律规定的范围内有权自由支配”。[③]

我国对于“辩论原则”、“处分原则”的一般解释并不准确，不能充分体现其作为民事诉讼基本原则的应有地位。事实上，当事人的辩论权、处分权对法院审判权的制约是现代法治国家民事诉讼法所普遍遵循的基本原则。在大陆法系民事诉讼理论中分别将其称为“辩论主义”、“处分权主义”，它构成了大陆法系当事人主义民事诉讼模式的核心内容。辩论主义是指认定案件事实的有关诉讼资料只能由当事人提出，否则不能作为法院裁判的根据。“当事人以什么样的事实作为请求的根据，又以什么样的证据来证明所主张的事实存在或不存在，都属于当事人意思自治领域”，[④]法院应当受当事人主张和举证的约束。处分权主义是针对诉讼进程及审理对象而言。其基本含义是：当事人是否起诉或终结诉讼，何时或何种内容、范围(法院对当事人没有提出的请求事项不能裁判)对何人起诉，原则上由当事人自由决定，国

①[美]J. H. 梅利曼. 大陆法系. 北京：法律出版社，2006 年。

②章武生主编. 民事诉讼法新论. 北京：法律出版社，1993 年，第 84 页。

③章武生主编. 民事诉讼法新论. 北京：法律出版社，1993 年，第 89 页。

④[日]谷口安平. 程序的正义与诉讼. 北京：中国政法大学出版社，2002 年，第 107 页。

家不能干预。[1] 二者都具有对法院权力予以限制的功能。

上述两个原则，在医事民事诉讼中也得到了极好的体现。关于医患关系的法律性质，我国理论界探讨已久。现在通常认为，患者到医院就医，首先在医患之间形成医疗服务合同关系。当其中任何一方违反了医疗服务合同中己方应当承担的义务，非违约方可以依据医疗服务合同提起违约之诉。而当医疗机构采取的医疗行为对患者的权利造成侵害时，患者也可以依据侵权法律关系提起侵权之诉。此种情形被认为是违约责任与侵权责任的竞合。依据《合同法》第 122 条规定，权利人可以任选一种方式向法院起诉寻求救济。在此，当事人究竟选择何种救济方式应当由当事人自己选择，法院无权加以干预，这是辩论原则和处分原则的最好体现。

四、诚实信用原则的应用

在私法领域，尤其是在民法的债法理论中，诚实信用原则占据重要地位，有“帝王条款”之称。它要求人们在市场活动中讲究信用，恪守诺言，诚实不欺，在不损害他人利益和社会利益的前提下追求自己的利益。随着我国民事审判制度改革的纵深发展，当事人在民事诉讼中的主导地位日益得到承认和尊重，然而当事人滥用诉讼权利的行为，如骚扰性诉讼、盲目性诉讼、重复性诉讼以及当事人举证突袭、举证妨碍等行为，也开始出现并逐渐增多。诚实信用原则开始由实体法向诉讼领域渗透，后来作为民事诉讼法的基本原则被接受并最终确立下来。

诚实信用原则内涵丰富，它对法院、当事人和其他诉讼参与人之间的各种关系都发挥了全面的调整作用。诚信原则对法官和法院的导向和规制主要体现在以下几个方面：(1)对法官的自由心证进行控制，要求法官公开心证，在判决书中应详细说明判决的理由。(2)对法官的自由裁量进行控制，要求法官在缺少裁判依据时，从立法的宗旨出发，以诚实之心和不偏不倚的态度，探索法律本意，合理解决纠纷，不得滥用自由裁量权。(3)禁止突袭裁判，要求法官通过诉讼程序与当事人充分交涉，保障当事人的各种诉讼权利。诚信原则对当事人及诉讼参与人的导向和规制主要体现在以下几个方面：(1)禁止滥用诉讼权利。(2)禁止前后矛盾的诉讼行为。(3)禁止规避法律，即禁止利用法律漏洞取得某种权利，以达到不正当的诉讼目的。(4)禁止做虚伪陈述或提供虚假证据。(5)禁止妨碍对方当事人的诉讼活动，包括妨碍对方当事人提供证据进行证明。(6)禁止诉讼代理人越权代理或恶意侵害被代理人的利益。[2]

诚信原则在医事民事诉讼中具有其特有的作用。例如，医疗资料特别是住院病

---

①[日]三乐章.民事诉讼法.日本：弘文堂，1986 年，第 186 页。

②江伟主编.民事诉讼法.北京：高等教育出版社，2007 年，第 35～36 页。

历资料由医方保管，医方向法庭提交这些具有重要意义的证据时，应当如实完整提供，而不能只提供对自己有利的，甚至篡改病历。再如，当患者申请进行医疗事故技术鉴定时，医方应当积极全面提供检材，积极配合医学会展开工作，而不能妨碍医疗事故技术鉴定的开展。作出鉴定结论的鉴定人应当出庭，如实回答当事人和法官的提问，不能出具虚假的鉴定结论。可见，诚信原则始终贯穿于医事民事诉讼始终。

第二节　医事民事诉讼基本制度

民事审判制度是一个外延广泛的概念，通常所讲的民事审判制度包括管辖制度、当事人制度、证据制度、调解制度等等，是民事诉讼法以及其他有关法律对民事审判工作进行法律调整的各种具体制度规范的总和。国内的民事诉讼法学教材一般认为两审终审制度、公开审判制度、合议制度、回避制度在民事诉讼中具有关键性的作用，其又规定在民事诉讼法的总则部分，因此将上述制度列为民事审判的基本制度。民事诉讼的基本制度同样存在于医事民事诉讼中。而在医事民事诉讼中，除了上述四个基本制度外，笔者认为，陪审制度和诉讼调解制度也应作为医事民事诉讼的基本制度被确立下来，因为它们在医事民事诉讼中具有特殊的价值。

两审终审制度、公开审判制度、合议制度和回避制度，在此不再赘述。下面对调解制度和陪审制度在医事民事诉讼中的应用加以阐述。

一、诉讼调解制度

诉讼调解制度是我国现行民事诉讼中一项重要制度，是民事诉讼程序中解决当事人之间民事争议的一种方法。

调解制度在我国由来已久。最初民间调解在解决争议方面一直发挥着重要作用，而这一传统契合了中国人特有的心理和行为方式，从而延续下来，并被吸收进司法制度中，称为中国司法解决争议的一种重要方法和手段。这种演变的一个重要标志是作为我们现行民事司法制度重要历史继承部分的“马锡五审判方式”的确立。[①]其中“着重调解”被视为这种审判方式的最基本特点和主要标志。这种模式在我国新中国成立以后被进一步继承和发展，并在 1982 年的民事诉讼法中得到体现。20 世纪 80 年代，民事审判方式改革作为中国社会变革的重要组成部分在全国推广开

①张卫平. 诉讼调解：时下势态的分析与思考.《法学》2007 年第 5 期。

来。其中一个重要的改革措施就是弱化诉讼调解在民事诉讼中的地位。这种认识在1991年的《民事诉讼法》中得到了明确的体现。这使得诉讼调解制度在民事审判中应用的频率大为降低，在许多法院，诉讼调解结案率已经不到10%。进入21世纪后，调解又开始受到重视，调解结案率呈明显回归态势。

在此，我们不深入探讨诉讼调解制度在民事诉讼中的功过得失，而单单将其放入医事民事诉讼的背景之下进行讨论。医患关系是一种复杂的社会关系，它不仅仅体现为一种法律关系，医患关系的本质在于技术性、伦理性、法律性、经济性、社会性等多重属性。仅仅通过司法途径调整医患关系是不全面、不恰当的，也是司法所不能承受之重。现在，医院、医务人员与患者之间的矛盾冲突日益加剧，病人及家属殴打、威胁、辱骂医务人员的现象时有发生，甚至有医务人员被患者杀死的恶性事件出现。不断增多的医疗纠纷及其引发的种种愤懑，使得各种利益纠葛、体制冲突、伦理诉求和法律管制之间形成了一种较之从前更为复杂而微妙的关系。[①] 医患关系问题已经成为了中国社会一个沉重的话题。医事诉讼不再仅仅是解决医患之间矛盾纠纷的手段，而且还承担着如何调和医患关系的社会责任。判决结案本身具有强烈的对抗性，这使得已经关系紧张的医患双方矛盾进一步激化。诉讼固然可以解决纠纷，但是判决后那些纠纷之外的其他社会问题恐怕是难以根治的。而诉讼调解制度具有的柔性特征刚好可以修正判决方式的弊端。诉讼调解能够避免特定情形下情理与法律规定之间的不协调，尤其是当事人之间在资源分配、机会获得不平等，知识占有不均衡的情况下，通过权利人的让步化解纠纷，有助于当事人之间关系协调发展，实现长期的互利局面，从而达成社会局部关系的稳定。调解制度可以在解决医疗纠纷的同时促进医患关系趋于和谐，而这正是我们所希望看到的。因此调解制度在医疗诉讼中的适用显得尤为重要。

二、陪审制度

陪审制度是审判机关吸收法官以外的社会公众代表参与案件审判的制度。许多国家的法院都曾实行或仍然实行陪审制，由专职的法官与陪审员相结合审判案件。

审判机关吸收非职业法官参加审判的陪审制度主要具有两项功能：一是为社会分享审判权力提供途径，体现司法民主。陪审制度的起源最早可追溯至古罗马时期，当时的公民500人陪审团就是古代民主制度的最佳范例。陪审制度的出现对司法民主是一种促进。在有陪审员参与审判的案件中，裁判权不再为专业法官所垄

①付子堂等.医疗纠纷案件审理之实证分析.北京：人民法院出版社，2006年，第136页。

断，与当事人有着同等社会地位的社会成员也成为裁判者的一分子，这无疑使审判更具亲和力和可信度。[①] 二是陪审制度有利于审判结果更接近实体正义。审判公正表现为程序公正和结果公正。在现代法治社会，程序公正越来越成为社会关注的焦点，程序的独立价值也越来越得到广泛承认和尊重。一个完善合理的诉讼程序，可以为审判的程序公正提供保证。但是，实体正义也是诉讼追求的目标之一。程序正义和实体正义是并不矛盾的两个概念。由于法官只是法律的专家，并不具备其他领域的专业知识，让法官对某些专业性较强的案件仅仅依靠法律规则作出裁判，有时会牺牲个案的实体公正。而陪审员的参与恰好可以弥补法官在其他专业知识上的不足。

医事诉讼案件的专业性较强，法官在裁判案件时往往只能依赖鉴定结论，作出的裁判结果难免有失公正，这可能给权利人带来损失，也可能给医患关系带来不良的影响。因此在医事诉讼中吸收具有医学知识的陪审员参与审判是非常必要的。这些医学方面的专家既可以帮助法官弄清案件事实，也可以帮助法官对鉴定结论进行审查判断，从而分清医疗纠纷中各方应当承担的责任。这使得案件处理结果有可能更加接近实体正义，从而更容易为当事人认可和接受。

第三节　医事诉讼特征

医事诉讼是患者在诊疗的过程中，认为医方的诊疗活动存在过错，侵害了其健康权益和财产权益，向人民法院起诉而引起的民事诉讼。这种诉讼同一般的民事诉讼相比具有一定的特殊性。

一、医事诉讼当事人特定

在医事诉讼中，诉讼当事人多为医疗机构和患者或者患者近亲属。且原告多为患者或者患者家属。随着患者权利意识的加强，患者对医疗机构提供的服务要求越来越高，再加之现代社会诚实信用的缺失带来的患者对医生的不信任，医患矛盾总是一触即发。当医疗机构提供的服务不能令患者感到满意时，很多患者都会选择通过诉讼的方式解决纠纷。医疗机构被推上被告席的次数也就与日俱增。时下有对医生处境的描述"医生一只脚在医院，一只脚却在法院"，十分耐人寻味。患者生存

①吴丹红. 中国式陪审制度的省察——以《关于完善人民陪审员制度的决定》为研究对象.《法商研究》2007年第3期。

时，无论其是否具有完全行为能力，都是诉讼中的当事人。只有当患者死亡时，患者家属才成为诉讼中当事人，以自己的名义参加诉讼。另一方当事人为取得执业许可证的医疗机构。非个体行医的情形，医生个人不能称为医事诉讼的主体。

二、医事诉讼的证据特定

证据是诉讼进行的核心。诉讼当事人的大部分诉讼活动都是围绕着证据展开的。当事人提供证据的目的是证明自己的事实主张，法院审查证据的目的是获得自由心证最终作出判决。证据是当事人向法官进行证明的依据。因此，在医事诉讼中研究证据是非常重要的。医事诉讼因其所涉领域特殊，证据也就具有了特殊性。例如医事诉讼中最为常见的证据就是病历。病历的范围广泛，分为门诊病历和住院病历，其中包括医生书写的病历资料以及各种检验报告、医学影像资料等。病历作为证据在其他民事诉讼中并不多见，但是在医事诉讼中却几乎成了每起医疗诉讼必要之证据。另外，在进行医疗活动的过程中使用的药品及药品包装、输液器及残余液体，这些往往也是重要的证据。因此，实践中应当结合此类诉讼的特点注意收集、保存这些较为特殊的证据，以便于获得公正的审判。

三、医事诉讼的专业性较强

医事诉讼案件的处理大多要涉及医学专业领域内的问题。因为医疗纠纷的发生，一般是由于患者与医疗机构对诊疗后果的认识不一致而发生。要处理这类纠纷，必然要先弄清诊疗后果（指不良诊疗后果）的发生是否为医生的诊疗行为所致，如果确是医生的诊疗行为所致还要弄清此种诊疗行为的发生是否出于过错。像这样一些问题，不要说是没有医学知识的法官难以查明，即便是医疗争议所涉领域内的医学专家恐怕有些时候也是束手无策的。从这个角度上说，医事诉讼的结果在某种程度上未必能够实现实体上的公正。要求司法程序解决医疗上尚不能解决之问题实非司法所能承受之重任。法院应当依法促进医患双方和解，一方面有利于双方利益的实现，另一方面可以维系和谐的医患关系。

四、司法鉴定在医事诉讼中使用频繁

前已述及，医事诉讼专业性很强。法官并非医学上的专家，要查明案件所涉及的医学问题，必须要求助于科学的鉴定结论。对于医患双方争议的医疗行为是否构成医疗事故，医疗事故技术鉴定结论是最有力的说服者。所以，在医疗事故纠纷中，几乎都会进行医疗事故技术鉴定。另外，对于病历的真伪、有无篡改问题，对于使用的药品、输液器等是否合格等问题都需要通过鉴定的方式得到答案，司法鉴定在医事诉讼中发挥的作用是至关重要的。

五、医疗侵权诉讼适用证明责任倒置

最高人民法院《关于民事诉讼证据的若干规定》第四条第八款规定："因医疗行为引起的侵权诉讼，由医疗机构就医疗行为与损害结果之间不存在因果关系及不存在医疗过错承担举证责任。"此规定确立了医疗侵权诉讼证明责任倒置的规则。证明责任倒置在医疗侵权诉讼的应用一定程度上减轻了患者的诉讼负担，体现了法律的公平原则，能够促使医生在医疗行为中遵守诊疗护理规范和常规，尽到与其专业水平相符的谨慎注意义务。但是这一制度也对我国的医疗事业带来了冲击，引发了司法界和医学界新的思考。

第四节　诉、诉权与诉讼标的

一、诉

诉是指当事人向法院提出的，请求特定的法院就特定的法律主张或权利主张进行裁判的诉讼行为。诉具有启动诉讼程序，使法院行使审判权的功能。如果没有当事人请求裁判，法院不能主动行使审判权，对民事争议进行审理和判决。

（一）诉的要素

诉的要素是指构成一个诉所应当具备的基本因素。它是区别不同种类的诉和每一个具体的诉的依据，决定着诉的内容，并使诉特定化、具体化。

诉的要素究竟包括哪几个方面，有"二要素说"和"三要素说"两种观点。我们认为，诉的要素包括：诉的主体、诉的标的、诉的理由。

1. 诉的主体，即诉讼当事人。任何一个诉，都必须有当事人。诉是当事人依法向人民法院提出的保护自己合法权益的请求。如果没有人向法院提出保护的请求，诉就无从成立。除提出请求一方，还必须要有应诉一方，否则案件也无法审理。因此，诉的主体是诉的要素之一。就医事诉讼而言，诉的主体为发生争议的医患双方。

2. 诉的标的，指的是当事人与法院之间的诉讼权利和诉讼义务所指向的客观对象。对于当事人来说，诉讼标的是其提起诉讼的原因；对于法院来说，没有诉讼标的就没有审理的对象。所以，任何一个诉都必须具备诉讼标的。

3. 诉的理由，是指当事人向人民法院请求保护和进行诉讼的根据。当事人向人民法院提出保护自己合法权益的请求，没有理由，请求就得不到支持，权利就无法实现。因此，诉的理由也是每一个诉需要具备的要素之一。

(二)诉的种类

根据诉的性质和内容可以将诉分为确认之诉、给付之诉和形成之诉。

1.确认之诉。确认之诉,是指原告请求法院确认其主张的法律关系存在或不存在。主张其法律关系存在的确认之诉是积极的确认之诉,例如请求确认原告与被告之间的医疗合同关系成立;主张其法律关系不存在的确认之诉是消极的确认之诉,例如请求确认医患双方之间未形成医患关系。

2.给付之诉。给付之诉,是指原告向被告主张给付请求权,并要求法院对此作出给付判决的请求。此处的给付,不仅指被告对原告金钱或实物的交付,还包括被告履行原告所要求的行为。原告享有给付请求权是给付之诉成立的前提,原告的给付请求权的产生是因为在原告与被告之间存在着一定的民事权利义务关系。在这一法律关系中,被告具有给付义务。当被告没有履行给付义务时,原告就可以依据实体上的给付请求权提起给付之诉。医患之间发生的多为给付之诉。

3.形成之诉。形成之诉是指原告要求法院变动或消灭一定的法律状态的请求。形成之诉以实体法上的形成权为基础。一般情况下,权利义务关系因当事人的行为或某种法律事实的发生而发生变动,而没有必要向法院提起诉讼要求变更。但对于某些法律关系,即使存在实体上已经变更的条件,如果没有法院的裁决,其现存的法律关系仍然是有效的。当事人为了使现存的法律关系发生变动,并产生相应的法律效果,只能向法院提起形成之诉。

二、诉权

民事诉权论所探讨的主要问题是:国民"为何可以诉讼"? 这一问题是诉权理论的基本问题。而民事诉权这一概念覆盖民事诉讼的整个领域。民事诉权理论是大陆法系民事诉讼法学基本理论体系的有机组成部分。在学术史上,民事诉权理论对于现代民事诉讼法学在理论体系的形成和建构方面贡献颇大。民事诉讼法学,早期自民法学分离之时,尚无独立完整的理论体系。在学者对于诉权理论的研究讨论过程中,开创了若干民事诉讼独立的诉讼理论。[①]

据现有资料,诉讼的概念最早存在于罗马法之中。但是,就学说或理论的构成标准来看,诉讼学说或理论在古罗马法时代并未形成。在罗马法时代,由于实体法和诉讼法处于合体状态,现代意义上的请求权和诉权也处于未分化状态。19 世纪后期,随着自由主义国家观的产生和公法理论的发达,理论上开始承认私人对国家享有公法上的审判请求权,从而促成了司法诉权说向公法诉权说的过渡。正是公法

①江伟,邵明,陈刚.民事诉权研究.北京:法律出版社,2002 年,第 3～4 页。

诉权说使民事诉讼完全摆脱了民事实体法的附庸地位而成为一门独立的学科，并自主地建立了自己的理论体系。公法诉权说经历了抽象诉权说和具体诉权说两个重要的发展阶段。此外，还发展出本案请求权说和司法行为请求权说。后来，又出现了对我国民事诉讼影响较大的多元诉权说等学说。

诉权是指当事人为维护自己的合法权益，要求法院对民事争议进行裁判的权利。诉权是人们的一项基本权利，没有这项权利，公民、法人和其他组织便不能起到民事诉讼程序活动司法裁判，实现实体权利。但是，诉权不是一种实体上的权利，与当事人有无实体权利没有必然联系。诉权也不是当事人诉讼权利的集合和概括。

三、诉讼标的

诉讼标的在民事诉讼实务中具有十分重要的地位。民事诉讼中，无论是双方当事人的诉讼行为，还是法院的审判活动，都需要围绕着诉讼标的展开的。诉讼标的决定着法院予以审理和裁判的对象，决定着此诉与彼诉的分野，是法院将以之判断是否允许当事人再起诉的依据。诉讼标的是大陆法系民事诉讼法学的核心问题之一。从功用上说，诉讼标的还是法院判定诉的合并与分离及诉的变更和追加的根据。所以，“诉讼标的的概念，对学习和研究民事诉讼法的学者来讲，像是一座必须过的桥”，①“这一概念曾经在德国和日本的民事诉讼法学中被称为民事诉讼的‘脊梁骨’，是民事诉讼法学理论的基石，并起到了贯穿及整合整个体系的作用”。②

(一)诉讼标的理论学说

诉讼标的理论的核心问题是识别诉讼标的的根据，即以什么为根据区别各种不同的诉讼标的，这也是诉讼标的理论中最基本的问题。诉讼标的自身的识别标准与诉讼标的的概念及相关学说密切相关。

1. 旧实体法说。该说认为，诉讼标的是原告在诉讼中提出的、特定的、具体实体法上的权利主张。因此，请求的多寡就以原告所享有的实体法上规定的实体请求权为标准。因此，旧实体法说是以实体法上所规定的实体权利和原告的权利主张为识别诉讼标的的标准。但是，该学说在诉讼标的概念和识别标准上都存在着缺陷。一是该观点不能涵盖所有的诉讼类型，这一概念是以早期的民事诉讼只有给付之诉一种诉讼类型为出发点来看待诉讼标的的，但解释消极确认之诉时遇到了无法克服的障碍。二是该说在遇到请求权竞合时不能作出合理解释。

2. 二分肢说。该说是由德国诉讼法学家罗森贝克提出的。与传统的旧实体法

①[日]井上治典等. 新民事诉讼. 日本：日本评论社，1987 年，第 6 页。

②王亚新. 对抗与判定——日本民事诉讼的基本结构. 北京：清华大学出版社，2002 年，第 87、89 页。

说不同，该理论确立的诉讼标的的识别标准有二：事实和诉的声明，所以称为二分肢说。二分肢说在技术上解决了旧理论所不能克服的请求权竞合的难题，使诉的合并和变更变得简化，合理避免了重复起诉的问题。而且该学说从理论上将诉讼标的的概念从民事实体权利上分离出来，纯粹从诉讼法的立场出发来构筑诉讼标的的概念和内容。但是，在几个请求权发生是基于几个不同的事实，而要求为同一给付时的诉讼标的应当如何识别，二分肢说也难以给出合理的解释。在理论上，该学说割裂了事实和实体权利的联系，致使如果被告对诉讼标的作出承认或允诺，法院即应当判决原告胜诉的现象，无法得到合理的解释，也无法解释确认之诉的标的为什么也是实体法上的权利或法律关系①

3.一分肢说。学者们针对二分肢说中的缺陷进行修改，出现了一分肢说。该说认为，诉讼标的仅以诉的声明或原告起诉目的为识别标准，以同一给付为目的的请求即便存在着不同的事实理由，仍只是一个诉讼标的。一分肢说虽然可以合理说明实体法请求权竞合时诉讼标的的单一性，也解决了有几个事实理由而诉的声明单一时诉讼标的应当如何识别的问题，但一分肢说仍然存在着不合理之处。一是在给付金钱或替代物的诉讼中，根据一分肢说只考虑诉的声明而不一并考虑诉的原因，无法判断诉讼标的是否同一。二是未能处理好诉讼标的的识别与既判力客观范围的一致性问题。

4.新实体法说。基于二分肢说和一分肢说对很多问题都无法作出合理的解释，有些学者又回到了实体法的立场上，提出新实体法说。新实体法说是以事实关系作为判断实体请求权的标准，再以修改后的请求权竞合理论来识别诉讼标的。但是，即使在实体法理论中关于请求权竞合与请求权基础竞合的区分标准仍不很清晰，所以这一理论也就不可避免地存在着不足。

5.诉讼标的统一概念否定说。在经过了不断的研究和反思之后，部分民事诉讼法学者放弃了寻求统一的诉讼标的理论以适合所有的诉讼类型的做法，否认诉讼标的概念同一的必要性。也有人对此评价说，这一观点在效果上不过是一分肢说、二分肢说和实体法说的混合而已。

（二）我国的诉讼标的识别标准

从我国民事诉讼的实际情况出发，对诉讼标的问题应当从诉的不同类型来考虑，对不同诉的类型，其诉讼标的的识别标准就有所不同。给付之诉的诉讼标的应当是当事人关于对方履行给付义务的诉讼请求。至于是基于何种法律关系则是请求的法律依据，也就是诉讼请求的理由。识别标准应当是发生给付请求的具体事件

①江伟主编.中国民事诉讼法专论.北京：中国政法大学出版社，1998年，第65～67页。

或行为。对于确认之诉和变更之诉，因为不存在请求权竞合所带来的问题，因此，对诉讼标的可统一界定。即确认之诉和变更之诉的诉讼标的应当是当事人要求法院确认和变更实体法律关系的诉讼请求。识别标准是有争议的实体法律关系。[①]

(三)医事诉讼中的诉讼标的

对于医事诉讼中的变更之诉或者形成之诉，其诉讼标的以医患双方争议的实体法律关系作为识别标准即可，不再详细说明。而给付之诉为医事诉讼中常见之形式。患者因身体或健康受到医疗行为之侵害，多会提起损害赔偿之诉，要求医疗机构承担赔偿责任。因医患之间首先成立医疗服务合同关系，当医疗行为侵害患者的权利时，患者可以根据两种权利基础提起诉讼。因为这里存在两种不同性质的法律关系可以选择，一个是侵权法律关系，一个是合同法律关系。置言之，就是一个事实产生了两个不同的实体请求权。此时应如何确定诉讼标的？

我国民事实体法专门设立了解决实体请求权竞合的条款，使实践中诉讼标的的识别问题在一定程度上得到了解决。《合同法》第 122 条规定：“因当事人一方的违约行为，侵害对方人身、财产权益的，受损害方有权选择依照本法要求其承担违约责任或者依照其他法律要求其承担侵权责任。”可见对于这类案件，当事人虽然享有两个请求权基础，但是提起诉讼时只能择一行使，当事人一旦作出了选择，另一种请求权随即消灭。因此，患方只能以其中一种请求权作为权利基础，提出一个赔偿请求，案件只有一个诉讼标的。法院不能针对同一请求作出两次给付请求的判决。待法院对案件作出判决后，患者也不能再依据另一请求权提起新的诉讼。

第五节　医事诉讼的受案范围

医患之间可能发生的纠纷多种多样。这些纠纷中哪些可以通过医事诉讼方式来解决就是医事诉讼受案范围所要解决的问题。

根据最高人民法院《案由规定》，可以由人民法院立案的医疗纠纷包括两类：医疗服务合同纠纷和医疗损害赔偿纠纷。可见，医事诉讼的受案范围包括发生在医患之间的因医疗服务合同发生的一切纠纷和因医疗侵权引起的一切纠纷。

一、医疗服务合同纠纷

在我国民法上，合同是当事人之间设立、变更、终止民事关系的协议。[②] 我国《合

①江伟主编. 民事诉讼法. 北京：高等教育出版社，2007 年，第 61 页。

②参见《中华人民共和国民法通则》，以下简称《民法通则》，第 85 条。

同法》第2条也规定,合同是平等主体的自然人、法人、其他组织之间设立、变更、终止民事权利义务的协议。合同关系就是合同当事人之间的权利义务关系。合同关系以合同上的债权债务为内容,以债的内容所要求的债务人的给付行为为客体,是区分于其他民事法律关系的一种独立的民事法律关系。

医患之间是否存在合同关系?长期以来,人们对此存在着不同的认识。一种观点认为,目前我国绝大多数医疗机构仍是"一定福利政策"的载体,属公益性机构,医疗机构及其工作人员的职责职权不是当事人约定的结果,而是建立在法律或有关规章的基础上且不得约定免除,并且医患双方的地位并不对等,相互之间关系的建立不是通过"协商"而是基于"信赖"。所以医疗机构与患者之间并不存在合同关系。① 笔者认为,医疗活动本身是医疗机构提供医疗服务的过程。患者到医院求医并支付医疗费用,医院收费接诊,相互之间基于意思表示一致(即合意)而形成了医疗服务合同关系。从这个角度分析医患法律关系,与一般民法意义上的合同关系并无二致。首先,医疗机构和患者属于民法上的平等主体,双方之间不存在行政职权关系,符合合同成立的主体要求。其次,患者到医院就医,医院接受病患给予诊疗,都是为了治愈患者的疾病,恢复患者的健康,在这一总的医疗目的上,医患双方达成了合意。再次,医疗合同基本体现了合同自由原则。患者生病之后有权选择是否就医、到哪家医疗机构就医,在整个诊疗过程中,患者也可以决定是否接受治疗以及接受何种治疗。在缔约上和相对人的选择上贯彻了合同自由规则,在内容的确定上也充分尊重了患者的自主决定权。上述内容符合合同的成立要件。可见,医患之间存在医疗服务合同关系。

根据我国民事诉讼法的规定,由民法调整的平等主体之间的合同法律关系引起的纠纷,人民法院有权根据当事人提起的诉讼对其行使审判权。因此,医患之间因医疗服务合同发生的纠纷都属于医事诉讼的受案范围。

医患之间发生纠纷一般是因为一方未履行合同义务,或者一方侵害了对方合同上的权利。所以医患合同纠纷是围绕医疗服务合同中各方的权利义务展开的。由于医疗活动的特殊性,确定医疗合同的内容存在一定困难。因为一般的合同一经订立,内容就已基本确定下来。但由于医疗机构提供的医疗服务具有较高的技术性,医疗服务的客体又是人的生命和健康,所以服务的内容多种多样。不很严重的疾病,例如感冒,接受门诊检查后,医生指导病人服用一些药物即可,而较为严重的疾病则可能需要入院治疗,接受手术等各种诊疗措施。疾病越是复杂,所提供的诊疗内容就会越多,如诊断、检查、住院、手术、注射、护理等,这就说明医疗服务合同内容

①付子堂,于嘉川,张永和,洪磊等.医疗纠纷案件审理之实证分析.北京:人民法院出版社,2006年,第162页。

因接受医疗服务的个体存在差异而具有多样性。医疗合同的内容还具有可变性，如一位腹痛的病人住院时是胃痉挛，他先到内科接受治疗，经内科治疗无效后要转到外科进行手术。这样医疗合同的内容根据病情的变化发生服务内容的变化，其内容就具有了可变性。因此，医患之间到底因何发生合同纠纷需要根据具体的情况来判断。不能对医患双方的合同权利义务做僵化的理解。

二、医疗损害赔偿纠纷

医患之间在诊疗过程中因侵权发生的纠纷都属于医事诉讼的受案范围。

根据最高人民法院《通知》推定的精神，将医疗侵权案件分为医疗事故损害赔偿纠纷和因医疗事故以外的原因引起的其他医疗损害赔偿纠纷（以下简称“其他医疗损害赔偿纠纷”）。

医疗事故损害赔偿纠纷是医疗机构及其医务人员在医疗活动中，违反医疗卫生管理法规、行政法规、部门规章和诊疗护理规范、常规，过失造成患者人身损害，构成医疗事故引起的医疗损害赔偿纠纷。一般来说，对鉴定为构成医疗事故的就认定为医疗事故损害赔偿纠纷。

其他医疗损害赔偿纠纷，是除医疗事故损害赔偿纠纷以外的其他医疗侵权纠纷，包括医疗机构提供的医疗服务存在质量缺陷或医疗机构及其工作人员在医疗活动中违反医疗卫生管理法规、行政法规、部门规章和诊疗护理规范、常规，过失造成患者人身损害尚未引起医疗事故的损害赔偿纠纷。对此类纠纷的内涵和外延如何正确界定，尚待进一步深入探讨。

对于医疗侵权行为理论，一些学者已经开始作出大胆尝试，例如对医疗侵权行为的类型化研究。总之，因医疗侵权而引起的纠纷都可以通过医事诉讼寻求救济。

三、不属于医事诉讼受案范围的案件

（一）非法行医引起的纠纷

医患纠纷的一方主体必须是医疗机构或个体开业医师。不论是医疗机构还是个体开业医师，都必须经批准，获得医疗机构开业许可证或开业执照才能从事医疗服务。也只有医疗机构或个体开业医师在提供医疗服务过程中，与患者或其家属之间发生的争议才属于医患纠纷。因为医患纠纷提起的诉讼属于医事诉讼的范畴。患者与非法行医者发生的纠纷通过医事诉讼之外的一般民事诉讼程序解决。

（二）利用医疗手段故意侵犯患者权利而引发的纠纷

通常所说的医疗侵权指的是医务人员因过失医疗行为给患者带来人身损害的情形。如果医务人员利用医疗手段故意侵害患者权利，则与一般的民事侵权并无不同,只是侵权的方式比较特殊。那么这类纠纷也不属于医事诉讼的受案范围,而是普通的民事侵权案件。当然,如果造成的后果极其严重,触犯刑律的话,案件将通过刑事诉讼方式来解决,本文不做过多解释。

(三)因美容等非治疗疾病目的而引发的纠纷

医患法律关系的客体是医疗服务,只有以诊疗疾病为目的的行为才能称为医疗行为,因而也只有基于疾病诊疗以及与疾病诊疗有关的事项(如医疗费)而发生的纠纷才属于医患纠纷。为追求形体美而进行文眉、隆胸、抽脂等美容手术不属于医疗行为,当事人因美容手术而发生的争议也不属于医患纠纷。此外,某些行为虽具有强身健体的功效,但不是以治疗疾病为目的,如民间常见的点痣,单纯配近视、老花眼镜,传授内功和道术方法,或单纯的拔火罐,单纯的推拿按摩,也不属于医疗行为。当事人因上述行为发生的纠纷不属于医事诉讼的受案范围。

思考题

1. 医事诉讼中的医患双方诉讼权利是否平等?为什么?
2. 试述诚实信用原则在医事诉讼中的体现。
3. 试述陪审制度对医事诉讼的意义。
4. 医事诉讼基本特征有哪些?
5. 试述医事诉讼的受案范围。

第三章 医事诉讼中的诉讼参加人

内容提要

本章主要是介绍在医事诉讼中可能出现的各种各样的诉讼参加人以及它们的认定资格，比如原告、被告、共同诉讼人、诉讼代表人、第三人以及诉讼代理人等等。在结构上按照医事民事诉讼、医事行政诉讼、医事刑事诉讼的顺序依次介绍上述诉讼参加人。

第一节 医事诉讼诉讼参加人概述

一、医事诉讼诉讼参加人的概念

医事诉讼诉讼参加人是指依法参加医事诉讼，享有医事诉讼权利，承担医事诉讼义务，并且与医事诉讼争议或诉讼结果有利害关系的人。在此我们首先要分清医事诉讼法律关系主体、一切诉讼参与人、诉讼参加人以及诉讼当事人几个易混淆的概念。下面我们以医事民事诉讼为例介绍它们之间的区别。

当事人有狭义当事人和广义当事人之分，狭义当事人仅包括原告和被告。从诉讼中直接对抗的当事人结构来讲，当事人也只包括原告和被告。广义的当事人除原告和被告外，还包括共同诉讼人、诉讼代表人及第三人。

本章取狭义当事人概念，如没有特别说明，共同诉讼人、诉讼代表人和第三人并不包括在当事人范围之内。

医事民事诉讼法律关系主体包括人民法院和一切诉讼参与人。其中“一切诉讼参与人”又包括人民检察院、诉讼参加人和其他诉讼参与人。

诉讼参加人是指为了维护自己或他人的民事权益。以自己或他人的名义参加诉讼的人，包括当事人、共同诉讼人、诉讼代表人、第三人和诉讼代理人。

其他诉讼参与人是指同案件的处理结果没有法律上的利害关系，只是为协助人民法院查明案件事实而参与诉讼活动的人，包括证人、鉴定人、勘验人员和翻译人员。因此,医事民事诉讼法律关系主体也可以说包括人民法院、人民检察院、诉讼参加人、其他诉讼参与人。

二、当事人的概念

(一)医事民事诉讼中的当事人

1. 医事民事诉讼中的当事人的概念

医事民事诉讼中的当事人是指因发生医事民事争议,以自己的名义进行诉讼,案件审理结果与其有法律上的利害关系,并受人民法院判决、裁定、调解协议约束的人,包括原告、被告、第三人、诉讼代表人和共同诉讼人。狭义仅指原告和被告。

一般来说,只要同时符合以下三个要求的主体就可成为医事民事诉讼当事人:

(1)以自己的名义起诉或者应诉,实施诉讼行为。

(2)向法院请求解决争议、保护其合法医事民事权益。

(3)接受法院裁判的约束。

医事民事诉讼中的原告,是指认为自己的医事民事权益或者受其管理支配的医事民事权益受到侵害,或者与他人发生争议,为维护其合法权益而向人民法院提起诉讼,引起诉讼程序发生的人。被告则是指被诉称侵犯原告医事民事权益或与原告发生医事民事争议,被人民法院传唤应诉的人。

2. 实体意义上的当事人和程序意义上的当事人

实体意义上的当事人是指民事实体法的当事人,程序意义上的当事人是指民事诉讼中的当事人。都是当事人,但二者是有区别的:

(1)凡是具有民事实体权利义务的人都可以成为民事诉讼中的当事人,即程序意义上的当事人。但民事实体法上的当事人不是必须成为民事诉讼中的当事人,只有当其合法民事权益受到侵害或发生争议,参加到诉讼中来。才能成为民事诉讼中的当事人,即即程序意义上的当事人。

(2)民事实体法的当事人一般是,民事权利的享有者或者民事义务的承担者;民事诉讼中的当事人,不一定是民事实体权利义务的享有者或承担者,比如破产财产管理人、破产清算组织、遗产管理人、房屋管理人等。

3. 各种当事人概念之间的关系

医事民事诉讼是在利害关系相互对立的两方当事人之间进行,但由于审级和诉讼程序的不同,当事人在诉讼中的称谓也不完全相同。在第一审普通程序和简易程序中,称为原告和被告;在第二审程序中,称为上诉人和被上诉人,其中既包括一审的原告和被告,也包括有独立请求权的第三人和被人民法院判决承担民事责任的无独立请求权的第三人。在特别程序中,称为申请人、债务人等。在审判监督程序中,若适用第一审程序审理，分别称为原审原告、原审被告、原审第三人；若适用第二审程序审理，则分别称为原审上诉人、原审被上诉人、原审第三人；在执行程序中，则称为申请人和被申请人。

(二)医事行政诉讼中的当事人

医事行政诉讼的当事人是指因具体行政行为发生争议，以自己的名义到人民法院起诉、应诉或因人民法院审判需要追加到案件中来参加诉讼，并受人民法院裁定、判决约束的公民、法人和其他组织以及卫生行政机关。当事人在诉讼的不同阶段有不同的称谓。一审中称原告、被告、第三人；二审中称上诉人、被上诉人；再审案件中称申请人和被申请人；执行阶段称申请执行人、被申请执行人。

1. 原告，是指认为卫生行政机关的具体行政行为侵犯其合法权益，依法以自己的名义向人民法院起诉的公民、法人和其他组织。

2. 被告，是指原告起诉指控的作出具体行政行为侵犯其合法权益的卫生行政机关。

在医事行政诉讼中，被告主要有以下几种情况：

(1)作出具体行政行为的卫生行政机关；

(2)具体行政行为经复议机关复议被维持的，作出原具体行政行为的卫生行政机关是被告；

(3)具体行政行为经复议机关复议，被复议机关改变的，复议机关是被告；

(4)由法律、法规授权组织作出的具体行政行为，该组织是被告；

(5)由卫生行政机关委托的组织作出的具体行政行为，作出委托的卫生行政机关是被告；

(6)两个以上卫生行政机关共同作出的具体行政行为，共同作出具体行政行为的机关是共同被告。

(三)医事刑事诉讼中的当事人

我国医事刑事诉讼当事人指自诉人、被告人、附带民事诉讼的原告人和被告人。公诉案件中的检察人员是代表国家起诉的，不是当事人。

1. 自诉人

我国刑事诉讼法规定，自诉的案件是不需要进行侦查的轻微的刑事案件，以及法律规定告诉才处理的案件。自诉人就是指依照法律规定直接向人民法院提起诉讼的自诉案件中的被害人或者他的法定代理人。享有自诉权的，只能是遭受犯罪行为直接侵害的被害人。这是由自诉案件本身的社会危害性比较小决定的。但是，对于告诉才处理的案件，如果被害人受到了犯罪分子的控制或者其他原因不能行使自诉权的，被害人的近亲属则有权提起诉讼。

2. 被告人

是指被指控犯罪并由司法机关追究刑事责任的人；或经自诉人告发，由人民法院直接受理的自诉案件中被控告的人。被告人在诉讼中的法律地位比较复杂。首先，他是处于辩护一方的当事人；其次，他的供述和辩解是刑事证据的一种，是证据的来源之一；第三，他是可能被定罪和科刑的对象，所以也是采用强制措施的对象。依照我国的法律规定，被告人在诉讼中享有充分的诉讼权利，主要有辩护权，申请回避权，参加法庭调查、辩论和进行最后陈述的权利以及上诉权等。自诉案件中的被告人还有权提起反诉。

3. 附带民事诉讼的原告人

是指由于被告人的犯罪行为而遭受经济损失并在刑事诉讼中提出赔偿请求的人。附带民事诉讼的原告人通常是被害人，可以是公民，也可以是机关、企业或团体。如果被害人是未成年人或者其他缺乏行为能力的人，他的法定代理人也可以提起附带民事诉讼。如果被害人已经死亡，其近亲属可以作为附带民事诉讼的原告人。按照我国刑事诉讼法的规定，如果是国家财产、集体财产遭受损失的，人民检察院在提起公诉的时候，可以提起附带民事诉讼。这时，它是公诉机关附带民事诉讼的公诉人。

4. 附带民事诉讼的被告人

就是对犯罪行为所造成的物质损失负赔偿责任，并被要求进行赔偿的人，通常就是刑事被告人。但是，有时也可能是对被告人的行为负有物质赔偿责任的个人或单位。

第二节　正当当事人的确认和识别

一、当事人主体资格

(一)当事人的诉讼权利能力

权利能力是指法律赋予法律关系的主体享受权利和承担义务的资格。权利能力是主体享受具体权利、承担具体义务的前提。

当事人的诉讼权利能力，又称诉讼法上的权利能力或当事人能力，指可以作为诉讼当事人的能力或资格。

诉讼权利能力只是一种法律资格，享有这种资格的人，并不必然成为当事人。实际地成为当事人，还需要在具体的案件中通过起诉或者应诉来实现。

民事诉讼法规定，公民、法人和其组织可以作为民事诉讼当事人，是因为公民、法人和其他组织在社会生活中都要进行民事活动，发生民事法律关系，一旦民事权益发生争执或受到侵害，诉诸法院解决时，法律上就应确认其当事人的资格，使其依法享有诉讼权利和承担诉讼义务，以维护其合法权益。所谓可以作为民事诉讼当事人，即有权进行诉讼而成为诉讼当事人，这是客观上确定的权利。如果民事权益未发生争执，或者虽发生争执而不诉诸法院解决，主观上不行使这种权利，当然就不是诉讼的当事人。

公民的诉讼权利能力与法人和非法人团体的诉讼权利能力在取得和消灭的时间上有所不同。

1.自然人的诉讼权利能力

自然人的诉讼权利能力始于出生，终于死亡，在其生命存续期间，其诉讼权利能力不受限制、剥夺。

当事人的诉讼权利能力具有严格的身份性，既不能抛弃，也不能转让，同时也不允许剥夺。因此，在审判实践中，要自觉纠正那种不将未成年人和精神病人列为当事人，或者在法律文书中仍然将在诉讼中已经死亡的人列为当事人的错误作法。

2.法人的诉讼权利能力

法人的诉讼权利能力与法人的权利能力同时产生，同时消灭。即始于成立，消灭于被撤销或解散或破产。

3.非法人团体的诉讼权利能力

非法人团体的诉讼权利能力又称其他组织的诉讼权利能力，在依法成立时产生，在被撤销时终止。

(二)当事人的诉讼权利能力与权利能力的关系

一般来说，当事人的诉讼权利能力与权利能力是相适应的，有权利能力的人，就有诉讼权利能力，即凡是具有权利能力，能够参加活动的主体，也就同时具有诉讼权利能力，能够成为诉讼当事人，参加诉讼活动。

权利能力和诉讼权利能力二者虽然有着密切的联系，而又并非完全一致。在特殊情况下，没有权利能力人，法律上仍赋予他以当事人的资格。如经主管机关认可，设有管理人或代表人的非法人团体，也是诉讼的主体，具有诉讼权利能力，代表人可以以其名义在人民法院起诉、应诉。但它不是法人，不具有法人的资格，不同法人一样具有权利能力。法律上赋予它诉讼主体的资格，是它以团体的名称，从事一定的诉讼活动，设有管理人或代表人。

诉讼权利能力是作为诉讼主体的唯一条件。但对此应从两种意义上来理解，一是指因有实体权利，有权利能力，而有诉讼权利能力，作为诉讼当事人。二是指没有权利能力，但因具有一定条件，而法律特别赋予诉讼权利能力，作为诉讼当事人。

（三）当事人的诉讼行为能力

当事人的诉讼行为能力又称当事人的诉讼能力，是指当事人能够亲自通过的自己行为行使诉讼权利和履行诉讼义务的能力。

有诉讼权利能力，又有诉讼行为能力的人，才能够亲自实施诉讼行为，行使诉讼权利、履行诉讼义务。如果当事人只有诉讼权利能力而无诉讼行为能力，需要由其法定代理人代为诉讼。

公民的诉讼权利能力与诉讼行为能力在取得和消灭的时间上不同，而且公民的这两种能力可以分离。

公民的诉讼行为能力与其行为能力一样，取决于公民的年龄和精神状况。

当事人的诉讼行为能力也以行为能力为基础，与行为能力相适应，即凡是有行为能力者便有诉讼行为能力，但两者在具体划分上又不完全一致。与公民相比，法人和其他组织的诉讼行为能力有两点不同：一是法人和其他组织的诉讼行为能力与诉讼权利能力同时取得，同时消灭；二是法人和其他组织的诉讼行为能力要由其法定代表人或者主要负责人来体现。

二、正当当事人

（一）正当当事人的概念和功能

1. 概念

正当当事人，是指当事人就特定的诉讼，有资格以自己的名义成为原告或被告，因而受本案判决拘束的当事人，也称为当事人适格。

只有正当当事人起诉或者应诉，以自己的名义实施诉讼，并受本案判决拘束，诉讼才有实质意义。这种以自己的名义为当事人而受本案判决拘束的权能，称为诉讼实施权或诉讼行为权。具有诉讼实施权的原告，称为正当原告；具有诉讼实施权的被告，称为正当被告。

与正当当事人对应的概念是非正当当事人，它是指当事人与特定诉讼标的没有事实上或者法律上的关系，不是该诉讼标的权利义务主体，对有关的诉讼标的没有诉讼实施权。

2. 正当当事人与当事人的区别

(1)当事人以具备诉讼权利能力为必备条件，正当当事人以具备对某一特定案件的诉讼标的享有起诉权、应诉权为必备要件，即某诉讼标的具有实施诉讼权。

(2)当事人是对一般诉讼主体的抽象概括，而正当当事人是对某一具体案件诉讼主体的具体确定，因而正当当事人必须具备当事人能力，但具备当事人能力者并非都能成为正当当事人。

3. 正当当事人的功能

理论上之所以在当事人概念之外提出正当当事人的概念，是因为正当当事人具有以下几个方面的作用。

(1)防止滥用诉权，排除不适当的当事人，避免无意义的诉讼程序发生。

(2)在多数人诉讼的场合具有节约诉讼资源的功能。

(3)实现当事人制度设计的合理性。

(二)确定正当当事人的标准

一般而言，应当根据案件的具体情况来确定谁是本案的正当当事人。但是，诉讼法学者为了给司法实践找到方便的识别办法，提出了确定正当当事人的一般标准。诉讼实施权就是最主要的识别方法，而决定当事人有无诉讼实施权，则以管理权为基础。

1. 管理权

管理权和诉讼实施权的概念最早都是由德国学者提出的。实体法上的权利主体对作为争执标的的财产权一般享有管理权或者处分权，因此，有关财产权诉讼的诉讼实施权的基础就是“管理权”。主体在就诉讼标的所涉权利义务关系提起的诉讼中，都可成为正当当事人，具有诉讼实施权。

但是，把管理权作为诉讼实施权的基础，有很大的局限性。因为它不适用于确认之诉。确认之诉的原告有无诉讼实施权，应根据原告对请求确认的权利或者法律关系是否有法律上的利益来决定。形成之诉中，当事人是否适格，通常应根据法律而确定。只有在法律未规定时，有形成权的人或者对形成权有管理权的人才是正当原告，与被形成的权利或者法律关系有密切关系的人为正当被告。

管理权学说不能普遍地适用于各种类型的诉讼，诉的利益学说在一定程度上弥补了这个缺陷。

2. 诉的利益

诉的利益是原告请求司法救济的利益，即实施诉讼的利益。这种利益与争议的权利或者实体性利益不同，也与原告的胜诉利益不同。原告认为自己的一项应当受法律保护的利益面临危险或者不安时，就会提起诉讼并谋求对自己有利的判决，原告请求法院保护的这种利益就是诉的利益。诉的利益与管理权学说不同之处在于，无论当事人对请求法院承认和保护的权利是否有管理权，只要有诉的利益，该当事人仍然被认为是正当当事人，可以进行事实举证和抗辩。有的学者甚至认为，诉的利益是启动权利主张、进入诉讼审判过程的关键，也是通过诉讼审判而创制实体法规范这一过程的重要开端。因为在没有明确的实体法规范可寻，当事人却提出权利主张的情况下，在起诉时承认原告有诉的利益，就为法院通过个案审判创制实体规范提供了条件。

（三）非正当当事人及其更换

与正当当事人对应的概念是非正当当事人，它是指当事人与特定诉讼标的没有事实上或者法律上的关系，不是该诉讼标的权利义务主体，对有关的诉讼标的没有诉讼实施权。

1. 当事人的更换的概念

当事人的更换是指，在诉讼过程中，人民法院发现起诉或应诉的人为非正当当事人的，通知有关的正当当事人参加诉讼，而要求非正当当事人退出诉讼的一种活动。因此，当事人的更换，实际上是非正当当事人被更换。原告和被告都存在被更换的可能。

2. 更换当事人的意义

实际诉讼中，诉状所记载的当事人有可能是非正当当事人，该当事人不是实体的民事权利义务关系的主体，其诉讼没有实质意义。即使法院对非正当当事人之间的诉讼作出实体判决，并不能解决真正利害关系人之间的纠纷。审判改革朝着当事人主义的方向发展，必然越来越明确地承认当事人本质是程序当事人，起诉审查就越来越走向形式化或格式化。这样，将会有一些当事人为非正当当事人的案件进入实体审理阶段。为了避免浪费司法资源，又达到解决实际纠纷的目的，更换非正当当事人是有积极意义的。我国 1982 年《民事诉讼法（试行）》第 90 条规定："起诉或应诉的人不符合当事人条件的，人民法院应当通知符合条件的当事人参加诉讼，更换不符合条件的当事人"。当时的司法解释进一步指出，通知更换后，不符合条件的原告不愿意退出诉讼的，以裁定驳回起诉，符合条件的原告全部不愿意参加诉讼的，可终结案件的审理，被告不符合条件，原告不同意更换的，裁定驳回起诉。尽管 1991 年修改民事诉讼法时，删掉了有关更换当事人的规定，但是一些学者仍然坚持当事人更换的理论，司法实践中人民法院也有更换当事人的做法，其效果比直接驳回起诉要好。更换当事人制度应当在以后的立法中进一步肯定和完善。在当前司法改革的背景下，更换当事人有以下积极意义：

(1)当事人主义的审判方式并不是鼓励法官无所作为。当事人正当不正当的问题，属于双方当事人辩论的内容，法院也可以依职权查明。法院裁判应当在当事人适格的基础上进行，所以必须查明当事人的正当与否。更换非正当当事人，可以彻底解决纠纷，保障当事人合法权益。就被告而言，如果被告不是应对诉讼请求承担责任的人，或者原告对谁是真正的权利侵害者并不明确，法院在审理中查明了应承担责任的正当的被告，在征得原告同意后更换被告，有利于对受害者予以确实的司法救济。

(2)我国司法实践具有强调法院职权的作用而不重视诉的形式的特殊性,但同时具有程序简明、力求在一个诉讼中解决相关纠纷的特点。如果当事人不适格,不分原因总以裁定驳回,难以体现我国民事诉讼解决纠纷、定纷止争的特色。

(3)更换非正当当事人的做法,并不违反当事人的意志,实际上是完全尊重有关纠纷当事人意志的体现。

3. 更换当事人应当注意的问题

(1)非正当被告必须是对案件争执没有诉的利益,从而自愿退出诉讼或者法院命令其退出诉讼的人。

(2)需要更换非正当原告的,必须征得具有正当原告资格的案外人同意。法院不能强制当事人提起一个诉讼,所以也不能强制更换原告。案外人有正当原告资格却不愿意成为起诉方的情况下,法院应当裁定终结诉讼。

(3)更换非正当的被告,以原告提出申请或者更改诉状为前提。有正当被告资格的案外人不愿意参加诉讼居于被诉地位的,人民法院应当命令其参加诉讼。开庭审理前,被告一方被确认为非正当被告,原告没有申请或者不同意更换被告的,法院应当裁定驳回起诉。

(4)更换当事人应当在第一审开庭前进行。具体地说,应当在举证时效届满前提出有关非正当当事人的抗辩事由。如果法院在开庭审理中发现当事人为非正当当事人,可以直接判决驳回诉讼请求。

(5)第二审过程中,当事人可以就非正当当事人问题提起上诉。第二审程序查明第一审应当更换当事人而没有更换的,应当通知更换后的有关适格当事人并进行调解,调解不成的情况下应当裁定撤销原判发回重审。

(6)更换非正当当事人必须由受诉人民法院作出裁定。更换当事人后,诉讼应当重新开始。原当事人的诉讼行为对更换后的当事人不发生效力。被更换的当事人,再次就同一诉讼标的起诉时,将不被法院接受,即该裁定产生"一事不再理"的效果。

(四)诉讼担当

1. 诉讼担当的含义

诉讼担当也称诉讼承担或诉讼权利义务的承担。其含义是,在诉讼进行中,因发生了法定事由,一方当事人将其诉讼权利转移给案外人,由该案外人续行原当事人已经开始的诉讼。日本民事诉讼法称之为诉讼承受,德国民事诉讼法称之为诉讼承继。最高法院《民诉法适用意见》第 44 条指出,"在诉讼中,一方当事人死亡,有继承人的,裁定中止诉讼。人民法院应及时通知继承人作为当事人承担诉讼,被继承人已经进行的诉讼行为对承担诉讼的继承人有效”。就是关于诉讼承担的规定。

诉讼承担有四个前提条件:一是原当事人系正当当事人;二是诉讼正在进行中;三是出现了特定的事由;四是承担者与被承担者存在特定的关系。诉讼承担的本质是当事人诉讼地位的承受,原当事人的诉讼权利义务转移给了案外人,并由其代替原当事人继续进行诉讼。新当事人要承受原当事人的诉讼权利和义务。

2.诉讼承担的事由

(1)诉讼进行中当事人死亡,由继承人或者遗产管理人承担诉讼。由于我国继承法没有设立遗嘱执行人或者遗产管理人制度,也没有将遗产作为破产财团实施破产制度,所以,继承人承继诉讼是这种诉讼承担的主要形式。

(2)诉讼进行中,一方当事人为法人或者其他组织的主体资格消灭的,由承受其权利义务的主体承担诉讼。

3.诉讼承担的法律后果

发生诉讼承担后,承担诉讼的新当事人应当继续原当事人已经开始的诉讼,诉讼程序继续进行而不是重新开始;原当事人所进行的一切诉讼行为,对新当事人都发生诉讼法上的效力。

第三节 诉讼代理人

一、医事行政诉讼代理人

医事行政诉讼代理人是以当事人的名义,在代理权限内,代理当事人进行医事行政诉讼活动的人。代理人的作用是维护被代理人的合法权益。包括法定、指定和委托代理人三类。可由律师、被告行政机关的工作人员、原告或第三人的亲属、经法院许可的其他公民等担任。

二、医事民事诉讼代理人

医事民事诉讼代理人有法定代理人、指定代理人和委托代理人三种。法定代理人,是根据法律规定,代理无诉讼行为能力人的当事人进行诉讼的人。一般由其监护人作为法定代理人代为诉讼;指定代理人是在无诉讼行为能力人没有法定代理人,或者虽有法定代理人但相互推诿代理责任的,由人民法院指定,代理当事人进行诉讼的人;委托代理人是指受诉讼当事人或法定代理人的委托,代为进行诉讼行为的人。有诉讼能力的当事人可以自己参加诉讼,也可以委托1～2名代理人参加诉讼。根据民事诉讼法的规定,律师、当事人的近亲属、社会团体或当事人所在单位推荐的人以及经人民法院许可的其他公民都可以作为委托代理人。

三、医事刑事诉讼代理人

（一）医事刑事诉讼代理制度概述

刑事诉讼代理制度是指，代理人接受公诉案件的被害人及其法定代理人或者近亲属、自诉案件的自诉人及其法定代理人以及附带民事诉讼的当事人及其法定代理人的委托，以被代理人的名义参加诉讼，进行活动，由被代理人承担代理行为法律后果的一项法律制度。

根据《刑事诉讼法》第 41 条规定，下列人员可以被委托为诉讼代理人：(1)律师；(2)人民团体或者被害人、自诉人、附带民事诉讼的当事人所在单位推荐的人；(3)被害人、自诉人、附带民事诉讼当事人的监护人、亲友。

委托代理的权限范围分为一般委托代理和特别授权代理。

（二）自诉案件中的代理

自诉案件的自诉人及其法定代理人，有权随时委托诉讼代理人。人民法院自受理自诉案件之日起 3 日以内，应当告知自诉人及其法定代理人有权委托诉讼代理人。

（三）公诉案件中的代理

公诉案件的被害人及其法定代理人或者近亲属，自案件移送审查起诉之日起，有权委托诉讼代理人。人民检察院自收到移送审查起诉的案件材料之日起 3 日以内，应当告知被害人及其法定代理人或者其近亲属有权委托诉讼代理人。

（四）附带民事诉讼中的代理

公诉案件附带民事诉讼的当事人及其法定代理人，自案件移送审查起诉之日起，有权委托诉讼代理人。自诉案件附带民事诉讼的当事人及其法定代理人，有权随时委托诉讼代理人。人民检察院自收到移送审查起诉的案件材料之日起 3 日以内，应当告知附带民事诉讼当事人及其法定代理人有权委托诉讼代理人。人民法院自受理自诉案件之日起 3 自以内，应当告知附带民事诉讼的当事人及其法定代理人有权委托诉讼代理人。

第四节 其他诉讼参与人

我们在前面已经作了分析，其他诉讼参与人是指同案件的处理结果没有法律上的利害关系，只是为协助人民法院查明案件事实而参与诉讼活动的人，包括证人、鉴定人、勘验人员和翻译人员。下面我们分别予以论述。

一、证人

以自己所感知的案件情况向人民法院提供有关案件事实的陈述的人，是证人。证人陈述的内容，称为证言。证人的陈述，一般是陈述自己感知的事实，如果陈述从他人处听来的事实，必须说明出处或来源，否则不能作为证据使用。

当证人在作证过程中，对事实的陈述和对事实的判断往往混在一起，为求得证言的客观性，证人应当根据自己所了解的事实提供证言，并不要求对这些事实在主观上作出评价。但在必要时允许证人根据其体验的事实作一些他人无法替代的分析、判断或者推测。

诉讼过程中，人民法院对案件事实并没有亲身经历和感知，要靠证据才能认定案件的真相。证人证言是证人对争议事实的重述，在诉讼中起着重要作用。它既可以用于认定案件事实，还可以用来鉴别其他证据的真伪和确定其证明力的大小；既可以促使当事人放弃无理的事实主张，接受人民法院的调解和裁判，又能为人民调查收集证据提供线索。

二、鉴定人

鉴定人是指接受司法机关的指派或聘请，运用自己的专门知识和技能对案件事实的某些专门性问题提出书面鉴定意见的诉讼参与人。鉴定人的鉴定意见是一种独立的证据。鉴定人必须是与案件没有利害关系的公民个人。鉴定人如有法定的回避情形应当回避。鉴定人有权了解与鉴定有关的案情材料，有权收取鉴定费用和相应的经济补偿，有权要求有关机关提供足够的鉴定材料，如果有具备作出鉴定结论的条件时，有权拒绝进行鉴定。鉴定人同时承担不作虚假鉴定；出庭宣读鉴定结论时，接受公诉人、当事人和辩护人、诉讼代理人以及审判人员的发问；对所知案情材料保密等诉讼义务。

三、翻译人员

翻译人员是指接受司法机关的指派或聘请，在诉讼中进行语言、文字（包括聋哑手势和盲文）翻译工作的诉讼参与人。翻译人员必须是与案件没有利害关系的人，有法定的回避情形应当回避。翻译人员有权了解有关的案件情况;有权获得相应的报酬和补偿;有权查阅记载其翻译内容的笔录,如果认为笔录同翻译内容不符,还有权要求修正和补充。翻译人员应如实地进行翻译。

四、勘验人员

(一)勘验的功能

勘验,指审判人员对与案件争议有关的现场和物品进行查验、拍照、测量的活动。勘验在诉讼中起着重要的作用,承担着多重职能:

1. 固定或者提起物证;

2. 勘验制作的笔录,可以成为一种独立的诉讼证据;

3. 更为重要的是,勘验还可以核实证据,澄清有关证据中的矛盾,使法官获得比较正确的心证。所以,决不能将证据勘验等同于调查证据。司法实践中,审理不动产纠纷、相邻权纠纷等案件,有经验的审判人员常常要去现场实地勘验,以形成对案件事实的正确认识。

(二)勘验笔录的制作

勘验笔录反映物品的形状、特征或者现场的状况,属于一种证据形式。勘验可以由当事人申请进行,也由人民法院依职权进行。勘验人员进行勘验应出示证件,证明其履行勘验职责,勘验时应邀请当地基层组织或者当事人所在单位派人参加。勘验时当事人或者他的成年家属到场;拒不到场的,不影响勘验工作的进行。勘验的物品或现场,需要保护的,以及勘验工作需要有关单位和个人协助的,有关单位和个人有义务按人民法院的通知,保护现场和协助勘验工作的进行。

现场勘验时,必须如实地证明以下事项:其一,现场的位置和周围环境;其二,双方当事人争执标的物的品种、数量、形状和大小;其三,现场搜集到各种证据(现场拍照、测量、绘图的种类、数量和内容);其四,现场勘验开始和结束的时间以及参加现场勘验人员的姓名、职业、工作单位和住址等。现场勘验人、当事人和被邀请的见证人,都必须签名或者盖章。

尽管勘验笔录是审判人员或者专门的勘验人员制作的,但是,也必须经过质证才能作为定案的根据。经许可,当事人在法庭上可以向勘验人发问。

思考题

1. 医事民事诉讼当事人的含义是什么?
2. 诉讼担当和当事人更换的本质区别是什么?
3. 法定诉讼代理和委托诉讼代理的区别是什么?

第四章　医事诉讼的管辖

内容提要

管辖是我国诉讼法律基本制度之一。纠纷发生之后，当事人如果选择通过诉讼途径解决问题，其所面临的首要问题就是管辖，即应当到哪一个法院提起诉讼，同时，确定管辖权也是人民法院启动诉讼程序的前提。医事诉讼的管辖是指人民法院审判第一审医事案件的权限。医事诉讼管辖依据纠纷案件性质不同可分为医事刑事诉讼管辖、医事民事诉讼管辖和医事行政诉讼管辖。其中，医事民事诉讼管辖又可分为医事合同诉讼管辖和医事侵权诉讼管辖。本章根据我国三大诉讼法及相关司法解释的规定，主要介绍了医事诉讼管辖的概念、医事诉讼管辖的分类以及医事诉讼管辖的规则等相关问题。

第一节　医事诉讼管辖概述

一、医事诉讼管辖的含义

管辖是诉讼的基础，是诉讼的首要环节，管辖确定后，案件的审判权才能够落实到具体法院，诉讼才能开始。当发生医事诉讼之后，当事人所要面临的第一个问题就是向有管辖权的法院起诉，这正是医事诉讼的管辖所要解决的问题。科学、合理地解决管辖问题，对医事诉讼程序运行具有重要意义。

医事诉讼本不是一个独立的诉讼门类，在我国诉讼法律体系中，根据诉讼性质不同，可以划分为民事诉讼、刑事诉讼和行政诉讼。医事法律是在调整公民生命健康活动中所形成的各种社会关系的法律规范的总和。医事诉讼所解决的纠纷或案件是与医事法律调整的对象和医事活动紧密相关的诉讼，必然涉及医事法律的特别规定和诸多医事领域的问题。可以说，医事诉讼是诸多诉讼活动的一种特殊类型，因此，医事诉讼中的有关规定是与三大诉讼法一致的，医事诉讼管辖的直接法律依据就是三大诉讼法以及相关的司法解释。

医事诉讼的管辖是指人民法院审判第一审医事案件的权限。这一个概念可以从广义和狭义两个方面来理解，广义上的管辖包括立案管辖与审判管辖，所谓立案管辖，是指不同司法机关、社会组织之间行使各自职权和履行各自职责的范围和权限分工问题，立案管辖解决的是案件由哪一种类的机关或组织来处理的问题。审判管辖则是审判机关即各级人民法院之间和同级人民法院之间审理和裁判第一审医事案件的权限和分工问题。一个案件经过立案管辖的判断之后，需要进一步确定由人民法院的哪一级、哪一个法院进行管辖，这是审判管辖所能解决的问题。而狭义的管辖仅仅指审判管辖。本书是从广义的角度对管辖问题进行全面的阐述。

二、医事诉讼管辖的分类

1. 医事诉讼管辖在法律上的分类

我国法律根据诉讼活动所要解决的争议和案件性质，将诉讼分为刑事诉讼、民事诉讼与行政诉讼三大类，与之相对应，医事诉讼按照案件的性质不同，也应分为医事刑事诉讼、医事民事诉讼和医事行政诉讼三类。

医事刑事诉讼是与医事犯罪相关的概念。医事犯罪是将刑事犯罪按照特殊构成要件进行划分的一种特殊类别，是指一切破坏国家医药卫生管理制度和正常秩序，侵犯公民生命健康权，情节严重的，依照法律应当受到刑法处罚的行为。医事刑事诉讼，是指公安机关、人民检察院、人民法院，在当事人和其他诉讼参与人的参加下，依照法定的程序，查明案件事实，应用刑法解决被告人是否有医事犯罪行为和是否应受刑事处罚所进行的侦查、起诉和审判活动。医事民事诉讼，是指人民法院在当事人和其他诉讼参与人的参加下进行审理和解决医事民事案件的活动，以及由这些活动所产生的各种诉讼关系的总和。它是因平等的特殊主体（医事法律调整的社会关系主体）之间发生的以公民健康权、获得医疗保障权、知情同意权、自主选择决定权、健康保障权等为主要内容的民事权益争议纠纷而产生的诉讼。医事行政诉讼，是指公民、法人或其他组织认为卫生行政机关的具体行政行为侵犯了自己的合法权益，依照行政诉讼法的规定向人民法院起诉，人民法院在双方当事人和其他诉讼参与人的参加下审理和解决医事行政案件的活动，以及在这些活动中所产生的法律关系的总和。

医事诉讼管辖根据诉讼性质的不同，也可以分为医事刑事诉讼管辖、医事民事诉讼管辖与医事行政诉讼管辖。不同类型的医事诉讼的具体管辖规则有很多相似的法理基础和规范内容，但也存在着明显的差别。三种类型管辖的具体规则主要体现在我国《刑事诉讼法》、《民事诉讼法》和《行政诉讼法》以及相关的司法解释之中，这三大诉讼法都在各自的法律条文中对管辖作了专门规定，三类诉讼法均将管辖分为级别管辖、地域管辖、移送管辖、指定管辖四类，其中，地域管辖又进一步分为一般地域管辖、特殊地域管辖、专属管辖和共同管辖。

需要特别强调的是，狭义上的民事诉讼、行政诉讼中的管辖只解决人民法院系统内受理第一审民事、行政案件的权限分工，不包括立案管辖的介绍，而刑事诉讼中的管辖除了要解决各人民法院之间的审判管辖之外，还要解决公、检、法三机关之间立案受理刑事案件的职权分工，即刑事诉讼中的立案管辖或者职能管辖。因此，我国的刑事诉讼管辖除了上面提到的四种审判管辖外，还包括职能管辖。职能管辖将部分刑事案件的立案、受理、侦查权交给公安机关和检察院。但是，对这些刑事案件的审判权还是在人民法院。公安机关和人民检察院在侦查完毕后，认为应当追究刑事责任的，应将刑事案件移交有管辖权的人民法院进行审判。

另外，民事诉讼、行政诉讼中的当事人对某些案件的管辖有一定的选择权。因此，在其地区管辖中，除了上面提到的四种外，还包括协议管辖和选择管辖。这两类管辖是“当事人意思自治原则”在民事诉讼、行政诉讼领域的运用，这意味着充分尊重当事人的意愿，使他们能够寻求最为信赖的人民法院进行诉讼，有利于纠纷的彻底解决。但刑事诉讼中无论是公诉案件还是自诉案件，当事人对案件管辖都不具有选择权和处分权，这是由刑事诉讼追究、惩罚犯罪的活动特点所决定的。

2.医事诉讼管辖在诉讼理论上的分类

(1)法定管辖和裁定管辖

根据管辖的确定是否由法律规定为标准，可以将管辖分为法定管辖和裁定管辖。

法定管辖，是法律明确规定哪些案件由哪一级人民法院中的哪一个法院行使管辖权，人民法院本身对于管辖的确定没有任何的自由裁量权。在法定管辖中，依据法院对案件的纵横管辖关系的不同，又可以分为级别管辖和地域管辖。法定管辖是确定管辖的基本依据。

裁定管辖，是由依照法律规定的享有裁量权的法院作出裁定或决定，以确定具体的管辖法院，人民法院可以在法律规定的权限范围内对于具体案件的管辖作出处理。在裁定管辖中，依据管辖的决定方式不同，又可以分为指定管辖、移送管辖和管辖权的转移。

从法定管辖和裁定管辖的关系来看，法定管辖是针对诉讼管辖的一般情形作出的，而裁定管辖则是针对特殊情形而规定的。设定裁定管辖，或者是为了落实法定管辖的规定，或者是为了对法定管辖进行个别调整或补充。

(2)专属管辖和协议管辖

根据管辖是否由法律强制规定，是否允许当事人协议变更为标准，可以将管辖分为专属管辖和协议管辖。

专属管辖，是指法律规定某类案件只能由特定的人民法院管辖，其他法院无管辖权，当事人也不得以协议方式变更管辖，这主要是基于诉讼对象的特殊性所决定，如行政诉讼法中规定，因不动产而引起的行政诉讼，由不动产所在地的人民法院管辖。这种管辖排除其他管辖规定或协议管辖的适用。

协议管辖，又称为约定管辖或合意管辖，是指尽管法律已经对管辖作出了规定，但同时法律又允许当事人以书面协议方式选择其他管辖法院，人民法院在确定案件纠纷的管辖权时，以当事人的约定为先。这种关系表现了对当事人意愿的尊重，因此，主要体现在旨在调整平等主体之间的诉讼法律关系的民事诉讼中。需要注意的是，协议管辖的适用前提是不得违背级别管辖和专属管辖的规定。

(3)共同管辖、选择管辖和合并管辖

根据诉讼主体、诉讼客体与法院辖区之间的关系不同，可以将管辖分为共同管辖、选择管辖和合并管辖。

共同管辖，是指依照法律的规定，两个以上的人民法院对同一案件都有管辖权。例如同一诉讼的几个被告住所地、经常居住地在两个以上人民法院辖区的，各个人民法院都有管辖权。再如，根据《刑事诉讼法》第 24 条的规定，“刑事案件由犯罪地的人民法院管辖。如果被告人居住地的人民法院审判更为适宜，可以由被告人居住地的人民法院管辖。”这里作为犯罪地包括犯罪预备地，犯罪行为实施地，犯罪结果发生地和销赃地，如果上述地点的管辖权分别属于处于不同辖区的法院，上述各个法院均有管辖权，便出现了共同管辖。

对共同管辖的诉讼，法律要求只能作单一的选择，即选择管辖。选择管辖是指法律规定两个以上的人民法院对同一个案件都有管辖权时，当事人可以选择其中一个人民法院提起诉讼。选择管辖在不同的诉讼法中有不同的表现，在民事诉讼法和行政诉讼法中，这个选择权在原告一方，由原告方在有管辖权的人民法院范围内自由选择，如果原告向两个以上有管辖权的法院都起诉的，由最先立案的法院管辖。但在刑事诉讼法中，这个选择权已由法律作了决定，即由最先受理案件的人民法院审判。

合并管辖，亦即牵连管辖，是指对某一案件有管辖权的人民法院，因为另一案件与该案件存在着牵连关系，而对两个案件一并管辖和审理。其实质是对某案件有管辖权的人民法院基于牵连关系而对另一原本无管辖权的案件并归自己管辖。如果人民法院对另一诉讼案件原本就有管辖权的，则不发生合并管辖问题。如原告提起诉讼之后，被告向同一人民法院提起反诉，人民法院因为对本案本诉有管辖权，而取得了对反诉的管辖权。

第二节　医事诉讼的立案管辖

一、立案管辖概述

所谓立案管辖，是指不同司法机关、社会组织之间行使各自职权和履行各自职责的范围和权限分工问题。

通常意义上说，立案管辖是刑事诉讼中的概念，在民事诉讼与行政诉讼中与之相似的概念应该是主管。主管，是指国家机关、社会组织之间行使各自职权和履行各自职责的范围和权限。任何国家机关、社会组织都有不同的职能，其主管事务的权限和范围也就有所不同。

二、医事刑事诉讼的立案管辖

当发生与医事相关的刑事案件之后，受理案件的分工问题是医事刑事案件发生后所要面临的第一项任务。刑事诉讼中的立案管辖，是指公安机关、人民检察院和人民法院之间立案受理刑事案件的分工制度。

刑事案件存在着公诉案件与自诉案件之分，自诉案件由自诉人直接向人民法院提起，直接进入审判程序，公诉案件则要经历立案、侦查、移送、审查、起诉等阶段之后进入审判程序，因此对于自诉案件，人民法院的立案管辖与审判管辖合而为一，都是审判权的具体落实，而公诉案件的立案管辖则与审判管辖有明显的区别。

管辖与立案、侦查、起诉和审判等既互相区别又互相联系。区别在于，管辖是在开始诉讼程序之前对司法机关受理或最初审判刑事案件的权限范围进行的确定，立案、侦查、起诉和审判则是司法机关开始刑事诉讼、调查证据、查核案件事实和对案件进行处理的方式、程序和活动。而他们的联系是：一方面，管辖制度的内容和要求必须融合于立案等程序和活动中，才能发挥出积极的作用；另一方面，管辖制度又是合法启动立案、侦查或第一审程序的重要基础，在很大程度上直接制约着相应诉讼活动的运行效率。

三、医事民事诉讼、医事行政诉讼中的立案管辖

按照诉讼法的理论，将刑事诉讼中的管辖分为立案管辖与审判管辖，而在民事诉讼和行政诉讼中一般没有专门关于立案管辖的介绍。其实依笔者看来，所谓的立案管辖，是与刑事诉讼的诉讼阶段相联系的概念，由于刑事案件具有国家公诉机关追诉的特殊性，在由人民法院进行审判之前，存在着由公安机关等侦查机关进行侦

查的过程，因此刑事诉讼有专门的立案管辖的规定，在民事诉讼和行政诉讼中，由当事人直接向人民法院提起诉讼，不存在像刑事诉讼那样的前置程序，因此，不存在立案的问题，当然也就没有立案管辖的规定。但是，从另外一个角度来说，所谓的立案，应该是由公安等司法机关确定一个行为是否构成犯罪，是否应该最终接受人民法院的审判，这就与民事或行政诉讼中的主管概念具有相似的功能与意义。确定一个案件可否由人民法院作出审理与判决，这就是民事与行政诉讼中的"立案"。

根据《医疗事故处理条例》第 46 条的规定，发生医疗事故的赔偿等民事责任争议，医患双方可以协商解决；不愿意协商或者协商不成的，当事人可以向卫生行政部门提出调解申请，也可以直接向人民法院提起民事诉讼。对于当事人向卫生行政部门提出调解申请，《条例》第 38 条规定，由医疗机构所在地的县级人民政府卫生行政部门管理。医疗机构所在地是直辖市的，由医疗机构所在地的区、县人民政府卫生行政部门受理。根据该条的规定，医事平等主体间发生医疗纠纷，围绕健康权、知情同意权等医事权益发生争议之后，就可以向人民法院提起诉讼，此时人民法院应该受理。

根据《行政诉讼法》的规定，符合法律规定的受案范围的所有的行政争议都可以向人民法院起诉，人民法院应当受理并审判。结合医事法的实际，当卫生行政机关的具体行政行为，侵犯了卫生行政案件相对人的合法权益时，可以向人民法院提起诉讼，人民法院应该受理。

第三节　医事诉讼的审判管辖

一、审判管辖概述

确立了立案管辖，也就确定了不同司法机关对案件的职能范围问题，审判管辖则是审判机关即各级人民法院之间和同级人民法院之间审理和裁判第一审医事案件的权限和分工问题。一个案件经过立案管辖的判断之后，需要进一步确定由人民法院的哪一级、哪一个法院进行管辖，这是审判管辖所能解决的问题。

医事诉讼在确定人民法院的审判管辖时，主要遵循以下几项原则：

1. 便于人民群众进行诉讼，便于人民法院行使审判权，以避免因管辖不明，发生法院之间相互推诿或者相互争管辖的现象，致使当事人到处奔波，投诉无门，纠纷得不到及时解决，合法权益得不到保护。

2. 考虑各级人民法院的职能和工作负担的均衡。各级人民法院的职权分工不尽相同，基层人民法院的设置接近人民群众。为当事人就近进行诉讼提供了便利，因此，绝大部分第一审医事案件由基层人民法院管辖。上级人民法院除了受理不服第一审医事案件的裁判而提起上诉的案件外，还要对下级人民法院的审理活动进行监督和业务指导，所以，上级人民法院管辖第一审医事案件比基层人民法院要少，特别是最高人民法院，它是全国最高审判机关，监督地方各级人民法院和专门人民法院的工作，它自己管辖的第一审医事案件更不宜过多。

3. 有利于公正审理，保护当事人合法医事权益，诉讼法在对管辖作出规定时，充分注意到克服管辖中存在的地方保护主义影响，并针对有些人民法院对不属于自己管辖的案件争管和对一些应当受理的医事案件以各种借口推诿不管的情况，对管辖争议、管辖异议的处理方法和对不予受理裁定的上诉作了规定。

二、医事刑事诉讼的审判管辖

医事刑事诉讼的审判管辖，是指人民法院审判第一审涉及医事犯罪的刑事案件的职权范围，包括各级人民法院之间，普通人民法院与专门人民法院之间，以及专门人民法院之间，在审判第一审刑事案件上的权限划分。

医事刑事诉讼的审判管辖与立案管辖之间既有区别又有联系，它们的联系主要在于往往法院在处理涉及医事问题的自诉案件和公诉案件的时候，人民法院的审判权是重合的。但是对于公诉案件而言，还是有所区别的，表现在：

首先，它们之间解决的问题不同。前者是受理案件的分工，后者则是进入具体诉讼程序后的分工。

其次，立案管辖并不必然导致审判管辖。因为有的案件经过侦查或者审查起诉阶段便告终结，并不必然进入其后的审判程序，当然也就不产生审判管辖的问题。

最后，刑事诉讼法关于划分人民法院的级别管辖、地区管辖以及专门管辖的原则和标准，原则上适用于公安机关与检察机关。也就是说公安机关、检察机关各自系统内部在立案侦查上的权限划分，要与人民法院的级别管辖、地区管辖和专门管辖相互对应，即同级对应原则。也就是说，人民检察院提起公诉的案件，应当与人民法院的审判管辖相对应。这一点在刑事诉讼法中有明确的依据，依照《刑事诉讼法》第 141 条的规定，向人民法院提起公诉的案件，应当按照审判管辖的规定，向人民法院提起公诉。可见，明确了审判管辖，也就相应地确定了提起公诉的检察机关。但要注意在遵循这样的规则之下，要不失灵活性，立案管辖的具体情形还要与侦查活动的特点相适应。

与人民法院的组织系统设置和级别相对应的，刑事案件的审判管辖，分为级别管辖、地区管辖、专门管辖和指定管辖。

1. 级别管辖

所谓医事刑事诉讼的级别管辖，是指各级人民法院在审判第一审涉及医事犯罪的刑事案件的职权范围。它解决的是各级人民法院之间，在审判第一审刑事案件上的权限分工的问题，也就是确定哪些案件应该由哪一级人民法院进行审理和裁判。明确医事刑事诉讼的级别管辖要注意两点：一是级别管辖解决的是不同级别的法院（而不是不同地区和不同类别的法院）在受理第一审案件时的分工和权限。二是级别管辖只针对第一审案件，不针对其他审级（如二审和再审）的案件。

确定医事刑事诉讼的级别管辖所要考虑的因素包括：主要案件的性质和影响；罪行轻重程度和可能判处的刑罚；涉及面和影响的大小；不同级别法院的地位和工作的负担的平衡；方便诉讼参与人参与诉讼原则；原则性与灵活性原则。我国的法院分为四级，根据刑事诉讼法第19条到22条的明确规定，对这四个级别的法院在刑事诉讼的管辖权限进行了明确的划分。

（1）基层人民法院管辖的第一审案件

根据《中华人民共和国刑事诉讼法》第19条的规定："基层人民法院管辖第一审普通刑事案件，但是依照本法由上级人民法院管辖的除外。"

可见，除了由上级法院管辖的案件外，其他案件都由基层人民法院管辖。这样的管辖规则主要是基于基层法院分布地区广、数量也最多，最接近犯罪地，也最接近人民群众的考虑而确立的。让法院就地审理案件，便于诉讼参与人就近参加诉讼活动，有利于审判工作的顺利进行和及时、正确处理案件，又便于群众参加旁听案件的审判，有利于充分发挥审判活动的教育作用。因此可以说，除了最高人民法院、省级人民法院、中级人民法院受理案件之外的一切涉及医事犯罪的刑事案件，都由基层人民法院进行审判。因此，普通的医事刑事案件，由基层人民法院管辖。

（2）中级人民法院管辖的第一审案件

根据《中华人民共和国刑事诉讼法》第20条的规定，由中级人民法院审理的案件主要包括三类：危害国家安全的案件；可能判处无期徒刑、死刑的普通刑事案件；外国人犯罪的案件。

当涉及医事犯罪的刑事案件进入诉讼程序之后，按照上诉规则进行确定中级人民法院的管辖。如可能判无期徒刑、死刑的医事刑事案件，已致人死亡或造成严重人身伤害的制售假劣药品或有毒、有害食品罪行等，就应该由中级人民法院管辖。这三类案件之所以提高审级由中级人民法院进行管辖，原因在于或者案件性质比较敏感，或者案情本身比较复杂，同时对被告人判处的刑罚也较重，所以需要提高审级。外国人犯罪的案件之所以要提高审级，由中级人民法院作为一审法院，主要是因为外国人犯罪案件如果处理不好很容易引起外交纠纷，程序上出现一点瑕疵，就很可能引起外国的抗议。中级人民法院是确定级别管辖的关键，除了基层人民法院管辖的第一审案件外，其他案件主要由中级人民法院管辖。同时，中级人民法院还要审理基层人民法院审结后的上诉案件，并对基层人民法院的工作进行监督和指导。

这里需要注意的是，中级人民法院应当尽可能审理无期徒刑、死刑的案件，但必要的情况下，也可以审理无期徒刑以下的案件。同时，人民检察院认为可能判处无期徒刑、死刑而向中级人民法院提起公诉，中级人民法院受理后，认为不需要判处无期徒刑以上刑罚的，可以依法审理，不再交由基层人民法院审理。需要明确，这里规定的是“可以”依法审理，而不是必须依法审理。也就是说，中级人民法院认为不需要判处无期徒刑以上刑罚的，也可以交由基层人民法院审理。

(3)高级人民法院管辖的第一审案件

根据《中华人民共和国刑事诉讼法》第 21 条的规定，高级人民法院管辖在本辖区有重大影响的第一审案件。这是因为高级人民法院的主要职能，是作为中级人民法院的上诉审法院审理第二审案件，同时对本辖区内的下级人民法院的工作进行业务上的指导与审判监督。因此，高级人民法院的第一审案件的审判任务不宜过重，只有发生全省(直辖市、自治区)性的重大医事刑事案件，才由高级人民法院作为第一审法院进行管辖。

(4)最高人民法院管辖的第一审案件

最高人民法院是我国的最高审判机关，其主要任务是指导和监督地方各级人民法院和各专门人民法院的审判工作，审理不服高级人民法院裁判的上诉案件，并对审判过程中如何适用法律、法规进行司法解释工作，同时拥有对死刑复核案件的死刑复核权。为了保证最高人民法院有效地行使上述各项职能，根据《中华人民共和国刑事诉讼法》的规定，最高人民法院管辖的一审案件为“全国性的重大刑事案件”，当某一医事犯罪造成了全国范围内的重大影响时，由最高人民法院作为第一审管辖法院，从全局出发，正确地处理案件，维护法律的尊严。

另外，级别管辖在某些时候会出现变通的情形，级别管辖的变通，也就是案件在上下级法院之间的移动。由于法院和检察机关性质和特点不同，因而案件在法院上下级之间的移动远远不如在检察机关上下级之间移动那么灵活。这主要表现为两个方面：首先，案件在法院系统内部移动要遵循一定的规则，当不符合法定条件时不得移动，如只能上收不能下放，并且上收主要是为了实现公正审判。其次，案件的移动要履行较为复杂的手续，即案件应当主要在检察系统内部移动。

理解级别管辖的变通规则时应当注意两个问题：

一是级别管辖可以上收。也就是说某些下级人民法院管辖的案件可以由上级人民法院管辖。首先，上级人民法院可以审判下级人民法院管辖的刑事案件。如前面所说的中级人民法院接受公诉机关的起诉后，发现本案不应当判处无期徒刑以上刑罚的，也可以继续审理该案。其次，下级人民法院认为案件重大、复杂，需要由上级人民法院审判的，也可以请求由上级人民法院审判。如基层人民法院认为案情重大、复杂，需要由中级人民法院审判的第一审刑事案件，可以请求移送中级人民法院审判。

二是管辖权不能下放。也就是说上级人民法院不能将本来应当由本院管辖的案件指定下级人民法院审判。究其原因，管辖权的下放可能导致两个方面的问题：一是难以保证审判质量。下级人民法院无论是在人员素质还是在抗干扰能力方面都无法与上级人民法院相提并论，因而，将本来应当由上级人民法院管辖的案件交下级人民法院管辖难以保证案件的审判质量。二是可能变相剥夺当事人的上诉权。比如，实践中，中级人民法院以及地方政府都倾向于对被告人处以重刑，这时候，如果由中级人民法院审理，被告人还可以上诉到高级人民法院。相反，如果允许管辖权下放，中级人民法院将案件下放到基层人民法院，那么被告人即使上诉也只能上诉到中级人民法院，很难获得有利于自己的判决。

2. 地区管辖

医事刑事诉讼的地区管辖是指同级人民法院之间，在审判一审涉及医事犯罪的刑事案件的权限划分。根据刑诉法第 24 条的规定，“刑事案件由犯罪地的人民法院管辖。如果被告人居住地的人民法院审判更为适宜，可以由被告人居住地的人民法院管辖。”因为，基于刑事诉讼的任务，也就是为了便于准确、及时收集证据，使被害人、证人便于出庭参加诉讼，便于当地的群众对本案进行监督，教育当地的人民群众，同时也是为了节约诉讼成本，所以这里原则上是由犯罪地的人民法院进行审理。根据一般解释，作为犯罪地不仅仅是犯罪行为的实施地。这里作为犯罪地包括犯罪预备地、犯罪行为实施地、犯罪结果发生地和销赃地。但是，按照最高人民法院司法解释的规定，对于犯罪地的理解是限制解释，犯罪地是指犯罪行为发生地。以非法占有为目的的财产犯罪，犯罪地包括犯罪行为发生地和犯罪分子实际取得财产的犯罪结果发生地。

根据刑事诉讼法的规定，如果由被告人居住地的人民法院审判更为适宜的，可以由被告人居住地的人民法院管辖。这里所说的是被告人的户籍所在地、居所地。什么是“更为适宜的”，这里就是根据案件和被告人的具体情况来决定的。被告人流窜作案，导致犯罪地界限不明，可能有多个犯罪地的情况下，其居住地群众更加了解案情，对被告人的押送有比较安全和方便的案件；在被告人居住地的民愤极大，当地群众强烈要求在其居住地审判的；被告人可能判处有期徒刑、拘役、缓刑，或管制而应在被告人居住地进行监督考察和改造的。

3. 移送管辖和指定管辖

根据我国《刑事诉讼法》的有关规定，几个人民法院都有管辖权的医事刑事案件一般应该由最先受理的人民法院审判，必要时可以移送主要犯罪地人民法院审判，即移送管辖。上级人民法院可以指定下级人民法院审判管辖不明的医事刑事案件，也可以指定下级人民法院将医事刑事案件移送其他人民法院进行审判，即指定管辖。这是对于法定的级别管辖和地区管辖的补充规定。

三、医事民事诉讼的审判管辖

医事民事诉讼的审判管辖是指上下级法院之间和同级法院之间受理第一审医事民事案件的分工和权限。由于在实践中，医疗纠纷、医疗欠费等是医事案件的主要类型，而且民事诉讼实行“不告不理”的原则，由当事人主动地向人民法院提起诉讼，这样明确医事民事案件的管辖规则就尤为重要。

我国《民事诉讼法》根据有利于当事人进行诉讼，有利于人民法院的审判工作，有利于多数案件解决在基层，有利于维护国家主权的原则，对管辖问题作出了明确的规定，并在法律上对管辖作出了分类，将管辖分为级别管辖、地域管辖、移送管辖和指定管辖四大类。[①] 医事民事诉讼中，当然也是按照这样的体例进行分类。

1.级别管辖

所谓级别管辖，是指各级人民法院之间受理民事医事案件的权限分工。也就是上下级人民法院之间的审判权范围，这是确定法院管辖的首要环节。级别管辖的特点在于，它是划分不同级别的法院之间管辖第一审民事案件的总体上的分工，并不直接涉及某一具体法院。根据我国的法院级别设置，医事民事诉讼的级别管辖规则相应地分为四种情况。

(1)基层人民法院管辖的第一审案件

《民事诉讼法》第 18 条规定：“基层人民法院管辖的第一审民事案件，但本法另有规定的除外。”

根据此规定，第一审医事民事案件原则上由基层人民法院管辖，即区(县)一级人民法院，受理除法律有规定的一审医事民事案件。这样的设置好处在于方便当事人进行诉讼，便于人民法院办案。

(2)中级人民法院管辖的第一审案件

根据《民事诉讼法》第 19 条的规定，中级人民法院管辖下列第一审民事案件：

①重大涉外案件。试行民事诉讼法规定，涉外案件均由中级人民法院管辖。近年来，随着市场经济的发展，涉外民事案件、经济纠纷案件大量增加，而且基层人民法院审判人员的业务素质已有很大提高，现已没有必要将所有的涉外案件归由中级人民法院管辖。因此，在中级人民法院管辖的第一审民事案件中，将“涉外案件”改为“重大涉外案件”。这样，一般涉外案件由基层人民法院管辖，重大案件仍由中级

①江伟.民事诉讼法学.北京：复旦大学出版社，2005 年。

人民法院管辖。

②在本辖区有重大影响的案件。

③最高人民法院确定由中级人民法院管辖的案件。最高人民法院可以根据实际需要，确定某些特殊类型的案件由中级人民法院管辖。此类案件现有以下几种：海事、海商案件；专利纠纷案件。

在医事民事诉讼中，如果医事法律关系的主体、内容、客体三者之一含有涉外因素，或者医疗纠纷案情复杂、涉及面广、诉讼标的的金额较大，案发后案件处理结果的影响超出了基层人民法院的辖区范围，基层人民法院已经不便于行使管辖权之时，由中级法院进行管辖。

(3)高级人民法院管辖的第一案件

按照《民事诉讼法》第20条的规定，高级人民法院管辖在本辖区有重大影响的第一审民事案件。高级人民法院的主要任务是对本辖区下级人民法院的审判工作进行监督和业务指导，并审理不服中级人民法院作出一审裁判而提起的上诉案件，因此，高级人民法院一般不适宜审理普通的医事民事案件，但在高级法院辖区内有重大影响的第一审医事民事案件，应由高级人民法院管辖。

(4)最高人民法院管辖的第一审民事案件

按照《民事诉讼法》第21条的规定，最高人民法院管辖下列第一审民事案件：在全国有重大影响的案件；认为应当由本院审理的案件。

最高人民法院是国家最高审判机关，负责监督和指导地方各级人民法院和专门人民法院的审判工作，负责审理不服高级人民法院裁判的上诉案件，并对审判过程中如何具体适用法律作出解释。正因为如此，民事诉讼法在管辖问题上赋予最高人民法院以较大的机动权，如果认为某案件应由自己审判，就可取得对该案的管辖权。医事民事案件适用与之相一致的管辖规定。

2. 地域管辖

所谓地域管辖，指按照各人民法院的辖区和民事案件的隶属关系来划分诉讼管辖，也就是同级人民法院之间受理第一审民事案件的分工。地域管辖是在案件审判级别确定后对管辖权的进一步划分，主要解决在同级法院间案件由哪一个法院管辖的问题，因此，级别管辖是地域管辖的前提和基础，地域管辖是级别管辖的具体落实，两者共同构成管辖制度的核心内容。

地域管辖分为一般地域管辖、特殊地域管辖、专属管辖、共同管辖、选择管辖和协议管辖六小类。《民事诉讼法》第22～35条规定了地域管辖标准和原则，医疗纠纷诉讼并不在原告所在地法院管辖的例外规定和特殊地域管辖中，因此，按诉讼法规定，医疗诉讼应该适用一般地域管辖，根据《民事诉讼法》第20条的规定，“对公民提起民事诉讼，由被告住所地人民法院管辖”。因此，其管辖原则是由被告，即医疗机构所在地人民法院管辖。同时，对公民提起的医疗纠纷民事诉讼，由被告住所地人民法院管辖；被告住所地与经常居住地不一致的，由经常居住地人民法院管辖。对法人或者其他组织提起的民事诉讼，由被告住所地人民法院管辖，同一诉讼的几个被告住所地、经常居住地在两个以上人民法院辖区的，各个人民法院都有管辖权。

根据2001年1月1日最高人民法院《民事案件案由规定（试行）》明确医疗纠纷可以两种不同案由起诉：即医疗服务合同纠纷和医疗事故损害赔偿纠纷。前者属于合同纠纷案由中的服务合同；后者属于侵权纠纷案由中的人身权纠纷，其管辖具体规则有所不同。

首先，因医疗侵权行为提起的诉讼，由侵权行为地或者被告住所地人民法院管辖。

医疗纠纷诉讼一般定性为侵权诉讼。根据《民事诉讼法》第29条规定，“因侵权行为引起的诉讼，由侵权行为地或被告住所地人民法院管辖”。同时，根据最高人民法院《关于适用〈中华人民共和国民事诉讼法〉若干问题的意见》第28条规定“《民事诉讼法》第29条的侵权行为地包括侵权行为实施地、侵权结果发生地”。可见，因医疗侵权行为提起的诉讼，由侵权行为地或者被告住所地人民法院管辖。

其次，因医疗合同纠纷提起的诉讼，由被告住所地或者合同履行地人民法院管辖。合同的双方当事人可以在书面合同中协议选择被告住所地、合同履行地、合同签订地、原告住所地、标的物所在地人民法院管辖，但不得违反本法对级别管辖的规定。

值得注意的是，管辖权是诉讼的基础，按我国民事诉讼法规定，医疗纠纷诉讼应该适用一般地域管辖，由医疗机构所在地人民法院管辖。但是由于部分司法界存在地方保护主义导致不当管辖，影响医疗争议案件的公正判决，司法界在处理法律效果与社会效果的关系时应该以司法公正来促进社会和谐，而不是不顾原则、不要正义。医患诉讼的实质在于经济的利益冲突，诉讼本身就是医患双方的博弈。无论是原告还是被告均希望获取有利判决。特别是医患双方分处异地时，获取有利判决的前提是争得诉讼的管辖权，管辖权显得尤为重要。而在司法实践中，医疗纠纷诉讼的管辖权问题一直备受争议。患者就医的多地域性决定医疗诉讼可能涉及多个不同地域的医疗机构，患方为规避管辖权而恶意列出多个被告，混乱管辖权，选择对自己有利的本地法院进行诉讼，使异地医疗机构对应诉、鉴定和答辩产生困难。法院有时也可能会基于地方保护主义和经济因素，对管辖权错误判断而受理不属于本法院管辖的案件，影响司法公正，法院审理医疗赔偿案件时，在保护所谓“弱势群体”的同时，在一定程度上也要保护医院和医生，严格遵循法律的规定，以利于整个医疗事业的发展。“原告就被告”是我国民事诉讼的基本原则，司法裁判机构应恰当地平抑医疗诉讼，如果更多地支持和鼓励医疗诉讼，必然导致医方利益的过度损害。对一方利益的过度损害，最终必然影响到另一方的根本利益的存在。这样双损的结果绝对违背了立法的初衷。我们呼吁尽快立法，以法律的手段明确医疗损害诉讼的管辖权，体现司法公正，减少争议，以维护医患双方的合法权利。

3. 裁定管辖

裁定管辖是与法定管辖相对而言的，是指以人民法院裁定来确定案件的管辖权。根据我国民事诉讼法的理论，裁定管辖可以分为三种情形，即移送管辖、指定管辖与管辖权的转移。

(1)移送管辖

移送管辖，是指人民法院受理案件之后，发现本院对案件没有管辖权，而依法通过裁定方式将案件移送给有管辖权的人民法院管辖的法律制度。移送管辖是对错误的管辖行为的一种纠正，实质是案件的移交，而不是改变案件的法定管辖权。

《民事诉讼法》第 36 条规定："人民法院发现受理的案件不属于本院管辖的，应当移送有管辖权的人民法院，受移送的人民法院应当受理。受移送的人民法院认为受移送的案件依照规定不属于本院管辖的，应当报请上级人民法院指定管辖，不得再自行移送。"由此，当一个医事民事案件为人民法院受理之后，发现受理该案的人民法院对本案没有管辖权时，可以将案件移交给有管辖权的法院审理。

(2)指定管辖

指定管辖是指上级人民法院以裁定指令的方式，指定其辖区内的下级人民法院对某一民事个案行使管辖权，将某一案件交由下级人民法院管辖的制度。

《民事诉讼法》第 37 条规定："有管辖权的人民法院由于特殊原因，不能行使管辖权的，由上级人民法院指定管辖。人民法院之间因管辖权发生争议，由争议双方协商解决；协商解决不了的，报请它们的共同上级人民法院指定管辖。"据此，当由于某些特殊原因，有管辖权的人民法院不能对某一医事民事案件行使管辖权或者管辖权发生争议，人民法院之间协商未能解决之时，根据相关法律规定，可以将该医事民事案件指定给某一个人民法院管辖。

(3)管辖权的转移

管辖权的转移是裁定管辖的又一种类型，它是指基于上级法院的同意或决定，下级法院将本由自己管辖的行政案件交给上级人民法院审理，或者是上级人民法院将本由自己管辖的案件交由下级法院审理，从而最终决定案件管辖法院的制度。

《民事诉讼法》第 39 条规定："上级人民法院有权审理下级人民法院管辖的第一审民事案件，也可以把本院管辖的第一审民事案件交下级人民法院审理。下级人民法院对它所管辖的第一审民事案件，认为需要由上级人民法院审理的，可以报请上级人民法院审理。"这是案件管辖权的一种移转，移送法院本身对案件有管辖权，并且管辖权的转移仅是在上下级人民法院之间进行的，与移送管辖有着明显的区别。

四、医事行政诉讼的审判管辖

医事行政诉讼管辖是指上下级法院之间和同级法院之间受理第一审医事行政案件的分工和权限。就法院而言，医事行政诉讼管辖解决的是法院内部审理行政案件的分工问题；就行政相对人来而言，其决定了应该向哪一个人民法院起诉；就卫生行政机关而言，意味着其具体行政行为应该接受哪一个人民法院的司法监督。医事行政案件本属于行政案件的范畴，由于诉讼法律关系的客体为医事行为，而成为一类特殊的医事行政案件，其管辖的有关规定，应该是与行政诉讼法对于管辖的规定相一致的。

行政诉讼法对管辖权的规定，考虑了以下因素：人民法院内部的合理分工，包括上下级人民法院和同级人民法院之间的合理分工；便于人民法院及时便利地办理案件；有利于人民法院公正地审理案件；根据不同情况，便于原告或者被告参加诉讼，一般情况下采取"原告就被告"的原则，但在特殊情况下作了便于原告参加诉讼的规定。

行政诉讼管辖分为级别管辖、地域管辖和裁定管辖三类，其中级别管辖和地域管辖是由法律明确规定的，又合称为"法定管辖"；而裁定管辖是指诉讼管辖由相应法院根据行政诉讼法的规定裁量确定。一般来说，行政诉讼的管辖是以法定管辖为原则，以裁定管辖为补充。

1.级别管辖

我国行政诉讼法关于级别管辖有下列规定，这也是适用于医事行政诉讼级别管辖的具体规则：

(1)基层人民法院管辖除上级人民法院管辖的第一审行政案件以外的其他第一审行政案件。

(2)中级人民法院管辖三类案件：确认发明专利权的案件和海关处理的案件；对国务院各部门或者省、自治区、直辖市人民政府所作出的具体行政行为提起诉讼的案件；本辖区内重大、复杂的案件。

根据2008年2月1日开始施行的《最高人民法院关于行政案件管辖若干问题的规定》，有下列情形之一的，属于"本辖区内重大、复杂的案件"：被告为县级以上人民政府的案件，但以县级人民政府名义办理不动产物权登记的案件可以除外；社会影响重大的共同诉讼、集团诉讼案件；重大涉外或者涉及香港特别行政区、澳门特别行政区、台湾地区的案件；其他重大、复杂案件。

(3)高级人民法院管辖本辖区内重大、复杂的第一审行政案件。

(4)最高人民法院管辖全国范围内重大、复杂的第一审行政案件。

2. 地域管辖

地域管辖，又称“区域管辖”、“土地管辖”，是指同级人民法院之间受理第一审行政案件的分工和权限。其要解决的是法院的横向分工。它是在级别管辖确定的前提下，对管辖权的深化。行政诉讼法所确定的地域管辖分为一般地域管辖和特殊地域管辖。

(1)一般地域管辖。又称“普通地域管辖”，是指按照最初作出具体行政行为的行政机关所在地确定的管辖。

根据行政诉讼法的规定，以下两种情况下，由最初作出具体行政行为的行政机关所在地人民法院管辖：凡是未经复议而直接向人民法院起诉的；经过复议，复议机关维持原决定的。这一规定的出发点主要是考虑便于双方当事人进行诉讼、便于人民法院审理案件及地方性法规、地方政府规章的适用。

(2)特殊地域管辖。又称“特别管辖”，是指根据具体行政行为的特殊性或者标的物所在地来确定管辖的人民法院。又分为：

①共同管辖，即两个或者两个以上的人民法院对同一行政案件都有管辖权。

共同管辖有两种情况：

其一经过复议，复议机关改变原具体行政行为的，由最初作出具体行政行为的行政机关所在地或者由复议机关所在地的人民法院管辖。所谓“改变原具体行政行为”，包括三种情况：改变原来具体行政行为所认定的主要事实和证据的；改变原具体行政行为所适用的规范依据且对定性产生影响的；撤销、部分撤销或者变更原具体行政行为处理结果的。具有该三种情形之一的，均属于改变原具体行政行为。

其二对限制人身自由的行政强制措施不服提起的行政诉讼，由被告所在地或者原告所在地人民法院管辖。所谓“原告所在地”包括原告的户籍所在地、经常居住地和被限制人身自由所在地行政机关基于同一事实既对人身又对财产实施行政处罚或者采取行政强制措施的，被限制人身自由的公民、被扣押或者没收财产的公民、法人或者其他组织对上述行为均不服的，既可以向被告所在地人民法院提起诉讼也可以向原告所在地人民法院提起诉讼，受诉人民法院可一并管辖。

在上述情况下，原告可以选择两个或者两个以上有管辖权的人民法院中的一个起诉。如果原告同时向两个或者两个以上有管辖权的人民法院起诉的，由最先收到起诉状的人民法院管辖。

②专属管辖，即因不动产提起的行政诉讼，由不动产所在地人民法院管辖。在此情况下，确定管辖的其他标准均不适用。在医事行政诉讼中，一般很少涉及。

3. 裁定管辖

根据行政诉讼法的理论，裁定管辖可以分为三种情形，即管辖权的转移、移送管辖与指定管辖。医事行政诉讼是行政诉讼的一种特殊形式，因此关于裁定管辖的有关规定与条件均参照行政诉讼法中的内容。

思考题

1. 什么是医事诉讼管辖？

2. 简述医事诉讼管辖的分类。

3. 简述医疗侵权诉讼管辖与医疗合同诉讼管辖的区别。

第五章　医事诉讼证据

内容提要

医事诉讼证据是指具备法定形式的、按照法定的程序加以认定的、最终作为证明医事案件事实存在与否的事实，它具体表现为书证、物证、视听资料、证人证言、当事人的陈述、鉴定结论和勘验笔录等七个证据种类。从不同角度对医事诉讼证据进行理论分类研究，可以更好地促进司法实践，指导医事执法，规范医疗机构等相关单位及其人员行为，帮助医事纠纷双方正确对待诉讼证据。医事诉讼证据是法院正确适用法律，并最终作出正确裁判的依据，因此法官和当事人必须紧紧围绕证据的属性进行证据的收集、保全及审查判断等诉讼活动。

第一节　医事诉讼证据概述

一、证据的概念

我国《刑事诉讼法》第四十二条规定："证明案件真实情况的一切事实，都是证据。"这一法律规定被视为是对证据概念的官方认定，在理论上称之为"事实说"。该说在我国的证据法学研究中影响最大，已成为我国法学中的通说，不少学者都在"证据是事实"这一基本理论前提下对三大诉讼中的证据进行定义。

除"事实说"外，关于证据的概念还有其他几种学说，其中比较有影响的是"材料说"和"统一说"。"材料说"认为证据是能够证明某事物真实性的有关事实或材料。持该说的学者把"证据资料"和"证据"相区别，认为"证据资料"是能成为"证据"的"资料"，即有待查证属实的证据的原始材料，只有被法院确认为真实可信、与案件事实有关联并被采纳为定案依据的"证据材料"才能成为"证据"；该学说实际是在"事实说"的基础上强调必须由法官对证据进行审查判断。"统一说"认为证据是证据内容（事实材料）与证据形式的统一，证据形式若不包含案情事实就起不到证明作用，案件事实不依附于一定的证据形式就不能进入诉讼轨道并成为最后裁判的依据；该学说实际是在“事实说”的基础上强调证据必须具有法定的形式。

二、证据的属性

证据的属性是指某项事实能成为证据所必须具备的性质，也有学者将其称为“证据的特征”或“证据的构成要件”。我国证据法学界的传统观点认为证据必须具有三个属性，即客观性、关联性和合法性，这三种属性相互联系、缺一不可。

（一）证据的客观性

从“事实说”的证据概念可以得出，客观性是证据的本质属性，即一切证据都必须是客观存在的真实情况，而不是人们主观想象。

理解证据客观性，必须注意人的主观意识对证据的影响。证据作为客观存在的事实，要在诉讼中起到证明案件事实的作用，就必须依靠人的主观意识对其的反映和认定。因此强调证据的客观性，并不是排除也不可能排除人的主观意识的作用；证据的客观性要求人的主观意识必须是对客观事物进行反映，从而使证据的内容具有客观性，同时人的主观意识在对证据进行认定时也必须按照事物的本来面貌去考察，不能加入个人的任何偏见。比如，患者应当如实陈述事实，不能为获得有利于自己的判决而隐瞒事实，更不能编造事实；同时法官也应该针对患者的陈述围绕证据的客观性进行审查，不能因为其在主观上同情患者而有意或无意地忽略了事实。

（二）证据的关联性

证据的关联性是指证据必须与其所要证明的事实之间有某种客观的联系，这一属性使得证据能起到对案件事实加以证明的作用。

理解证据的关联性，应当注意以下问题：首先，证据的关联性是客观存在的，不是主观想象的。比如，某医生在给病人做手术时病人出现了休克的情况，而该医生以前曾因同样的手术造成了其他患者休克的医疗事故，这时尽管我们可以在主观上推断前次的医疗事故可能对该医生的心理产生了不好的影响从而影响到这次手术，并由此进一步认为这次手术也可能是医疗事故；但最后认定这次手术是否是医疗事故必须以医疗事故技术鉴定为依据，不能把以前的医疗事故作为证据来证明这次由同一个医生施行的、造成同样损害结果的同类手术就一定是医疗事故，因为以前的医疗事故和这次手术是否构成医疗事故之间并没有客观、必然的关联。其次，证据的关联性的表现方式是多种多样的，比如因果关系、必然联系、偶然联系、直接联系和间接联系等，但不管是哪种表现方式，证据的关联性都必须能被人们所认识。比如，在没有认识到甲病会产生并发症乙病之前是不可能针对乙病采取预防措施的，因此由于没有针对乙病采取预防措施而导致治疗甲病时出现乙病的，这种情况当然不能被认定为医疗事故；而在对甲乙之间的关系有了认识之后，如果在治疗甲病时仍然没有针对乙病采取预防措施而造成乙病的，这种情况当然就可以被认定为医疗事故。这里产生不同认定结果的关键在于是否对甲乙之间的关联性有所认识，而这进一步决定了在治疗甲病时有无针对乙病采取预防措施与是否存在医疗事故之间的关联性。

（三）证据的合法性

证据的合法性是指证据本身应该具有法律所规定的外在形式，并且证据的调查、收集和审查判断都必须由法定的机关或个人按照法律规定的程序和要求进行，亦称为“证据的法律性”。

正确理解证据的合法性，必须树立起程序合法的理念，特别是对于那些确实能证明案件事实的证据，绝对不能够仅仅只关注其具有关联性而忽视了其收集手段和程序的合法性。比如，在无法获得在私人诊所就诊事实的有效证据情况下，就不能通过在诊所甚至是在医生家里安装窃听器的方式收集可能会涉及案件内容的谈话，因为这种收集证据的行为可能会侵犯公民的隐私权。强调证据的合法性特别是强调取得证据手段的合法性，体现了在诉讼中当实质真实与程序合法之间发生冲突时，宁愿牺牲实质真实而维护正当程序进而维护公民自由权利的价值选择。正是由于证据的合法性对于保障个人权利和尊严有着极其重要的作用，因此现代诉讼中对于证据的合法性极为重视。

三、医事诉讼证据的概念及其审查判断

（一）医事诉讼证据的概念

在“事实说”的基础上，结合“材料说”和“统一说”的观点，医事诉讼证据可定义为：具备法定形式的、由法官按照法定的程序加以认定的、最终作为证明医事案件事实存在与否的事实。其具体内容包括三个方面：首先，医事诉讼证据必须具备法定的形式，即其必须具备我国民事诉讼法中所规定的证据的形式；其次，医事诉讼证据必须是能证明医事案件事实存在与否的事实，即其本质上仍然是事实；最后，医事诉讼证据必须经过法定的程序才能被认定，即在被认定之前证据应该被称为“证据资料”。

同时，医事诉讼证据也必须具有客观性、关联性和合法性的属性，否则将不能作为最终裁判的依据。

（二）医事诉讼证据的审查判断

证据的审查判断是指法院通过对证据资料的分析判断，确定证据及其证明力大小的诉讼活动。法院对证据进行审查判断必须围绕证据是否具有客观性、关联性和合法性展开。而为了获得诉讼的胜利，当事人及其诉讼代理人也必须从这三方面考

虑其向法院提交的证据资料有无成为证据的可能性及其证明力的大小，并由此指导自己的证据收集活动。

对医事诉讼证据的审查判断也必须围绕证据的客观性、关联性和合法性展开，并且在审查判断时要充分注意医疗行为本身的特殊性所带来的医事诉讼证据的特殊性。

1. 审查判断医事诉讼证据的客观性

首先，要审查判断医事诉讼证据的来源。证据的来源不同，其证明力当然也就有所不同。比如，同是对医疗活动中医方存在违规行为的描述，来源于患者的陈述与来源于医生的陈述，这二者在证明力上有着显而易见的不同，后者的证明力大于前者。

其次，要审查判断医事诉讼证据的内容。证据自身在内容上应该是没有矛盾的，并且不同证据之间在内容上也应该没有矛盾；如果出现矛盾，那么就必须排除该矛盾，直至否定掉导致矛盾发生的证据资料。比如，患者提供给法院的医院病历复印件与医院自己提供的病历原件之间有矛盾，通过对比发现医院提供的病历原件有违反病历书写规定进行篡改的地方，因此可以排除医院提供的病历原件的证据资格。

2. 审查判断医事诉讼证据的关联性

首先，要审查判断医事诉讼证据与案件事实之间的关联性是否是客观存在的。有些证据资料本身是客观存在的，但其与案件事实之间并不存在关联性，即起不到证明案件事实的作用，因此这些证据资料是不能够成为证据的。比如，在医疗事故赔偿中，患者举出的士车票据以证明因医疗事故所造成的额外交通费用的数额，但如果车票上的日期是在医疗事故发生前，那么这些车票所能证明的患者乘车的事实与医疗事故所造成的其他损失事实之间就没有关联性，当然车票也就不能作为证明医疗事故所造成的额外交通费用的证据了。

其次，要审查判断医事诉讼证据与案件事实之间的关联性程度。证据与案件事实之间的关联性越大，证据对案件事实的证明作用就越大；当单个证据的证明力微弱时，就必须寻找其他证明力更强的证据或者结合其他的证据才能认定案件的事实。比如，医疗机构提供的病历资料并不足以证明医疗行为与损害结果之间不存在因果关系及不存在过错，而只有通过医疗事故技术鉴定才能确定医疗行为与损害结果之间的因果关系及医方是否存在过错；因此仅有病历资料还不够，医疗机构还必须申请医疗事故技术鉴定才能充分证明医疗行为与损害结果之间的因果关系及医方是否存在过错。

3. 审查判断医事诉讼证据的合法性

首先，要审查判断医事诉讼证据是否具备法定的形式、手续是否完备。医疗行为的特殊性决定了在其实施过程中必然会形成诸多特殊的证据，而这些证据的特殊性就体现在其必须具备法定的形式、必须履行完备的手续。比如，如果医疗机构没有履行患方在手术同意书上签名的手续，那么该手术同意书就不能作为医院有医疗权的证据，医院就应该为自己擅自为患者手术的行为承担侵权责任。

其次，要审查判断医事诉讼证据的收集程序是否合法。收集程序的合法与否直接决定了收集到的证据是否具有合法性，而不具有合法性的证据是不能作为法院定案依据的。比如，强迫医生承认存在违反医疗规则行为的录音就不能作为证据存在。

第二节　证据分类

证据分类，是指在理论上按照一定的标准，从不同的角度对证据所做的不同划分。在理论上对证据按照不同标准进行划分，有利于认识不同特点的证据，并在此基础上针对不同特点的证据形成收集、判断和运用上的一般规则，从而更加有利于司法实践。

民事诉讼中证据的分类标准也适用于医事诉讼中的证据分类。

一、本证与反证

按照证据是否由负有举证责任的当事人所提出为标准，可以将证据分为本证与反证。该理论分类有利于指导法官辨明有举证责任的当事人是否充分地进行了举证，从而具体地落实举证责任，并最终有利于法官对案件事实的认定。

本证，是指负有举证责任的当事人用以证明其所主张的事实存在的证据。反证，是指未负担举证责任的当事人为了推翻对方当事人所主张的事实而提出相反的事实存在的证据。比如在一起甲诉乙误诊的医疗诉讼中，原告甲为证明其在被告乙开设的私人诊所接受过诊治，提出证人丙可以作证，这里丙的证言就是本证；而乙提出证人丁可以作证证明甲当时只是来进行咨询，乙并未对其进行诊治，这里丁的证言就是反证。同时由本例可以看出，反证一般都是在本证提出后为推翻本证要证明的事实而提出的。

在区分本证和反证时，需要注意以下几点：

1. 该分类不是以原告、被告的地位为标准。原告、被告都有可能提出反证，也都有可能提出本证，不管是原告、被告中的哪一方，只要其对于某一具体事实承担举证责任，那么其用来证明自己主张事实的证据就是本证，即本证与证明责任密切相关。比如在上例中，在原告甲证明了就诊事实后，被告乙承认了甲就诊的事实，但同时提出甲已经治愈，并举出证人戊证明甲还因为乙治好了他的病而特意上门道谢。这里被告乙提出了与甲所主张的"就诊事实"不同的"治愈事实"，而对此事实应该由被告乙来承担举证责任，因此戊的证言也属于本证。

2.正确区分反证与证据反驳。两者最大的区别在于：反证是提出新证据用以否定对方所提出的事实；证据反驳并不提出新的证据，而是直接否认对方提出的证据本身。比如在上例中，乙抗辩说证人丙是甲找来作伪证的，丙的话根本就不足以采信，这里乙针对甲所提出的证据的可信度的质疑就属于证据反驳。

3.反证针对的是对方所提出的事实，而不是对方的诉讼请求，反证的目的在于推翻对方所主张的事实。

我国现行的法律中对该理论分类也有所体现，比如《最高人民法院关于民事诉讼证据的若干规定》（以下简称《民事证据规定》）第七十条规定"一方当事人提出的下列证据，对方当事人提出异议但没有足以反驳的相反证据的，人民法院应当确认其证明力"，这里的"相反证据"就是指反证。

二、直接证据与间接证据

依据证据与案件主要事实的关系为标准，可以将证据分为直接证据与间接证据；医事诉讼中的"主要事实"是指当事人之间争议的医事法律关系是否发生、变更和消灭的事实。该理论分类有利于指导司法人员及案件当事人全面、充分地收集证据。

直接证据是指能单独、直接证明案件主要事实的证据。间接证据是指不能单独、直接证明案件主要事实，必须与其他证据结合才能证明案件主要事实的证据。比如在甲诉乙医院医疗事故赔偿案中，单凭甲的手术同意书就可以直接证明乙医院对甲实施过手术，因此手术同意书是直接证据；在没有直接证据的情况下，甲的病历、同病房室友的证言、手术医生手写的答应私了的书面材料等证据，尽管其中任何一个证据都不能单独证明甲在乙医院进行了手术，但这三个证据结合起来却能有效证明乙医院对甲实施了手术的事实，因此上述三个证据都属于间接证据。

理解直接证据与间接证据，需要注意以下问题：

1.直接证据的证明力一般大于间接证据。因此，收集到直接证据对于获得诉讼的胜利非常重要。但只有当事人一方的陈述时，一般不能认定案件事实，必须要有其他证据加以佐证。比如，在确定误工费时，尽管患者的陈述能直接证明其误工的情况，但不能仅凭患者说他工资是多少就直接确定误工费，还必须有患者提供的工资条等证据才能确定其误工费的多少。同时，一定要注意不得以暴力、威胁、引诱、欺骗以及其他非法方式进行直接证据的收集。比如，以暴力强制主治医生写下的承认在手术时有过错的书面材料，尽管其可以直接证明医疗过程中存在过错，但由于取得方式不合法，该书面材料不得作为证据。

2.间接证据尽管不能直接证明案件事实，但形成证据锁链的间接证据同样可以有效地证明案件事实。间接证据要形成证据锁链必须符合以下条件：(1)客观，即每个间接证据都必须查证属实；(2)关联，即每个间接证据都必须能证明案件某一方面的事实；(3)充分，即案件的全部事实都有间接证据能加以充分地证明；(4)协调，即各个间接证据之间、间接证据与案件事实之间不能有矛盾；(5)完整，即间接证据能形成符合逻辑的证明体系；(6)排他，即运用间接证据形成证据锁链后所得出的结论必须是唯一的。

我国现行的法律中对该理论分类也有所体现，比如《民事证据规定》第六十九条规定："下列证据不能单独作为认定案件事实的依据：(1)未成年人所作的与其年龄和智力状况不相当的证言；(2)与一方当事人或者其代理人有利害关系的证人出具的证言；(3)存有疑点的视听资料；(4)无法与原件、原物核对的复印件、复制品；(5)无正当理由未出庭作证的证人证言。"该条款实际就是直接排除了某些证据作为直接证据的可能。

三、原始证据和传来证据

以证据是否直接来源于案件事实为标准，可以将证据分为原始证据与传来证据；该理论分类有利于指导司法人员及案件当事人全面地、有针对性地收集证据。

原始证据是指直接来源于案件事实而未经中间环节传播的证据。传来证据是指经过转述、转抄或复制等中间环节得来的，非直接来源于案件事实的证据。比如医院保管的病历就是原始证据；而患者复印的病历就是传来证据。

理解原始证据和传来证据，应当注意以下两点：

1.原始证据的证明力一般大于传来证据。因此，应当尽量收集和使用原始证据。但在医事诉讼中，对于当事人特别是患者而言，原始证据并不容易获得，这就要求患者应尽可能地收集最接近于原始证据的传来证据，即转述、转抄或复制次数最少的传来证据。比如患者不可能获得医院保管的病历，但其可以复印病历，并可以要求医院的相关人员在复印的病历上签字，这样患者就获得了有证明力的传来证据；在法庭上患者应出示这份签了字的病历复印件，而不能出示未签字的其他的病历复印件或是该签了字的病历复印件的复印件。

2.正确认识本分类与"直接证据和间接证据"的区别。本分类的"原始"是指"直接来源于案件事实"；"直接证据和间接证据"分类中的"直接"是指"直接证明案件事实"。

我国现行的法律中对该理论分类也有所体现，比如《最高人民法院关于适用〈中华人民共和国民事诉讼法〉若干问题的意见》第78条规定："证据材料为复制件，提供人拒不提供原件或原件线索，没有其他材料可以印证，对方当事人又不予承认的，在诉讼中不得作为认定事实的根据。”该法条实际上是规定了对传来证据的证明力的限制，其中一个限制条件就是传来证据必须与原始证据相一致。

四、实物证据和言词证据

以证据的表现形式为标准，可以将证据分为实物证据和言词证据；该理论分类有利于指导司法人员及当事人对证据的收集和运用。

实物证据是指以实物形态为表现形式的证据。言词证据是指以人的陈述为表现形式的证据。比如出院证明、医院在病房过道内安装的摄像头所拍到的图像资料就属于实物证据；患者所说的话、主治医生所说的话就属于言词证据。

理解实物证据和言词证据，应当注意以下两点：

1.有的学者把该分类称之为“物证”与“人证”，即实物证据是“物证”，言词证据是“人证”。但这种称谓不利于与证据种类中的“物证”相区别，实物证据实际上包括了证据种类中的物证、书证、勘验笔录和视听资料。

2.言词证据包括证据种类中的当事人陈述、证人证言和鉴定结论。这里特别需要注意的是鉴定结论，法律规定鉴定结论必须采取书面的形式，即鉴定结论表现为实物的形式；但按照证据法学的理论，言辞证据要求陈述者原则上必须出庭作证，因此诉讼中原则上不允许以鉴定结论代替鉴定人的出庭，鉴定人必须出庭接受质证。

我国现行的法律中对该理论分类也有所体现，比如《民事证据规定》第五十五条第一款规定“证人应当出庭作证，接受当事人的质询”，结合上述该规定第七十九条的内容可以看出，对于言词证据而言，陈述人出庭作证是原则，以书面陈述代替口头陈述是例外；对于实物证据而言，提供原件是原则，提供复印件是例外。

第三节 证据种类

证据的种类是指诉讼法中所规定的证据的外在表现形式，即案件事实的各种载体，具有法定性。根据我国《民事诉讼法》第六十三条的规定，民事诉讼中的证据包括以下7种形式：书证、物证、视听资料、证人证言、当事人的陈述、鉴定结论和勘验笔录。医事诉讼中的证据种类同样也包括上述7种形式。

一、书证

书证是指以文字、符号、图案等记载的内容和表达的思想来证明案件事实的书面文件和其他物品。书证是医事诉讼中最常用的证据，常见的书证有：病历、处方、检查报告、医学证明、医嘱、护理记录、医疗专业书刊和文献、诊疗规范指南的标准和规范性资料收费凭证等等。

书证的运用在国外称作“最佳证据规则”，在我国的医事诉讼中，书证也发挥着重要的作用，以下就医事诉讼中的几种书证做一个简要的阐述。

1. 病历

病历是指医务人员在医疗活动过程中形成的文字、符号、图表、影像、切片等资料的总和，包括门(急)诊病历和住院病历。病历是医疗活动信息的主要载体，它既可以证明医患之间诊疗关系的存在，又可以证明医疗活动过程中的各种情况，能够直接证明该医疗行为的主要事实，具有很强的针对性，是判断医院是否应对患者的身体或健康受到伤害承担责任的重要甚至是唯一的证据。正是基于病历的重要性，我国法律规定严禁涂改、伪造、隐匿、销毁或者抢夺病历。

《医疗事故处理条例》把病历分为客观性病历资料和主观性病历资料。客观性病历资料是指记录患者的症状、体征、病史、辅助检查结果、医嘱等客观情况的资料，还包括为患者进行手术、特殊检查及其他特殊治疗时向患者交代的情况、患者及近亲属签字的医学文书资料；主观性病历资料是指医疗活动过程中医务人员通过对患者病情发展、治疗过程进行观察、分析、讨论并提出诊治意见等而记录的资料，多反映医务人员对患者疾病及其诊治情况的主观认识。二者在收集方式上是不同的。

对病历的证据属性进行审查判断，应当注意以下几点：(1)病历的制作程序是否符合法律的规定。(2)如果认为病历有被篡改、伪造的可能，可通过笔迹鉴定加以确认。(3)病历在时间上是否连贯，在内容上是否前后一致。(4)病历只能证明医疗机构对患者进行治疗的经过，它本身并不能证明医疗机构的医疗行为不存在过错，也不能证明医疗机构的医疗行为与患者的损害后果之间不存在因果关系；在进行医疗技术事故鉴定时，病历所记载的医疗行为只是鉴定的对象，专家们将其与临床诊疗常规进行对比以判断该医疗行为是否违规。因此，病历的证明力是有限的。

2. 医学文献

医学文献是指符合医学专业水准的医学书籍。在医事诉讼中，特别是在医疗过错侵权诉讼的实践中，医患双方经常运用医学文献中的相关内容来证明某一具体医疗行为有无过错，因此，医学文献属于书证。

医学文献具有证据能力大多数人都不持异议，但其证明力究竟有多大却存在争议。一般认为，在有鉴定结论的情况下，医学文献可以帮助法官认定该鉴定结论或认定多个结论不一致的鉴定结论中的某一个；而单凭医学文献本身是很难直接认定医疗行为中是否存在过错，除非其对具体问题的证明足以使不具备专业医学知识的法官也能产生某种内心的确信。

一般认为，可以作为证据的医学文献包括：(1)国家药典资料及卫生行政部门、中华医学会组织编写的《诊疗常规》或《诊疗规范》等技术规范。(2)卫生部统编的医学本科教材中记载的医学界公认的方法和观点。(3)当事人双方无异议的我国其他权威医学文献中记载的方法和观点。(4)其他的、当事人能够证明其所载观点为医学界公认的资料。

二、物证

物证是指能够以其存在形式、外部特征、内在属性证明待证事实有关情况的物品或者痕迹。在医事诉讼中常见的物证有:药品、医疗器械、尸体、组织标本等。

物证被称为"哑巴证人",不易受主观因素和其他复杂情况的影响,有较强的可靠性;但物证的证明作用仍然要通过人的主观意识特别是鉴定才能得以发挥。

在医事诉讼中,尸体是一种特殊的物证,通过对尸体的检查可以为正确解决由于患者病因不明死亡而引起的医疗争议找到最具有科学性和说服力的事实依据,但需要注意的是,尸体的检验结果属于鉴定结论。另外,医疗过程中的药物、残余输液、输血残留物等都能对案件事实起到证明作用,但这些物证很容易发生污染、变质和毁损,因此,必须及时对这些物证进行妥善保管、提取和固定。

三、视听资料

视听资料是指通过录音磁带、录像带、电子计算机、电子磁盘或者其他高科技设备储存的信息来证明有关案件事实的资料。在医疗纠纷中,医院提供的病理切片、X光片、B超照片、MRI片、以纯数字方式存储的电子病历(如磁盘、光盘等非纸质打印件)等资料,以及医患双方当事人提供的各类录音资料、录像资料、整形病人手术前后的照片资料等都属于视听证据。

(一)视听资料的审查判断

视听资料以连续、动态的图像或声音直观地展现案件事实,具有很强的证明力;但这必须以视听资料具备证据能力为基础。审查判断视听资料的证据属性应当注意两个方面:一是取得的手段必须符合法律的规定;二是内容未被剪接、剪辑或伪造,具有连贯性。

(二)视听资料的证据能力和证明力

我国《民诉证据规定》对视听资料的证据能力和证明力规定:1.除非具有法律规定的例外情况,视听资料在进行质证时应当出示原件。2.存有疑点的视听资料不能单独作为认定案件事实的依据。3.有其他证据佐证并以合法手段取得的、无疑点的视听资料或者与视听资料核对无误的复制件,对方当事人提出异议但没有足以反驳的相反证据的,人民法院应当确认其证明力。

(三)医事诉讼中的视听资料

在医事诉讼中,尽管有大量的书证、物证存在,但视听资料直观性、动态性的特点使得其经常被使用。比如,有些医院在对家属交代病情或手术签字时也进行录音或录像。特别是在纠纷发生以后,为了获得能证明当时案件情况的证据,当事人往往采取录音录像的方式获取证据。比如,在实践中经常发生患者在与主治医生对话时偷偷进行录音的情况。只要视听资料不是违法取得的,日后都可以作为医疗诉讼的证据。

四、证人证言

证人证言是指知晓案件事实并应当事人的请求或法院的传唤到法庭作证的人,就案件事实向法院所作的陈述。

(一)成为证人的必备条件

根据我国法律的规定,成为证人必须具备以下条件:

1.必须在诉讼活动开始之前就知晓案件情况。只要在诉讼活动开始之前知晓案件情况的人,就不能再在诉讼中担任鉴定、记录、翻译、审判等工作。

2.只能是自然人。以单位名义出具的"证言"应该属于书证的范畴。

3.必须具备正确表达意志的能力。待证事实与其年龄、智力状况或者精神健康状况相适应的无民事行为能力人和限制民事行为能力人,也可以作为证人。

4.与诉讼案件的审理结果没有法律上的利害关系。如果是与诉讼案件的审理结果有法律上的利害关系的人,那么他就应该属于当事人,其陈述就属于"当事人陈述"的范畴。

(二)证人证言的证据能力

对证人证言的证据属性进行审查判断时,可以通过对证人的智力状况、品德、知识、经验、法律意识和专业技能等方面综合分析作出判断。

1.证人证言的质证

对于证人证言的证据能力,除了要从证人的资格、证人证言的形式和内容加以判断外,法律还特别规定:除证人确有困难不能出庭外,证人应当出庭接受当事人的质询;未经质证的证人证言是不能作为认定案件事实的依据。"证人确有困难不能出庭"是指下列情形:(1)年迈体弱或者行动不便无法出庭的。(2)特殊岗位确实无法离开的。(3)路途特别遥远交通不便难以出庭的。(4)因自然灾害等不可抗力的原因无法出庭的。(5)其他无法出庭的特殊情况。在这些情形下,经人民法院许可,证人可以提交书面证言或者视听资料或者通过双向视听传输技术手段作证。

2. 法律对证人证言证明力的特别规定

(1)未成年人所作的与其年龄和智力状况不相当的证言不能单独作为认定案件事实的依据。

(2)与一方当事人或者其代理人有利害关系的证人出具的证言不能单独作为认定案件事实的依据。

(3)无正当理由未出庭作证的证人证言不能单独作为认定案件事实的依据。

(4)证人提供的对与其有亲属或者其他密切关系的当事人有利的证言,其证明力一般小于其他证人证言。

3. 医事诉讼中的证人证言

在医事诉讼中,由于证人与患者、医疗机构并无利害关系,因此,其证言能印证当事双方的陈述,尤其是在没有书证或视听资料的情况下,证人证言就成了认定案件事实的重要依据。比如,在证明原告不遵守医院规章制度、私自离开医疗环境、不按时服药等事实时,与患者同一个病房的室友的证人证言就非常重要。

同时,我国法律规定,当事人可以向人民法院申请由一至二名具有专门知识的人员出庭就案件的专门性问题进行说明。审判人员和当事人可以对出庭的具有专门知识的人员进行询问。经人民法院准许,可以由当事人各自申请的具有专门知识的人员就有关案件中的问题进行对质。这是关于"专家证人"的规定,专家证人是指接受一方当事人的委托,运用自己的专业知识和实践经验,针对案件中的某些专门性问题在法庭上发表意见、作出推论或结论的特殊证人。专家证人在医事诉讼中非常重要,对患者而言,缺乏专业知识的患者通过聘请"专家证人",患者就具备了与医院进行平等对抗的实力;对法官而言,专家证人可以针对专业问题进行针对性极强的辩论,从而避免了反复鉴定,提高了诉讼效率。关于"专家证人"的更多内容将在第七章"司法鉴定"中涉及。

五、当事人陈述

当事人陈述是指诉讼当事人就他们所感知、理解和记忆的有关案件事实,向人民法院所作的陈述。

(一)当事人陈述的印证

由于自身利益与诉讼结果密切相关,因此,当事人的陈述往往掺杂主观因素,带有片面性。这就使得在审判中如果没有其他证据加以印证,当事人的陈述通常就得不到法庭认定。我国《民事诉讼法》第七十一条第一款明确规定:"人民法院对当事人的陈述,应当结合本案的其他证据,审查确定能否作为认定事实的根据。"

(二)自认

我国《民诉证据规定》中规定:“诉讼过程中,一方当事人对另一方当事人陈述的案件事实明确表示承认的,另一方当事人无需举证。但涉及身份关系的案件除外。”这实际上是对自认的规定。自认是指当事人一方对他方所主张的对己不利的事实加以承认的意思表示。当事人一旦作出自认,就会免除对方对该事实的举证责任。同时自认作出后不得随意撤销,除非满足法律规定的条件:第一,在法庭辩论终结前撤回承认并经对方当事人同意;第二,有充分证据证明其承认行为是在受胁迫或者重大误解情况下作出且与事实不符。

自认可以分为明示的自认和默示的自认。明示的自认是指当事人以口头或书面的形式明确地承认他方所主张的对己不利的事实;默示的自认是指当事人对他方所主张的对己不利的事实既未明确承认,又未明确否认,而法律规定为自认的情况。我国《民诉证据规定》中明确规定了默示的自认:“对一方当事人陈述的事实,另一方当事人既未表示承认也未否认,经审判人员充分说明并询问后,其仍不明确表示肯定或者否定的,视为对该项事实的承认。”

自认还可以分为诉讼上的自认和诉讼外的自认。诉讼上的自认是指当事人在诉讼过程中向法院所做的自认,它会产生自认的效果。诉讼外的自认是指当事人在诉讼外所做的自认,它不会产生自认的效果;但它的内容可以以证人证言或视听资料的形式表现出来。

在医事诉讼司法实践中,双方当事人对某一事实经常有完全矛盾的陈述,比如在个体诊所就诊而没有病历时就非常容易发生这种情况,这时除非有当事人的自认,否则仅有当事人陈述而没有其他证据的佐证是不能证明案件事实的。

六、鉴定结论

鉴定结论是由鉴定人接受委托或聘请,运用自己的专门知识和现代科学技术手段,对诉讼中所涉及的某些专门性问题进行检测、分析和判断后,所作出的具有结论性的书面意见。医事诉讼中的鉴定结论包括尸检报告、医疗事故技术鉴定书、司法鉴定书等。

(一)鉴定结论证据能力的判断标准

根据我国《民事证据规定》的相关条款,鉴定结论的证据能力主要应该从以下几个方面加以判断:

1. 委托人姓名或者名称、委托鉴定的内容;

2. 委托鉴定的材料;

3. 鉴定的依据及使用的科学技术手段;

4. 对鉴定过程的说明；

5. 明确的鉴定结论；

6. 对鉴定人鉴定资格的说明；

7. 鉴定人员及鉴定机构签名盖章。

(二)鉴定结论的认定

鉴定结论是由专业人士凭借专业技术手段针对专门问题作出的科学认识，在具有证据能力的前提下，其有着非常强的证明力，在司法实践中是法官认定涉及专门问题的案件事实的主要甚至是唯一依据。尽管鉴定结论有着很强的证明力，但对鉴定结论进行认定时必须排除两个误区：

1. 误区之一：鉴定结论是科学的结论，其证明力是毋庸置疑的。鉴定结论是我国证据种类中的一种，按照我国法律的规定，所有的证据都需要经过法庭的质证后才能作为定案的依据，鉴定结论也不例外。我国《民事证据规定》中规定，当事人可以向人民法院申请由一至二名具有专门知识的人员出庭就案件的专门性问题进行说明，具有专门知识的人员可以对鉴定人进行询问。这实际上是规定了当事人可以聘请专家证人对鉴定结论的证据属性进行质证，因此，鉴定结论的证明力同样需要综合其他证据来加以认定。

2. 误区之二：当有几个结论不一致的鉴定结论时，应以鉴定机构的级别高低来决定鉴定结论证明力的大小。在我国鉴定机构的设置中，虽存在部属、省级、地市级设立的鉴定机构，但他们之间没有隶属关系，既不是领导与被领导关系，也不是指导监督关系，他们各自所作出的鉴定结论在效力上当然也就没有级别上的差异。因此当有几个结论不一致的鉴定结论时，最终以哪个鉴定结论作为定案的依据，应该在对所有鉴定结论进行质证的基础上，交由法官来裁量。

在医事诉讼中，由于医疗行为具有高度的专业性，法院在审理时往往感到非常棘手，因此，由专家组作出的医疗事故技术鉴定结论对于法官判定医疗事故是否存在起着决定性的作用。于是有些法官便把全部希望寄托在医疗鉴定上，而忽略其他证据的审查。但是按照法律规定，鉴定结论只是证据之一，如果其他证据足以推翻鉴定结论，法院就不能依鉴定结论作出判决。而在目前的司法实践中，由于医疗诉讼审理专业性强，很多法官便把查清争议事实的希望放在医疗鉴定上，这其实是一种误区。

关于医疗事故技术鉴定、司法鉴定的更多内容将在“第六章医疗事故技术鉴定”中详细论述。

七、勘验笔录

勘验笔录是指人民法院的审判员，在诉讼过程中，为了查明一定的事实，对与案件相关的现场、物品或物体亲自进行或指定有关人员进行查验、拍照和测量等活动所形成的实况记录。勘验笔录由现场文字记载、现场绘图和现场照片三部分组成。

(一)勘验笔录的证据能力的审查与认定

勘验笔录的证据能力主要通过对其制作过程的审查来加以认定。根据我国法律的相关规定,勘验笔录的制作应满足以下条件:

1. 由人民法院的审判人员主持,必要时可邀请具有专门知识或从事专门工作的人员进行勘验。勘验人员在勘验时必须出示相关的证件。

2. 勘验笔录的内容必须包括勘验的时间、地点、勘验人、在场人、勘验的经过、结果。

3. 勘验笔录必须有勘验人、在场人签名或者盖章。"在场人"包括必须到场的当事人或者他们的成年家属(拒不到场的不影响勘验的进行),以及邀请到的当地基层组织或当事人所在单位的人员。

(二)勘验笔录的证明力

由于勘验笔录是由法定人员按照法定程序制作的,因此就证明同一事实的数个证据而言,勘验笔录的证明力一般大于其他书证、视听资料和证人证言。

在医事诉讼中,勘验笔录尽管不是经常被用到,但同样也能起到证明案件事实的作用。比如,对于是否未做皮试而直接注射青霉素导致患者死亡的情况,最简单的方式就是肉眼观察是否有一个皮试针眼和一个注射针眼,这即使是对于没有专业医学知识的勘验人员来说,也是可以得出确切结论的。

第四节　医事诉讼证据的收集和保全

在医事诉讼中,书证、物证大量存在,并且其大都由医院保存;鉴定结论的及时作出对于判断是否存在医疗事故起着决定性的影响;而医疗行为、医事诉讼中证据种类的特殊性也决定了医事诉讼中证据收集与保全措施的特殊性。

一、医事诉讼证据的收集

1. 证据收集的概念

证据的收集是指当事人为证明自己的诉讼主张,或者法院为了查明案件事实或根据当事人的申请而进行的获取和汇集证据的活动。证据的收集必须在保证证据的客观性、关联性和合法性的基础上进行,同时收集行为本身也应该符合法律的规定。

2. 证据收集的方式

在我国，证据的收集可以分为当事人收集证据和法院收集证据两种情况。

(1)当事人收集证据。当事人是案件事实的亲历者，有为获得诉讼胜利而提供证据的积极性，因此当事人是收集证据的主体。我国法律法规对当事人收集证据没有特殊的限制，只要是能证明案件事实的证据，当事人都可以加以收集，只是在收集时要注意确保证据的客观性、关联性和合法性；这与只有在特殊情况下法院才能主动收集证据的法律规定是不同的。

当事人收集证据时，在方式上，可以自行收集，也可以委托律师调查取证，还可以书面申请法院帮助收集；在时间上，既要注意在民事行为进行前事先收集保存好证据或做好收集保存证据的准备，也要注意在纠纷发生的过程中收集、保存证据，还要注意在纠纷发生后及时采取补救性的证据收集；在具体的收集方法上，要充分考虑采取与要收集的证据的种类相适应的方法。

(2)法院收集证据。法院收集证据又可以分为依当事人申请进行的证据收集和依职权进行的证据收集两种情况。根据我国相关法律法规的规定，法院依当事人申请进行的证据收集应满足以下条件：①当事人或其代理人以书面方式提出。②当事人及其诉讼代理人申请法院调查收集证据，不得迟于举证期限届满前七日。③申请调查收集的证据属于国家有关部门保存并须人民法院依职权调取的档案材料。④申请调查收集的证据属于当事人因客观原因不能收集的涉及国家秘密、商业秘密、个人隐私的材料。⑤当事人及其诉讼代理人因客观原因不能自行收集的其他证据材料。法院依职权主动进行收集的证据主要包括：①法院认为需要鉴定、勘验的。②当事人提供的互相有矛盾、无法认定的证据。③涉及可能有损国家利益、社会公共利益或者他人合法权益的事实。④涉及依职权追加当事人、中止诉讼、终结诉讼、回避等与实体争议无关的程序事项。

3. 医事诉讼中的证据收集

医事诉讼中的证据有其特殊性，医事诉讼中的当事人应该针对这些特殊性采取有效的证据收集措施才能有利于诉讼的胜利；同时对于医事诉讼中的证据，法律法规有着更加利于患者收集证据的规定，患者当事人应该充分把握这些有利的规定。根据相关法律法规和司法实践，医事诉讼中的证据收集应该注意以下问题：

(1)病历资料的收集。病历资料是医事诉讼证据中非常重要的书证，是医疗活动过程的原始记录，是最重要的第一手证据材料。医疗争议发生后，时过境迁，有关证据难以保全，甚至灭失，而引起事件发生以及事件发生时的客观情况均不可能再现。因此，病历的收集对诉讼至关重要，一旦发生医疗争议，无论是医疗机构还是患者最为关注的就是病历资料。掌握并保证病历资料的真实性、完整性及准确性，是对医疗争议作出准确鉴定，并最终作出正确处理的前提条件。

患者有权利收集客观性病历资料,《医疗事故处理条例》规定:患者有权复印或者复制其门诊病历、住院志、体温单、医嘱单、化验单(检验报告)、医学影像检查资料、特殊检查同意书、手术同意书、手术及麻醉记录单、病理资料、护理记录以及国务院卫生行政部门规定的其他病历资料。患者依照前款规定要求复印或者复制病历资料的,医疗机构应当提供复印或者复制服务并在复印或者复制的病历资料上加盖证明印记。复印或者复制病历资料时,应当有患者在场。

患者本人或其代理人、死亡患者近亲属或其代理人、保险机构可以向医疗机构申请复印或者复制病历资料,在申请时申请人应当提供有关的证明材料:①申请人为患者本人的,应当提供其有效身份证明。②申请人为患者代理人的,应当提供患者及其代理人的有效身份证明、申请人与患者代理关系的法定证明材料。③申请人为死亡患者近亲属的,应当提供患者死亡证明及其近亲属的有效身份证明、申请人是死亡患者近亲属的法定证明材料。④申请人为死亡患者近亲属代理人的,应当提供患者死亡证明、死亡患者近亲属及其代理人的有效身份证明,死亡患者与其近亲属关系的法定证明材料,申请人与死亡患者近亲属代理关系的法定证明材料。⑤申请人为保险机构的,应当提供保险合同复印件,承办人员的有效身份证明,患者本人或者其代理人同意的法定证明材料;患者死亡的,应当提供保险合同复印件,承办人员的有效身份证明,死亡患者近亲属或者其代理人同意的法定证明材料。合同或者法律另有规定的除外。

主观性病历资料只能由医疗机构保管,并在医疗事故技术鉴定过程中由医疗机构提交给鉴定专家组,患者只能按照法律的规定进行证据保全。

另外,病历资料还可以分为患者自行保管的病历资料和医院保管的病历资料。对患者自行保管的病历资料的收集,患者必须做到妥善保管,特别注意在多次就诊的情况下也要保持病历的连贯性,同时要及时、充分地掌握病历的内容,避免因病历字迹不清而影响法官对事实的认定。如果患者丢失自行保管的病历资料,可能会因为无法证明医院诊疗存在过错而面临败诉。

对医院保管的病历资料的收集,患者可以按照上述方式进行收集。除此以外,《民事证据规定》中还规定"有证据证明一方当事人持有证据无正当理由拒不提供,如果对方当事人主张该证据的内容不利于证据持有人,可以推定该主张成立";同时《医疗事故处理条例》也规定在进行医疗事故技术鉴定时,医患双方应当依照该条例的规定提交相关材料,医疗机构无正当理由未依照本条例的规定如实提供相关材料,导致医疗事故技术鉴定不能进行的,应当承担责任。因此,如果医院对病历保管不力而导致无法提供病历原件以证明医院诊疗无过错的,医院要承担对其不利的后果。

(2)视听资料的收集。在医事诉讼实践中,患者经常使用偷录的谈话或录像来证明案件事实，由此获得的视听资料在证据属性上争议很大。《民事证据规则》第六十八条规定“以侵害他人合法权益或者违反法律禁止性规定的方法取得的证据，不能作为认定案件事实的依据”，因此，患者在收集视听资料时一定要注意不要侵犯被录音录像人的隐私等合法权利，也不能以暴力、威胁等手段强迫进行录音录像。

除了要注意收集手段的合法性，患者在收集视听资料时还应注意从以下几个方面保证视听资料的证据能力和证明力：①视听资料的原件要保管好，切勿修改、剪辑和移动存储，保证视听资料的证据能力。②选取好的录音录像设备，保证视听资料的清晰度。③在录音录像时要体现时间、被录音录像人的身份，保证视听资料的证据能力和证明力。④要对涉及案件事实的内容进行针对性的录音录像，增强视听资料的证明力。

(3)证人证言的收集。在医疗实践中，病人和医疗机构之间经常为医疗机构是否实施了某一职责行为，或是患者实施了某一违反医嘱的行为，甚至是实施了违法行为而发生争议，在书证叙述不详尽或是缺乏视听资料的情况下，证人证言的收集就显得极为重要。因此医患双方——特别是患者，在行为发生时要及时取得证人证言，并且记录下证人的姓名、工作单位、住址以及联系方式，以便日后提起诉讼时能确保法庭传唤该证人出庭作证；如果不能当时取得证人证言，也应该记录当时在场或了解情况的人的姓名、工作单位、住址以及联系方式，以便于日后再进行取证。

二、医事诉讼证据的保全

1. 证据保全的概念

证据保全，是指在证据可能毁损、灭失或以后难以取得的情况下，特定机关、诉讼参加人按照法律规定的程序和方法对证据加以固定和保护的行为。实际上，证据保全就是特殊情况下的特殊的证据收集方式。

2. 证据保全的种类

在我国，证据保全可以分为两类：法院进行的证据保全和公证机关进行的证据保全。

(1)法院进行的证据保全。我国法律法规所规定的法院进行的证据保全主要是指诉讼中的证据保全制度，它包括这样一些内容：①启动方式。以诉讼参加人向人民法院申请为主，以人民法院主动采取为辅。②条件。证据可能灭失或者以后难以取得；当事人向人民法院申请保全证据，不得迟于举证期限届满前七日；当事人申请保全证据的，人民法院可以要求其提供相应的担保。③保全方法。人民法院进行证据保全可以根据具体情况，采取查封、扣押、拍照、录音、录像、复制、鉴定、勘验、制作笔录等方法。

(2)公证机关进行的证据保全。我国法律法规所规定的公证机关进行的证据保全主要是指诉讼前的证据保全，它由公证机构根据自然人、法人或者其他组织的申请而进行。经公证机关保全的证据除有相反的例子可以推翻外，法律规定其具有客观性和合法性；但就关联性来说，经公证机关保全的证据并不具备特殊的证明效力，其能否以及在多大程度上能证明案件事实，必须由法官来加以判断。

3. 医事诉讼中的证据保全

在医事诉讼中，大量重要的物证、书证都由医院保存，相关的鉴定必须及时进行；同时由于医疗行为的不可逆性，特别是医疗事故的突发性、耦合性和即时性，再加上患者身体状况、个体差异、病情进程、精神情绪、诊疗方法等的影响，使医疗行为特别是医疗事故的事后模拟几乎不可能；而且事发当时的证据，如药物、残余输液、输血残留物等很容易发生污染、变质和毁损。在这样的情况下如果不及时对这些证据进行妥善保管、提取和固定，在日后就难以收集到这些证据，并最终影响到判决的事实基础。因此在医事诉讼中，证据的保全对于患者来说有着非常重要的意义。

需要注意的是，在医事诉讼中除了上述的证据保全措施外，基于对医事诉讼特殊性的考虑，为更有利于保护患者的利益，使患者能获得更多的证据，我国的《医疗事故处理条例》还规定在一些特殊情况下医患双方可以共同对证据加以封存。这些封存、固定证据的手段都是为了防止证据遗失、被篡改甚至被毁损，因此可以把这些手段视为特殊的证据保全措施。

(1)主观性病历资料的保全。发生医疗事故争议时，死亡病例讨论记录、疑难病例讨论记录、上级医师查房记录、会诊意见、病程记录等主观性病历资料的保全应当在医患双方在场的情况下封存和启封。封存的病历资料可以是复印件，由医疗机构保管。在进行病历的保全时，患者应该按照上述复印病历的程序进行；同时要注意点清病历的页数；而且证据保全申请在遭到无理由的拒绝时，患者可以要求该医疗机构所在地的卫生局医政处督促该医疗机构履行保全证据的义务。

(2)物证的保全。①疑似输液、输血、注射、药物等引起不良后果的，医患双方应当共同对现场实物进行封存和启封，封存的现场实物由医疗机构保管；疑似输血引起不良后果，需要对血液进行封存保留的，医疗机构应当通知提供该血液的采供血机构派员到场。②患者在医疗机构内死亡的，尸体应当立即移放太平间。死者尸体存放时间一般不得超过2周。逾期不处理的尸体，经医疗机构所在地卫生行政部门批准，并报经同级公安部门备案后，由医疗机构按照规定进行处理。

(3)鉴定结论的保全。①疑似输液、输血、注射、药物等引起不良后果而需要检验的，应当由双方共同指定的、依法具有检验资格的检验机构进行检验；双方无法共同指定时，由卫生行政部门指定。②患者死亡，医患双方当事人不能确定死因或者对死因有异议的，应当在患者死亡后48小时内进行尸检；具备尸体冻存条件的，可以延长至7日。尸检应当经死者近亲属同意并签字。拒绝或者拖延尸检，超过规定时间，影响对死因判定的，由拒绝或者拖延的一方承担责任。

三、我国相关法律对医患双方在医事诉讼中的证据收集与保全行为的特别规定

根据《医疗事故处理条例》第五十九条的规定，患者在收集、保全证据时应当严格根据法律的规定进行，以医疗事故为由，寻衅滋事、抢夺病历资料，扰乱医疗机构正常医疗秩序和医疗事故技术鉴定工作，依照刑法关于扰乱社会秩序罪的规定，依法追究刑事责任；尚不够刑事处罚的，依法给予治安管理处罚。

根据《医疗事故处理条例》第五十六条、第五十八条的规定，医疗机构及其相关人员也承担着为患者收集、保全证据创造便利条件的责任。医疗机构不得进行以下行为：无正当理由拒绝为患者提供复印或者复制病历资料服务；未按照国务院卫生行政部门规定的要求妥善保管病历资料；未按照规定封存、保管和启封病历资料和实物；未按照规定进行尸检和保存、处理尸体；涂改、伪造、隐匿、销毁病历资料。如果出现上述情况，卫生行政部门应责令医疗机构改正，情节严重的处分，对负有责任的主管人员和其他直接责任人员依法给予行政处分或者纪律处分；特别是进行涂改、伪造、隐匿、销毁病历资料的，应给予医疗机构警告处分，对负有责任的主管人员和其他直接责任人员依法给予行政处分或者纪律处分，情节严重的，由原发证部门吊销其执业证书或者资格证书。

思考题

1. 医事诉讼证据的概念是什么？应怎样审查判断医事诉讼证据？
2. 医事诉讼证据的分类有哪些？
3. 医事诉讼证据的种类有哪些？这些证据的证据属性应怎样加以判断？
4. 什么是证据的收集和保全？在收集和保全医事诉讼证据时应注意哪些问题？

第六章　医疗事故技术鉴定

内容提要

医疗事故技术鉴定是处理医患纠纷案件的关键，本章主要了解医疗事故技术鉴定的含义，熟悉医疗事故技术鉴定机构的组成，掌握医疗事故技术鉴定应遵循的原则及基本制度，深入理解并掌握医疗事故技术鉴定的程序、医疗事故技术鉴定报告书的内容，了解医疗事故鉴定制度的改革趋向。

第一节　医疗事故技术鉴定概述

一、医疗事故技术鉴定

医疗事故技术鉴定，是指符合《医疗事故处理条例》规定的鉴定机构及其工作人员，按照一定的程序组成专家组，运用科学知识和技术，对医疗行为给患者造成的人身损害是否构成医疗事故及构成几级医疗事故等作出权威性结论的过程。医疗事故技术鉴定是正确处理医疗事故争议的重要基础和依据。根据《医疗事故处理条例》的规定，卫生行政部门接到医疗机构关于重大医疗过失行为的报告或者医疗事故争议当事人要求处理医疗事故争议的申请后，对需要进行医疗事故技术鉴定的，交由负责医疗事故技术鉴定工作的医学会组织鉴定；医患双方协商解决医疗事故争议，需要进行医疗事故技术鉴定的，由双方当事人共同委托负责医疗事故技术鉴定工作的医学会组织鉴定。在行政处理程序中，鉴定结论是卫生行政部门处理医疗事故的依据；在医疗事故民事赔偿诉讼程序中，鉴定结论是人民法院认定案件事实的主要证据。医疗事故技术鉴定结论作为一种独立证据，它是对客观事实的认定，鉴定结论是否客观、公正，直接关系到医疗事故能否正确处理。

二、医疗事故技术鉴定机构

(一)医学会

根据《医疗事故处理条例》的规定,医疗事故技术鉴定由负责组织医疗事故技术鉴定工作的医学会组织进行。医学会是医学科学技术工作者自愿组成的依法登记成立的学术性、公益性、非营利性法人社团。医疗事故技术鉴定由中华医学会及其各地的分会组织实施,中华医学会成立于1915年,现有会员43万。

医疗事故技术鉴定分为首次鉴定和再次鉴定,设区的市级和省、自治区、直辖市直接管辖的县(市)级地方医学会负责组织专家鉴定组进行首次医疗事故技术鉴定工作,省、自治区、直辖市地方医学会负责组织医疗事故争议的再次鉴定工作。负责组织医疗事故技术鉴定工作的医学会可以设立医疗事故技术鉴定工作办公室,具体负责有关医疗事故技术鉴定的组织和日常工作。必要时,中华医学会可以组织疑难、复杂并在全国有重大影响的医疗事故争议的技术鉴定工作。同时,如果经卫生行政机关审核,发现鉴定专家组作出的医疗事故技术鉴定结论不符合条例规定的,卫生行政机关应当要求重新鉴定。

(二)专家库的建立

医学会应当建立专家库,专家库应当依据学科专业组名录设置学科专业组。医学会可以根据本地区医疗工作和医疗事故技术鉴定实际,对本专家库学科专业组的设立予以适当增减和调整。具备下列条件的医疗卫生专业技术人员可以成为专家库候选人:

1.有良好的业务素质和执业品德;

2.受聘于医疗卫生机构或者医学教学、科研机构并担任相应专业高级技术职务3年以上;

3.健康状况能够胜任医疗事故技术鉴定工作。

负责首次医疗事故技术鉴定工作的医学会原则上聘请本行政区域内的专家建立专家库;当本行政区域内的专家不能满足建立专家库需要时,可以聘请本省、自治区、直辖市范围内的专家进入本专家库。负责再次医疗事故技术鉴定工作的医学会原则上聘请本省、自治区、直辖市范围内的专家建立专家库;当本省、自治区、直辖市范围内的专家不能满足建立专家库需要时,可以聘请其他省、自治区、直辖市的专家进入本专家库。

医疗卫生机构或医学教学、科研机构、同级的医药卫生专业学会应当按照医学会要求,推荐专家库成员候选人;符合条件的个人经所在单位同意后也可以直接向组建专家库的医学会申请。医学会对专家库成员候选人进行审核,审核合格的,予以聘任，并发给中华医学会统一格式的聘书。专家库成员聘用期为4年，聘用期满需继续聘用的，由医学会重新审核、聘用。

三、医疗事故技术鉴定的原则

《医疗事故技术鉴定暂行办法》第二条规定，医疗事故技术鉴定工作应当按照程序进行，坚持实事求是的科学态度，做到事实清楚、定性准确、责任明确。医疗事故技术鉴定应严格遵循依法、公开、公正、及时和科学原则。

1.鉴定法制原则

医疗事故技术鉴定必须依据国务院颁布的《医疗事故处理条例》和卫生部颁布的《医疗事故技术鉴定暂行办法》的规定进行。医疗事故技术鉴定程序的启动、医疗事故技术鉴定机构设置、医疗事故技术鉴定所需材料的收集与提供、医疗事故技术鉴定的期限、医疗事故技术鉴定书应当写明的主要内容、鉴定费支付办法等都必须符合相关的法律、行政法规与规章的要求。

2.鉴定公开原则

鉴定公开原则应包括下列内容：

(1)有关的鉴定材料与资料应对双方当事人公开，当事人有知晓案件全部证据和有关资料的权利。

(2)医学会与专家鉴定组的有关鉴定活动应向双方当事人和社会公众公开，当事人双方及代理人均可出席，社会公众可以旁听，媒体可以报道，但涉及个人隐私、当事人申请不公开的除外。

(3)鉴定所依据的行政法律、法规、规章及其他规范性文件应向双方当事人公开。

(4)医学会和专家鉴定组收集、保存的与鉴定有关的证据材料，除法律、法规规定应保密的以外，应允许双方当事人查阅、复制。

(5)医疗事故技术鉴定的程序、收费标准应向双方当事人和社会公开。

3.鉴定公正原则

鉴定公正原则包括下列内容：

(1)医学会和专家鉴定组应办事公正，不徇私枉法。

(2)应平等对待医患双方，做到不偏不倚。双方都享有获知对方理由的权利、提出证据的权利、进行质证和辩论的权利，医学会和专家鉴定组应提供平等的机会让双方当事人行使上述权利。

(3)应严格执行回避制度，专家鉴定组成员不能参加鉴定与自己有利害关系的医疗事故争议。

(4)应听取双方当事人的意见。专家鉴定组在鉴定过程中，应听取、审查医患双方提出的事实、理由和证据。应当允许双方当事人要求另一方提供病历资料等证据，当事人向专家鉴定组的陈述、申辩、病程记录、住院志等病历资料和专家鉴定组据以作出鉴定结论的其他材料以及鉴定结论及其理由，双方都有权查阅和获得复印件。

(5)医学会与专家鉴定组成员不得在一方当事人不在场的情况下单独与另一方当事人接触；不得在事先未通知和听取另一方当事人申辩意见的情况下作出对其不利的鉴定结论。

4. 鉴定及时原则

根据《医疗事故处理条例》的规定，负责组织医疗事故技术鉴定工作的医学会应当自接到当事人提交的有关医疗事故技术鉴定的材料、书面陈述及答辩之日起45日内组织鉴定并出具医疗事故技术鉴定书。虽然规定要求专家组45日内作出鉴定结论，但及时原则对于处理医疗事故争议是非常重要的。因为，一方面，有关病情的证据比如尸体难以长期保存，容易灭失，及时鉴定有利于全面、客观、真实收集证据；另一方面，医疗事故争议久拖不决，不利于保护患者的合法利益，也不利于维持医疗机构正常、有序的工作秩序。因此，及时原则要求鉴定程序在合理的期限内进行，并将鉴定结论及时地通知双方当事人，从而及时有效地处理医疗事故争议。

5. 鉴定科学原则

鉴定科学原则要求，医疗事故技术鉴定必须是用医学科学原理和专业知识，对医疗事故争议中的专门性问题进行解释、评断进而作出推断，而不能根据日常经验进行鉴定。医学会建立的专家库中除了聘请具备资格的医疗卫生专业技术人员加入外，还聘请具备资格的法医进入专家库，利用专业学科的特点得出专业的鉴定结论。具体鉴定所依据的具体科学原理或使用的特殊技能是进行鉴定的根据，其中评断标准要根据科学原理，并根据法律规定来加以判断。

四、医疗事故技术鉴定的基本制度

1. 合议制度

合议制度，是指参加医疗事故技术鉴定的专家组成员必须由三人以上的单数组成，在作出医疗事故技术鉴定结论时，由专家鉴定组共同决定。根据《医疗事故处理条例》第二十五条的规定，专家鉴定组进行医疗事故技术鉴定，实行合议制。专家鉴定组人数为单数，涉及的主要学科的专家一般不得少于鉴定组成员的二分之一；涉及死因、伤残等级鉴定的，应当从专家库中随机抽取法医参加专家鉴定组。

2. 回避制度

回避制度，是指参加医疗事故技术鉴定的专家鉴定组成员，如果与医患双方当事人有利害关系或者其他关系，有可能影响鉴定的公正性时，应当自行退出或者依照医患双方中任何一方的申请退出专家组鉴定工作的一项制度。专家鉴定组成员应当回避的情形有下列三种：

(1)是医疗事故争议当事人或者当事人的近亲属的

如果专家鉴定组成员是医疗事故争议的当事人或者近亲属，应当回避。首先，当事人是指发生医疗事故争议的双方，既包括医疗机构，也包括患者。其次，近亲属是一个法定概念，一般包括配偶、父母、子女、兄弟姐妹、祖父母、外祖父母、孙子女、外孙子女等。

(2)与医疗事故争议有利害关系的

与医疗事故争议有利害关系，主要是指医疗事故技术鉴定的结论可能直接或者间接地损害专家鉴定组成员的经济利益、学术地位、名誉声望等，包括参加过引发医疗事故争议的医疗行为的会诊、医疗事故争议的初级鉴定等。

(3)与医疗事项事故争议当事人有其他关系的

如果专家鉴定组成员与医疗事项事故争议当事人有其他关系，可能影响公正鉴定的，也应当回避。其他关系，是指上述两种关系以外的其他比较亲近或者密切的关系。

医疗事故鉴定申请回避的方式有两种：一种是专家鉴定组成员自行回避；另一种是当事人申请回避。自行回避是指专家鉴定组成员认为自己有回避情形之一的，应当主动要求回避，是专家鉴定组成员负有的一项重要义务。当事人申请回避，是指医患双方当事人认为专家鉴定组成员有回避的情形之一的，可以向负责组织医疗事故技术鉴定工作的医学会提出申请，要求有关人员回避，是医疗事故争议双方当事人享有的一项重要权利。当事人申请回避时，既可以采取口头形式提出申请，也可以采取书面形式提出申请。

3. 独立鉴定制度

独立鉴定制度，是指医学会组织专家鉴定组成员，在依法进行医疗事故技术鉴定的过程中，以医疗卫生管理法律、行政法规、部门规章和诊疗护理技术操作规范、常规为依据，运用医学科学原理和专业知识，不受任何外界力量、因素的干扰和影响，自主作出鉴定结论的一项制度。根据《医疗事故处理条例》的规定，专家鉴定组应独立进行医疗事故技术鉴定，任何单位或个人不得干扰医疗事故技术鉴定工作，不得威胁、利诱、辱骂、殴打专家鉴定组成员。

4. 两级鉴定制度

医疗事故技术鉴定分为首次鉴定和再次鉴定。

医疗事故技术鉴定工作，由医学会负责组织，负责组织医疗事故技术鉴定工作的医学会，可以设立医疗事故技术鉴定工作办公室，具体负责有关医疗事故技术鉴定的组织和日常工作。

具体的职责分工是：设区的市级地方医学会和省、自治区、直辖市直接管辖的县（市）级地方医学会负责组织专家鉴定组进行首次医疗事故技术鉴定工作。省、自治区、直辖市地方医学会负责组织医疗事故争议的再次鉴定工作。必要时，中华医学会可以组织疑难、复杂并在全国有重大影响的医疗事故争议的技术鉴定工作。

五、医疗事故技术鉴定的鉴定费

负责医疗事故技术鉴定工作的医学会，应当按规定收取鉴定费。双方当事人共同委托医疗事故技术鉴定的，由双方当事人协商预先缴纳鉴定费。卫生行政部门移交进行医疗事故技术鉴定的，由提出医疗事故争议处理的当事人预先缴纳鉴定费。经鉴定属于医疗事故的，鉴定费由医疗机构支付；经鉴定不属于医疗事故的，鉴定费由提出医疗事故争议处理申请的当事人支付。县级以上地方人民政府卫生行政部门接到医疗机构关于重大医疗过失行为的报告后，对需要移交医学会进行医疗事故技术鉴定的，鉴定费由医疗机构支付。鉴定费用标准由省、自治区、直辖市人民政府价格主管部门会同同级财政部门、卫生行政部门规定。

六、医疗事故技术鉴定的再次鉴定和重新鉴定

医疗事故技术鉴定的再次鉴定，是指收到首次医疗事故技术鉴定书后，医疗事故争议双方的任何一方当事人对首次医疗事故技术鉴定结论不服，在法定的期限内（自收到首次医疗事故技术鉴定书之日起15日内），向原受理医疗事故争议处理申请的卫生行政部门提出再次鉴定的申请，申请由省、自治区、直辖市医学会组织的鉴定；或由医疗事故争议的双方当事人共同委托省、自治区、直辖市医学会组织的鉴定。提请再次鉴定是医疗事故双方当事人共同享有的权利，提起再次鉴定的途径有二：其一，一方当事人向原受理医疗事故争议处理申请的卫生行政部门提出；其二，双方当事人共同委托组织再次鉴定的医学会。

医疗事故技术鉴定的重新鉴定，是指医学会对经卫生行政部门审核认为参加鉴定的人员资格和专业类别或者鉴定程序不符合规定，需要重新鉴定而必须重新组织的鉴定，是卫生行政部门对医疗事故鉴定程序行使事后监督职能。重新鉴定分为两种情况进行：其一，如果参加鉴定的人员资格和专业类别不符合规定，应当重新抽取专家组织专家鉴定组进行重新鉴定。其二，如果鉴定的程序不符合规定而参加鉴定的人员资格和专业类别符合规定，可以由原专家鉴定组进行重新鉴定。重新鉴定不同于再次鉴定，它是因医学会组织不力造成的，因此重新鉴定时医学会不得再收取鉴定费。

第二节　医疗事故技术鉴定的程序

一、医疗事故技术鉴定的启动

根据《医疗事故处理条例》的规定，医疗事故技术鉴定程序的启动主要有三种方式：一是由卫生行政部门移交医学会鉴定；二是由医患双方共同委托医学会鉴定；三是司法机关的委托鉴定。

(一)卫生行政部门移交鉴定

这种启动方式适用于两种情况：一种情况是，卫生行政部门在医疗机构发生重大医疗过失行为后的移交鉴定。医疗机构发生重大医疗过失行为的，医疗机构应当在 12 小时内向所在地卫生行政部门报告。另一种情况是，医患双方当事人要求卫生行政部门处理的移交鉴定。医患双方发生医疗事故争议后，任何一方均可向卫生行政部门提出处理申请，要求卫生行政部门处理。

卫生行政部门接到医疗机构关于重大医疗过失行为的报告，或者医疗事故争议当事人，要求处理医疗事故争议的申请后，认为需要进行医疗事故技术鉴定的，应当交由负责医疗事故技术鉴定工作的医学会组织鉴定。如果医疗机构没有向卫生部门提出报告，或者患者及其家属提出鉴定申请，但卫生行政部门认为没有必要鉴定或拒绝鉴定的，则该程序是无法启动的。

(二)医患双方共同委托鉴定

这种启动方式是指医患双方在医疗过程中，发生医疗事故争议，经协商决定通过医疗事故技术鉴定，来确定是否构成医疗事故、构成何种等级的医疗事故、医疗事故赔偿数额等，由医患双方当事人共同向医学会提出鉴定申请，从而启动医疗事故技术鉴定。这种启动方式必须同时具备三个条件：第一，由医患双方共同提出医疗事故技术鉴定的申请；第二，医患双方按照鉴定机构的要求提供鉴定所需要的病案资料、实物等；第三，接受鉴定机构的调查，如实提供相关情况。

(三)司法机关的委托鉴定

司法机关在正式受理案件后，对需要进行医疗事故技术鉴定的或者当事人要求进行医疗事故技术鉴定的，可以启动医疗事故技术鉴定程序，委托医学会进行鉴定。该鉴定程序在设定上具有其特殊性，司法机关可以不需要医患双方当事人的申请，就可以启动鉴定程序，并且也不存在当地医学会是否受理的问题。

二、医疗事故技术鉴定的受理及中止

(一)医疗事故技术鉴定的受理

负责组织医疗事故技术鉴定工作的医学会,应当自受理医疗事故技术鉴定之日起5日内,通知医疗事故争议双方当事人按照规定提交医疗事故技术鉴定所需的材料。当事人应当自收到医学会的通知之日起10日内提交有关医疗事故技术鉴定的材料、书面陈述及答辩。

医疗事故技术鉴定要求医疗机构向医学会按时提交的有关医疗事故技术鉴定的材料应当包括下列内容:

1. 住院患者的病程记录、死亡病例讨论记录、疑难病例讨论记录、会诊意见、上级医师查房记录等病历资料原件;

2. 住院患者的住院志、体温单、医嘱单、化验单(检验报告)、医学影像检查资料、特殊检查同意书、手术同意书、手术及麻醉记录单、病理资料、护理记录等病历资料原件;

3. 抢救急危患者,在规定时间内补记的病历资料原件;

4. 封存保留的输液、注射用物品和血液、药物等实物,或者依法具有检验资格的检验机构对这些物品、实物作出的检验报告;

5. 与医疗事故技术鉴定有关的其他材料。

医患双方当事人应当依照规定提交相关材料,当事人未按规定提交有关医疗事故技术鉴定材料的,或提供的材料不真实的,医学会有权中止组织医疗事故技术鉴定。医学会可以向双方当事人和其他相关组织、个人进行调查取证,进行调查取证时不得少于两人。调查取证结束后,调查人员和调查对象应当在有关文书上签字。医疗机构无正当理由未按规定如实提供相关材料,导致医疗事故技术鉴定不能进行的,由卫生行政部门责令改正;情节严重的,对负有责任的主管人员和其他直接责任人员依法给予行政处分或者纪律处分。由于患方无正当理由拒不提供的鉴定所需的相关材料的,医学会将中止医疗事故技术鉴定,卫生行政部门可以作出不是医疗事故的决定。

(二)医疗事故技术鉴定不予受理的情形

按照相关法规的规定,有下列情形之一的,医学会不予受理医疗事故技术鉴定:

1. 当事人一方直接向医学会提出鉴定申请的

在医疗事故技术鉴定的申请过程中,当事人一方直接向医学会提出鉴定的申请,如患者及其家属单方向医学会提出医疗事故鉴定申请,医学会将不予受理。如果想通过医疗事故鉴定确定是否有医疗事故、医疗事故等级的,应当先与医疗机构协商一致后，再共同委托医学会进行医疗事故技术鉴定。

2.争议涉及多个医疗机构且其中一个所在地的医学会已经受理的

医疗事故争议涉及多个医疗机构，其中一所医疗机构所在地的医学会已经受理的医疗事故鉴定的，医学会不会再受理医疗事故鉴定的申请。如果多家医疗事故鉴定机构对同一医疗事故争议进行鉴定，可能会出现不同的鉴定结论，会给医患双方当事人和法院在处理争议上带来不便和混乱。

3.争议已经人民法院调解达成协议或判决的

如果医疗事故争议已经人民法院调解达成协议或判决的，医学会将不再受理医疗事故鉴定申请。因为，如果医疗纠纷已经法院调解达成协议或者作出判决，那么医疗纠纷案件已经进入了解决完成的阶段，如果在这个时候再做医疗事故鉴定没有任何法律意义。

4.当事人已向人民法院提起民事诉讼的（司法机关委托的除外）

如果患者及其家属已经向人民法院提起诉讼，医学会将不再受理医疗事故鉴定的申请。按照我国诉讼法的规定，在诉讼中司法机关认为需要做医疗事故鉴定的，有权提出医疗事故鉴定的申请，而当事人是不能够自行委托医学会进行医疗事故鉴定的。

5.非法行医造成患者身体健康损害的

如果医疗争议的发生，是由于医疗机构非法行医造成患者身体健康损害的，医学会是不受理医疗事故鉴定申请的。

6.卫生部规定的其他情形

（三）医疗事故技术鉴定可能被中止的情形

按照相关法规的规定，有下列情形之一的，医学会中止组织医疗事故技术鉴定：

1.当事人未按规定提交有关医疗事故技术鉴定材料的

在医疗事故鉴定中，相关病历资料、封存的实物、药品、证人证言等是进行医疗事故鉴定的证据基础，没有这些材料，鉴定专家是根本无法进行医疗事故鉴定活动的。如果当事人未按规定提交有关医疗事故技术鉴定材料，医学会将中止医疗事故鉴定的程序。

2.提供的材料不真实的

在医疗事故鉴定过程中，如果鉴定所依据的病历、资料、物品都是虚假的，是根本无法进行事故鉴定的。如果是在接受医疗事故鉴定申请的过程中发现材料不真实，可以作出不受理的决定；如果是在医疗事故鉴定过程中发现材料不真实，则可以作出中止事故鉴定程序的决定。

3.拒绝缴纳鉴定费的

如果医疗事故技术鉴定申请人拒绝缴纳鉴定费，医学会将中止医疗事故鉴定程序。按照鉴定规则,医学会受理鉴定申请后,申请人应当缴纳鉴定费。双方当事人共同委托医疗事故技术鉴定的,由双方当事人协商预先缴纳鉴定费。如果患者及其家属确实由于经济困难不能够按时缴纳鉴定费用,应当及时提出,并且申请鉴定费的减免。

4.卫生部规定的其他情形

三、组成专家鉴定组

医学会应当根据医疗事故争议所涉及的学科专业,确定专家鉴定组的构成和人数。专家鉴定组组成人数应为三人以上单数。医疗事故争议涉及多学科专业的,其中主要学科专业的专家不得少于专家鉴定组成员的二分之一。

医学会应当提前通知双方当事人,在指定时间、指定地点,从专家库相关学科专业组中随机抽取专家鉴定组成员。医学会主持双方当事人抽取专家鉴定组成员前,应当将专家库相关学科专业组中专家姓名、专业、技术职务、工作单位告知双方当事人。医学会对当事人准备抽取的专家进行随机编号,并主持双方当事人随机抽取相同数量的专家编号,最后一个专家由医学会随机抽取,双方当事人还应当按照规定的方法各自随机抽取一个专家作为候补。涉及死因、伤残等级鉴定的,应当按照规定由双方当事人各自随机抽取一名法医参加鉴定组。随机抽取结束后,医学会当场向双方当事人公布所抽取的专家鉴定组成员和候补成员的编号并记录在案。

现有专家库成员不能满足鉴定工作需要时,医学会应当向双方当事人说明,并经双方当事人同意,可以从本省、自治区、直辖市其他医学会专家库中抽取相关学科专业组的专家参加专家鉴定组;本省、自治区、直辖市医学会专家库成员不能满足鉴定工作需要时,可以从其他省、自治区、直辖市医学会专家库中抽取相关学科专业组的专家参加专家鉴定组。从其他医学会建立的专家库中抽取的专家无法到场参加医疗事故技术鉴定的,可以以函件的方式提出鉴定意见。专家鉴定组成员确定后,在双方当事人共同在场的情况下,由医学会对封存的病历资料启封。专家鉴定组应当认真审查双方当事人提交的材料,妥善保管鉴定材料,保护患者的隐私,保守有关秘密。

四、医疗事故技术鉴定

(一)鉴定前准备

医学会应当在医疗事故技术鉴定 7 日前,将鉴定的时间、地点、要求等书面通知双方当事人。双方当事人应当按照通知的时间、地点、要求参加鉴定。参加医疗事故技术鉴定的双方当事人每一方人数不超过 3 人。任何一方当事人无故缺席、自行退席或拒绝参加鉴定的，不影响鉴定的进行。

医学会应当在医疗事故技术鉴定7日前书面通知专家鉴定组成员。专家鉴定组成员接到医学会通知后认为自己应当回避的，应当于接到通知时及时提出书面回避申请，并说明理由；因其他原因无法参加医疗事故技术鉴定的，应当于接到通知时及时书面告知医学会。专家鉴定组成员因回避或因其他原因无法参加医疗事故技术鉴定时，医学会应当通知相关学科专业组候补成员参加医疗事故技术鉴定。专家鉴定组成员因不可抗力因素未能及时告知医学会不能参加鉴定或虽告知但医学会无法按规定组成专家鉴定组的，医疗事故技术鉴定可以延期进行。

（二）鉴定过程

专家鉴定组组长由专家鉴定组成员推选产生，也可以由医疗事故争议所涉及的主要学科专家中具有最高专业技术职务任职资格的专家担任。鉴定由专家鉴定组组长主持，并按照以下程序进行：

1. 双方当事人陈述意见和理由

陈述顺序为先患方，后医疗机构。通常情况下，医患双方规定的陈述时间为20～30分钟；在对方陈述的过程中，另一方不允许发言和反驳对方的叙述。双方的陈述都是单方的叙述，不存在类似法庭辩论的情况。

2. 专家鉴定组成员提问

专家鉴定组成员根据需要可以提问，当事人应当如实回答。必要时，可以对患者进行现场医学检查。通常情况下，在双方当事人各自叙述完毕，补充说明后，专家组的成员会根据各自专业的情况，针对性地提出各自的问题。

3. 双方当事人退场

在双方当事人完成上述程序后，专家鉴定组组长会告知双方当事人退场，医学会会在约定的时间内，出具鉴定报告，并告知领取的时间。

4. 专家鉴定组讨论

专家鉴定组对双方当事人提供的书面材料、陈述及答辩等进行讨论，双方当事人不宜介入。

5. 形成鉴定结论

经合议，根据半数以上专家鉴定组成员的一致意见形成鉴定结论。专家鉴定组成员在鉴定结论上签名。专家鉴定组成员对鉴定结论的不同意见，应当予以注明。医学会参加医疗事故技术鉴定会的工作人员，会记录鉴定会过程和专家的意见。

（三）鉴定结论

医学会应当自接到双方当事人提交的有关医疗事故技术鉴定的材料、书面陈述及答辩之日起45日内组织鉴定并出具医疗事故技术鉴定书。医疗事故技术鉴定书应当根据鉴定结论作出，其文稿由专家鉴定组组长签发。医疗事故技术鉴定书盖医学会医疗事故技术鉴定专用印章。医学会应当及时将医疗事故技术鉴定书送达移交鉴定的卫生行政部门，经卫生行政部门审核，对符合规定作出的医疗事故技术鉴定结论，应当及时送达双方当事人；由双方当事人共同委托的，直接送达双方当事人。

第三节 鉴定报告书

一、鉴定报告书的主要内容

医疗事故技术鉴定书是具有法律效力的文书，内容要合法，格式要规范，语言要准确、严谨，条理要清晰。鉴定书除应载明裁定的时间、地点、鉴定组成员外，还包括以下几个方面的内容：

1. 双方当事人的基本情况及要求

这一部分应当记载双方当事人的基本情况以及当事人申请鉴定的理由和具体鉴定要求。包括当事人姓名、性别、年龄、住址、身份证号码、简要的治疗经过、陈述的主要意见、理由、申请鉴定时间等，医疗机构要载明医疗机构名称、地址、《医疗机构许可证》代码，医务人员要载明专业、专业技术任职资格、合法执业资格证书代码。

2. 当事人提交的材料和医学会的调查材料

这一部分应把当事人提交的材料，不论书证、物证、证人证言等都要记载在案，材料的名称、数量、形式、提交方式等都要记载清楚。医学会有权向双方当事人和其他相关组织、个人进行调查取证，调查取证结束后所调查到的材料也应记明。

3. 对鉴定过程的说明

这一部分要记载鉴定过程中需要予以说明的有关事项，主要是对鉴定程序的合法性进行说明。包括鉴定专家的资格是否合法，鉴定专家是否由医患双方当事人在医学会主持下随机从专家库中抽取，鉴定专家的人数和专业是否符合规定，是否实行回避原则，双方当事人是否到场陈述等。

4. 医疗行为是否违反医疗卫生管理法律、行政法规、部门规章和诊疗护理规范、常规

这一部分应当载明医疗过程中的哪一个具体医疗行为违反了哪一部法律、法规、规章、常规、规范，要指明违反了哪一条哪一款。

5. 医疗过失行为与人身损害后果之间是否存在因果关系

这一部分应说明医疗过失行为与人身损害后果之间是否存在直接的必然联系，即损害后果是否由医疗过失行为直接引起。

6. 医疗过失行为在医疗事故损害后果中的责任程度

这一部分应当载明患者在接受发生医疗事故争议的治疗之前原有疾病的状况、医疗过失行为和患者原有疾病在造成本次损害后果之中所起的作用、所占比重如何，科学、客观地判定医疗过失行为在造成损害后果中的责任程度。

7. 医疗事故等级

如已确定为医疗事故的，这一部分应根据《医疗事故分级标准》明确医疗事故的等级。如果医疗事故技术鉴定只作出属于医疗事故的结论而不明确事故等级，则属于无效鉴定。

8. 对医疗事故患者的医疗护理医学建议

由于医疗事故中医疗过失行为已经给患者造成损害后果，这一部分应当提出适宜的、合理的诊疗护理建议，以减轻对患者造成的损害后果。

经鉴定为医疗事故的，鉴定结论应当包括上款(四)至(八)项内容；经鉴定不属于医疗事故的，应当在鉴定结论中说明理由。医疗事故技术鉴定书格式由中华医学会统一制定。

二、医疗事故中医疗过失行为的责任程度

专家鉴定组应当综合分析医疗过失行为在导致医疗事故损害后果中的作用、患者原有疾病状况等因素，判定医疗过失行为的责任程度。医疗事故中医疗过失行为责任程度分为：

完全责任，指医疗事故损害后果完全由医疗过失行为造成。

主要责任，指医疗事故损害后果主要由医疗过失行为造成，其他因素起次要作用。

次要责任，指医疗事故损害后果主要由其他因素造成，医疗过失行为起次要作用。

轻微责任，指医疗事故损害后果绝大部分由其他因素造成，医疗过失行为起轻微作用。

三、鉴定结论的保存

当事人对鉴定结论无异议，负责组织医疗事故技术鉴定的医学会应当及时将收到的鉴定材料中的病历资料原件等退还当事人，并保留有关复印件。当事人提出再次鉴定申请的，负责组织首次医疗事故技术鉴定的医学会应当及时将收到的鉴定材料移送负责组织再次医疗事故技术鉴定的医学会。医学会应当将专家鉴定组成员签名的鉴定结论、由专家鉴定组组长签发的医疗事故技术鉴定书文稿和复印件，或者复制的有关病历资料等存档，保存期限不得少于 20 年。

第四节　医疗事故鉴定制度的改革和完善

一、医疗事故技术鉴定制度存在的问题

(一)鉴定结论公正性被质疑

根据《医疗事故处理条例》的规定,医疗事故技术鉴定同卫生行政部门分离,由医学会组织专家鉴定组,进行独立鉴定。但是,专家鉴定组的成员几乎都来自各医疗机构,医学会与医疗机构的关系仍然非常密切。在医学会、医疗机构和患者三方关系中,虽然在形式上表现为公正,但在内在因素上很难控制其不会有所倾向,以至于影响最后的鉴定结论。

(二)主观病历的使用受限

主观病历资料主要是指死亡病历讨论记录、疑难病历讨论记录、上级医师查房记录、会诊意见、病程记录等在《医疗事故处理条例》第十六条中所指出的病历资料。客观病历资料主要是指包括门诊病历、住院志、体温单、遗嘱单、化验单(检验报告)、手术及麻醉记录单、护理记录等在内的患者可以复印的病历资料。按照《医疗事故处理条例》的规定,患者不能复印主观病历资料,当发生医疗事故争议时,必须在医患双方共同在场的情况下封存和启封,并交由医疗机构保存。当医疗机构向医疗事故鉴定机构提交有关材料时,又必须提交主观病历资料。从这些规定可以看出,主观病历资料是证据材料,其内容直接涉及对患者的诊断、治疗措施等问题,其使用不应受限,应该允许患者复印。而规定要求涉及患者病情的主观病历资料不允许本人复印,显然是不公正的,是对患者知情权的侵犯。

(三)鉴定书证明力过大

按照民事诉讼法的规定,鉴定结论是民事诉讼七种证据之一。对这些证据的使用,民事诉讼法规定,“人民法院应当按照法定程序,全面地、客观地审查核实证据”,“证据应当在法庭上出示,并由当事人互相质证”。根据《医疗事故处理条例》的规定,卫生行政部门经审核,对符合条例规定作出的医疗事故技术鉴定结论,应当作为对发生医疗事故的医疗机构和医务人员作出行政处理以及进行医疗事故赔偿调解的依据。但卫生行政部门的审核主要是对鉴定程序、人员组成等的审核,不是对鉴定结论本身的审核,在庭审过程中也不能传唤鉴定专家到庭接受质询,从而使其证明力过大。

(四)救济制度不完善

在申请提起医疗事故技术鉴定时,三种启动方式中没有规定当事人可以单方面提起医疗事故技术鉴定。由于对符合条例规定作出的鉴定结论,可以作为卫生行政部门对医疗事故争议案件行政处理的重要依据,是比较有说服力的证据,任何一方当事人都应当有权利通过一定方式取得。但《医疗事故处理条例》中没有规定当事人可以单方面提出申请,实践中医学会也是对单方面提起的申请不予受理,不利于当事人获取鉴定证据。如果出现双方协商不成,卫生行政部门不提交鉴定,或者人民法院不提交鉴定时,当事人便不能进行医疗事故技术鉴定。

二、医疗事故技术鉴定制度的改革和完善

(一)关于医疗事故鉴定机构的设置

医疗事故技术鉴定机构的设置应突出中立性,摆脱地域管辖的束缚。鉴定机构应当是中立的机构,公正地对争议的医疗行为作出鉴定。过去设在卫生行政机关,明显不公正。现在设在医学会,虽然已经有很大进步,但仍然没有摆脱嫌疑。我国有各种鉴定机构,其他的鉴定机构,由于案件当事人多不涉及与鉴定机构有关的领域,因此在公正性上并没有引起多少异议。参照其他鉴定机构的做法,可考虑由不涉及医疗活动的组织承担医疗事故技术鉴定的组织工作。在医疗事故鉴定的管辖上,发生医疗事故的医患双方均可向任何一家医疗事故鉴定机构申请鉴定。这样,可以有效地克服地方保护主义,摆脱鉴定组织、当事医疗机构、卫生行政部门之间因某种"近亲"关系所结成的关系网,从而维护鉴定结论的公正性。

(二)关于专家鉴定组成员

应提高专家鉴定组成员的业务素质和执业品德,保证鉴定的公正性。首先,应对鉴定专家进行法律素质的培训,使其了解我国现行的各种医疗卫生的法律、法规及规章制度等。医学会对鉴定专家应进行统一、正规的相关法律知识培训,培训结束要进行认真考核。其次,应对鉴定专家定期进行专业素质考评。对候选人近几年所开展的科研等工作进行打分,设立一个专业水平标准线,以保证鉴定专家库的专业水准不断前进。第三,应对鉴定专家的执业品德进行考评。对达到专业素质标准线的专家进行民主评议和公示,通过评议和公示可以对候选人的执业品德有较为全面的把握。在建立专家库以后,鉴定专家如有违反执业品德的行为而被有关单位予以查实的,医学会应随时取消该专家的鉴定人资格。

(三)关于当事人在技术鉴定中的权利

1. 当事人可单方面提出鉴定申请

根据我国现行的规定,有权提起鉴定程序的是卫生行政部门、人民法院,以及双

方共同委托进行鉴定，但没有当事人单方面提起鉴定的规定。在申请提起医疗事故技术鉴定时，应取消对当事人单方提出鉴定申请的限制。允许当事人在解决争议过程中有权单方提出鉴定要求，并被鉴定机构依法受理，把当事人可以单方面提起鉴定申请作为一项程序权利加以规定。

2.保证患者对主观病历资料的知情权

根据《医疗事故处理条例》的规定，患者只能复印门诊病历、住院志、体温单、医嘱单、手术同意书、护理记录等客观病历资料，而其死亡病历讨论记录、会诊意见、病程记录等主观病历资料却不能复印，侵犯了患者的知情权。应当修正只允许患者复印客观病历资料的规定，允许患者复印主观病历资料，使患者能够更充分了解与自己有密切关系的治疗活动的详细信息，在技术鉴定时能够更有效地维护自己的权益。

3.保障当事人意思表达的权利

首先，在卫生行政处理时，技术鉴定结论不应无条件作为认定事实的证据，应当由双方对其进行质证，卫生行政部门在参考双方的质证意见后，再确定是否接受技术鉴定结论的意见。其次，充分保障当事人的知情权、申辩权。在鉴定活动中，双方当事人均应到场，充分表达意见，包括对鉴定结论的不同意见，并且可以委托具有专业知识的人作为代理人参加鉴定。双方当事人可以对鉴定结论进行质证，当鉴定结论由当事人以充分的事实说明其错误时，卫生行政部门则应否定鉴定结论的证据效力。

(四)关于医疗技术鉴定活动的监督

由于医疗事故技术鉴定在医疗事故争议处理中占据非常重要的地位，其鉴定的质量和鉴定的真假至关重要，因此，应对鉴定进行有效的监督。首先，医患双方当事人应行使监督的权利。医患双方有权对鉴定专家组的组成、对鉴定程序等进行监督，有权对鉴定中的违法行为向鉴定组或有关部门提出异议。其次，卫生行政部门行使的监督权利。根据《医疗事故处理条例》规定，卫生行政部门对鉴定机构出具的鉴定结论有形式上的审查义务，必要时还可以组织调查，或者听取医患双方当事人的意见。如果卫生行政部门发现鉴定不符合有关规定，可以责令提起重新鉴定。还应该规定卫生行政部门对鉴定结论的实质进行审查，从而保证鉴定活动的公正性和中立性。

(五)关于鉴定人法律责任制度

根据《医疗事故处理条例》规定，参加医疗事故技术鉴定工作的人员违反条例的规定，接受申请鉴定双方或者一方当事人的财物或者其他利益，出具虚假医疗事故技术鉴定书，造成严重后果的，依照刑法关于受贿罪的规定，依法追究刑事责任；尚不够刑事处罚的，由原发证部门吊销其执业证书或者资格证书。除条例对鉴定人徇私出具虚假医疗事故技术鉴定书的法律责任作了明确规定之外，还有很多情形鉴定人也应承担相应责任。例如，因鉴定人的故意或过失而对医疗争议双方当事人及委托人或鉴定材料造成损害的，也应当承担相应责任。还有，由于进行错误鉴定而应承担的法律责任，由于鉴定人违反鉴定程序，或工作严重不负责任导致鉴定结论明显错误，给当事人造成损害的，应当承担赔偿责任。

对参加医疗事故技术鉴定工作的人员应实行错案追究制度。现行的医疗事故技术鉴定实行的是"集体负责制"，在专家组形成鉴定结论后，医疗事故技术鉴定书应当根据鉴定结论作出，其文稿由专家鉴定组组长签发，医疗事故技术鉴定书盖医学会医疗事故技术鉴定专用印章。如果鉴定结论出现问题，也不能传唤鉴定专家到庭接受质询，无法追究鉴定组成员的责任。因此，医疗事故鉴定必须实行鉴定人员个人负责制，鉴定专家组还应推荐一名鉴定人员出庭质证，对鉴定结论要求鉴定人签字，并实行错案追究制度。

思考题

1. 医疗事故技术鉴定的含义是什么？
2. 医疗事故技术鉴定应遵循的原则及基本制度是什么？
3. 医疗事故技术鉴定的启动方式是什么？
4. 医疗事故技术鉴定不予受理的情形是什么？
5. 医疗事故技术鉴定报告书的主要内容是什么？

第七章 司法鉴定

内容提要

司法鉴定是在刑事、民事、行政诉讼中证据调查的一种方法。本章对司法鉴定的概念以及其特征做了系统的阐述，并简要介绍了我国司法鉴定的几种类型。司法鉴定必须遵循一定的程序，本章从司法鉴定的启动程序、实施程序、特别程序、司法鉴定文书、鉴定结论的质证和认证程序五个方面详细介绍了司法鉴定的基本程序。同时还对我国司法鉴定人的概念、地位以及司法鉴定人出庭作证进行了详细的阐述。

第一节 司法鉴定概述

一、司法鉴定的概念和特征

司法鉴定是指在刑事、民事、行政诉讼活动过程中，在遇有专门问题时，依法委托具有专门知识的人，根据鉴定的资料和要求，运用勘验、检查、分析、比较、综合判断等方法解决专门性问题并作出判断的一种科学技术活动。从概念中可以看出，司法鉴定是以获取诉讼证据为目的的一类特殊的科学技术鉴定，其鉴定的科学原理、方法、规范、步骤与其他领域的鉴定是一致的。但与其他鉴定相比较，司法鉴定具有显著的司法特征。司法鉴定的司法特征主要表现在：司法鉴定只能是行使国家司法权的机关调查收集证据资料的方法，其他社会组织所运用的鉴定不能称为司法鉴定；司法鉴定的对象与诉讼案件事实具有关联性，且为法律所确认；司法鉴定属于诉讼活动的范畴，是一种诉讼行为；司法鉴定的程序法定化；司法鉴定的实施主体是依法取得了鉴定资格的自然人；司法鉴定结论符合法定的证据形式要求，是法定证据形式之一。

司法鉴定作为诉讼中证据调查的一种方法，其本身受司法属性的制约，具有区别于非司法鉴定的特征。但是司法鉴定机构的鉴定不仅可以为司法活动进行证据调查，而且也可以为除司法活动以外的社会活动进行证据调查。必须明确的一点是，司法鉴定具有一定的特定性，但其特定性并不是由司法鉴定机构决定的，且司法鉴定机构的鉴定不应都是司法鉴定。由于诉讼中涉及的专门问题非常广泛，其专门问题的解决不可能都由司法鉴定机构及人员来完成。同时，除司法活动以外，仲裁、行政执法、纪律处分、调解以及诉讼前调查等也需要应用鉴定收集证据，这些单位或个人也可以委托司法鉴定机构及人员进行鉴定，从而达到收集证据资料的目的。

在医事纠纷中我们经常见到的鉴定包括医疗事故技术鉴定和司法鉴定。这两种鉴定在医事纠纷中都是为解决纠纷而出现的，二者都可以成为诉讼证据，但二者的区别也是明显的：

1.启动程序不同。医疗事故技术鉴定由卫生行政部门委托和双方当事人共同委托两种方式启动鉴定程序；而司法鉴定则由法官根据当事人的申请或者依照职权决定而启动。

2.鉴定人员的组成不同。医疗事故技术鉴定由双方当事人从专家库中遴选医学专家参加鉴定，鉴定人员是医学专家，一般鉴定人员较多；而司法鉴定是由司法鉴定机构的司法鉴定人进行鉴定，有时也特邀或者聘请临床医学专家参加鉴定，但一般来讲，鉴定人员人数较少。

3.鉴定的组织者不同。医疗事故技术鉴定由地方医学会或者中华医学会负责组织；而司法鉴定的组织者是司法鉴定机构。

4.鉴定的内容和鉴定所要解决的问题不同。医疗事故技术鉴定的鉴定结论注重于是否属于医疗事故；而司法鉴定着重解决医疗行为是否具有过错，过错的医疗行为与损害后果之间是否具有因果关系，不涉及医疗事故问题。

5.鉴定的监督方式不同。医疗事故技术鉴定的监督，主要有三个方面：一是医学会对鉴定专家资格审查的事前一般性监督；二是卫生行政机关对鉴定专家组出具的鉴定文书进行审查；三是上级医学会鉴定专家组进行再次鉴定。而司法鉴定的监督包括司法行政机关对司法鉴定人及其所在的鉴定机构的监督管理，鉴定人所在的司法鉴定机构对鉴定人的监督管理，以及通过法庭质证、认证程序对鉴定人提交的鉴定报告进行审查。

6.鉴定的效力不同。医疗事故技术鉴定是医疗事故认定的唯一方式；但司法鉴定由于鉴定者所具有的中立性，在诉讼中的效力要优于前者。

二、司法鉴定的对象

司法鉴定对象是指与案件有关客体物及需要鉴定人进行鉴定的各类专门问题。

1.司法鉴定对象被法律确认的基本条件

由于各国科学技术发展水平的不平衡以及司法制度的不同，各国法律对司法鉴定对象的类别和范围也不完全相同,但只有具备下列基本条件的对象才可能获得法律的确认,成为司法鉴定对象。

(1)该对象的基本属性已经被现代科学技术所认识,并能用现代科学技术手段加以确认和固定;

(2)本国已经掌握了根据该对象解决专门问题的鉴定技术,拥有相应的仪器设备,并积累了一定的鉴定实践经验;

(3)通过较长的鉴定研究与实践证明该项鉴定结论准确程度高,在诉讼活动中已起到较好的证明作用。

同时具备以上三个条件的对象,一般可以得到法律的认可。目前,我国法律对司法鉴定对象的确认尚无统一的法律规定,因而暂时采用部门确认的方式,即从司法机关各部门条例中确定鉴定对象。在诉讼法或证据法上,凡国际上公认的鉴定对象均被确认为司法鉴定的对象,并同时赋予其鉴定结论具有证据意义。

2.我国司法鉴定的类型和范围

2005年2月28日第十届全国人民代表大会常务委员会第十四次会议通过的《关于司法鉴定管理问题的决定》是目前我国关于司法鉴定的唯一的有国家最高立法机关制定的法律文件,其中规定了司法鉴定的主要对象是:1.法医类鉴定;2.物证类鉴定;3.声像资料鉴定;4.根据诉讼需要由国务院司法行政部门、最高人民法院、最高人民检察院确定的其他应当对鉴定人和鉴定机构实行登记管理的鉴定事项。而根据2000年11月29日发布的《司法鉴定执业分类规定(试行)》,司法鉴定被分为:法医病理鉴定、法医临床鉴定、法医精神病鉴定、法医物证鉴定、法医毒物鉴定、司法会计鉴定、文书司法鉴定、痕迹司法鉴定、微量物证鉴定、计算机司法鉴定、建筑工程司法鉴定、声像资料司法鉴定和知识产权司法鉴定等13种。今后,随着我国鉴定技术和鉴定法律法规的发展完善,司法鉴定的种类也会随之而变化。

三、法医类鉴定

法医类鉴定,包括法医病理鉴定、法医临床鉴定、法医精神病鉴定、法医物证鉴定和法医毒物鉴定。这是根据当时我国司法鉴定的专业设置情况、学科发展方向、技术手段、检验和鉴定内容,并参考国际惯例而制定的。

1.法医病理鉴定,俗称尸体鉴定,是指运用法医病理学的理论和技术,通过尸体外表检查、尸体解剖检验、组织切片观察、毒物分析和书证审查等,对涉及法律的医学问题进行鉴定或推断。其主要内容包括:死亡原因鉴定、死亡方式鉴定、死亡时间推断、致伤(死)物认定、生前伤与死后伤鉴别、死后个体识别等。法医病理鉴定主要涉及以下内容:一是确定死亡原因,主要在于确定自然死亡(病死或老死)还是非自然死亡(暴力死亡),在同时存在损伤与疾病时,要分析损伤、疾病与死亡的关系,对于存在几种致命性损伤，应确定主要死因，以便澄清谁应负主要致死责任。二是判定致死方式，即判定是他杀、自杀还是意外死亡，判定致死方式要比确定死亡原因复杂，常须结合现场勘验和案情调查进行全面分析，然后作出判断。三是推断死亡时间，是指人死后到尸体检验的时间，推定死亡时间有助于侦查范围的确定，主要根据尸体现象所见和对生物化学变化的检测，结合当时当地的气象条件进行综合判断。四是认定致死伤物体，主要是根据损伤的形态、大小、程度及其他性质，如损伤内的附着物来推定的，或对咬痕、扼痕、捆绑痕、注射针孔以及各种工具打击痕迹等的性质、形成方式和方法来判断。五是鉴别生前伤与死后伤，即推断死者损伤是生前造成的还是死后形成的，以及生前损伤后经过的时间。在鉴定中，还可通过骨骼、牙、毛发的检验推定死者的性别、身高、年龄、血型等。

2. 法医临床鉴定，俗称活体损伤鉴定，是指运用法医临床学的理论和技术，对涉及法律的医学问题进行鉴定和评定。其主要内容包括：人身损伤程度鉴定、损伤与疾病关系评定、道路交通事故受伤人员伤残程度评定、职工工伤与职业病致残程度评定、劳动能力评定、活体年龄鉴定、性功能鉴定、诈病（伤）及造作病（伤）鉴定、致伤物和致伤方式推断等。活体损伤的鉴定是以活体为主要研究对象，运用临床医学的理论与技术，研究并解决涉及法律问题的人体伤、残及其他生理、病理等问题。法医临床鉴定主要涉及以下内容：一是损伤程度的鉴定。这是活体检查中最常见的内容，确定损伤的性质与程度、推定致伤物体与作用方式、估价损伤的预后及可能发生的后遗症。二是伤残程度与劳动能力鉴定。三是性问题鉴定，检验是否被强奸、有无性病传染、有无妊娠分娩、是否堕胎、确定性功能状态。四是诊察确定现有疾病与损伤的因果关系。五是诈病（伤）及造作病（伤）鉴定。诈病是身体健康的人为了达到个人目的伪装有病，如伪装肢体瘫痪或伪装精神病；造作病是故意毁损自己或授意别人毁损自己造成的损伤或疾病。

3. 法医精神病鉴定，是指运用司法精神病学的理论和方法，对涉及与法律有关的精神状态、法定能力、精神损伤程度、智能障碍等问题进行鉴定。精神病鉴定的目的在于确定行为人是否具有刑事责任能力和民事行为能力，判断有无责任能力。对精神病的鉴定首先是从临床精神病学的基础出发，全面检查分析，确定有无精神病；同时从法律的角度确定犯罪时的精神状态及严重程度和它与犯罪的因果关系两方面考虑。具体判断标准如下：一是不能辨认自己的行为。一个人虽患有精神疾病，但如果仍有辨认自己行为的能力，还是要负相应的刑事责任。二是不能控制自己的行为，即虽可能有辨认能力但丧失了控制能力，其行为已无法受到主观意识的支配和控制。三是必须是在发生危害行为的当时处于不能辨认或者不能控制自己行为的状态。四是在精神疾病的间歇期或是疾病缓和期出现危害行为的，因其精神活动已恢复正常，即不能评定为无责任能力。五是处于智能缺损状态，即尚未完全丧失辨认或者控制自己行为能力的状态，应当在一定程度上负刑事责任。由于法医精神病鉴定对案件存在的重大影响，法律对其有特殊的规定。如我国《刑事诉讼法》规定，精神病的医学鉴定，由省级人民政府指定的医院进行。

4. 法医物证鉴定，俗称人体物证鉴定，是指运用免疫学、生物学、生物化学、分子生物学等的理论和方法，利用遗传学标记系统的多态性对生物学检材的种类、种属及个体来源进行鉴定。其主要内容包括：个体识别、亲子鉴定、种族和种属认定等。在法医工作和日常生活中需要进行个体识别的情况很多，在尸体方面，交通事故的遇难者、路上突然死亡者或无名尸体、凶杀后移尸案件、碎尸或尸体毁容案件、江河湖海的浮尸、车船及飞机失事致多人伤亡、执行死刑时验明正身等都需要进行个体识别。活体方面，有因年幼失散、拐骗敲诈或追捕罪犯等也要进行个体识别，以确定身份。此外，亲子鉴定也是十分重要的，即应用医学和生物学的理论和技术，通过对遗传特征的检验来判断所称父母与子女是否有亲缘关系。DNA 是细胞基本遗传物质，通常可通过 DNA 的分析来判断亲子关系。

5. 法医毒物鉴定，是指运用法医毒物学的理论和方法，结合现代仪器分析技术，对体内外未知毒（药）物、毒品及代谢物进行定性、定量分析，并通过对毒物毒性、中毒机理、代谢功能的分析，结合中毒表现、尸检所见，综合作出毒（药）物中毒的鉴定。毒物鉴定的意义在于澄清死亡案件的性质，在法医检案工作中，常遇到突然死亡、死因不明的案件，通过法医毒化分析，区分是中毒死亡还是因病猝死。在司法实践中，经常会遇到毒物的鉴定问题，一般在投毒、自杀、意外中毒、走私、吸毒、贩毒、种毒等案件中，会遇到毒物的鉴定问题。毒物鉴定首先要详细了解中毒经过、临床症状、尸体解剖所见、检材的种类和数量等，通过对毒物分析，来判定是否中毒、是否是中毒死亡、是何种毒物、通过何种途径、何时进入体内引起中毒的。

四、物证类鉴定

物证类鉴定，包括文书鉴定、痕迹鉴定和微量鉴定。

1. 文书鉴定，是指运用文件检验学的原理和技术，对文书的笔迹、印章、印文、文书的制作及工具、文书形成时间等问题进行鉴定。文书，是指公文和书信，但在实际办案中作为证据的文书往往超出了公文和书信的范围，如车票、船票、飞机票、发票、收据、人民币等，其内容的真伪及制作方法都需要进行鉴别。文书鉴定是对案件中涉及的文字书写、文字制作、文书物证反映的具体内容、文书的制作方法、文书的真假等有关问题的分析、鉴别、认定等活动。文书鉴定包括笔迹鉴定，伪造、变造文书鉴定，打印、复印、印刷文书鉴定，文书物质材料鉴定，文书制作时间鉴定。

2. 痕迹鉴定，是指运用痕迹学的原理和技术，对有关人体、物体形成痕迹的同一性及分离痕迹与原整体相关性等问题进行鉴定以及运用枪械学、弹药学、弹道学的理论和技术，对枪弹及射击后的残留物、残留物形成的痕迹、自制枪支和弹药及杀伤力进行鉴定。痕迹是指由于人、动物或者其他物体的运动，在物质性客体上形成的物体的移动、物质增减、形态结构改变等物质性变化。现在痕迹鉴定仍然在各种诉讼活动中广泛运用，几乎所有的现场都会涉及痕迹的鉴定问题。在诉讼活动中，最常见的痕迹鉴定主要有指纹鉴定、足迹鉴定、工具痕迹鉴定和枪弹痕迹鉴定等。

3. 微量鉴定，是指运用物理学、化学和仪器分析等方法，通过对有关物质材料的成分及其结构进行定性、定量分析，对检材的种类、检材和嫌疑样本的同类性和同一性进行鉴定。在现场或其他与案件有关地点，提取到的各种量小体微的物质，都有可能成为微量物证。在当今刑事犯罪中，作案人作案手段和方法日益狡猾，事前精心策划、事中处处伪装、事后极力破坏，在犯罪现场很难提取到明显的痕迹物证，由于微量物证具有体小量微，在现场容易留下，但不易被注意的特点，往往使作案人不能破坏或伪装。随着现场勘查技术和微量物证分析技术的快速发展，微量物证的范围及作用正在不断扩大。在司法实践中，常见的微量物证鉴定有爆炸残留物、射击残留物、纵火物证、泥土、灰尘、粉尘、玻璃或金属残渣等物证的鉴定，还有纤维、纺织品、塑料、橡胶、油脂、涂料等物证的鉴定。

五、声像资料鉴定

声像资料鉴定，包括对录音带、录像带、磁盘、光盘、图片等载体上记录的声音、图像信息的真实性、完整性及其所反映的情况过程进行的鉴定和对记录的声音、图像中的语言、人体、物体作出种类或者同一认定。

声像资料以其记载的信息起证明作用，但在很多情况下，需要通过鉴定才能揭示声像资料记载的信息与待证事实的联系并使之发挥证明作用。如录音资料可以证明人在有关事件中用语言表达的思想内容，录有嫌疑人在电话中勒索钱财的声音内容，录音资料可以作为证明嫌疑人实施犯罪行为的证明。对声像资料的鉴定主要是鉴定声像资料的真实性、完整性及其所反映的情况过程，以及对声像中的语言、人体、物体作出种类和同一的认定。

六、其他鉴定

结合我国的司法鉴定实践经验和相关法律法规的规定，目前我国还有以下几种司法鉴定类型：

1. 计算机司法鉴定，是指依法取得有关计算机司法鉴定资格的鉴定机构和鉴定人受司法机关或当事人委托，运用计算机理论和技术，对通过非法手段使计算机系统内数据的安全性、完整性或系统正常运行造成的危害行为及其程度等进行鉴定并提供鉴定结论的活动。

2. 环境监测司法鉴定，是指依法取得有关环境监测司法鉴定资格的鉴定机构和鉴定人受司法机关或当事人委托，依据环境保护法律法规和有关国家、部门、行业标准以及有关环境科学知识，对影响环境的物理指标、化学指标和生态系统等进行检验、鉴别和判断并提供鉴定结论的活动。

3. 工程造价司法鉴定，是指依法取得有关工程造价司法鉴定资格的鉴定机构和鉴定人受司法机关或当事人委托，依据国家的法律、法规以及中央和省、自治区及直辖市等地方政府颁布的工程造价定额标准，针对某一特定建设项目的施工图纸及竣工资料来计算和确定某一工程价值并提供鉴定结论的活动。

4. 产品质量司法鉴定，是指依法取得有关产品质量司法鉴定资格的鉴定机构和鉴定人受司法机关或当事人委托，依据产品质量法律法规和有关国家、部门、行业标准以及相关科学技术知识对某一特定产品的质量进行检验、鉴别和判断并提供鉴定结论的活动。

5. 司法会计鉴定，是指依法取得有关司法会计鉴定资格的鉴定机构和鉴定人受司法机关或当事人委托，运用会计学的原理和方法，通过检查、计算、验证和监证对会计凭证、会计账簿、会计报表和其他会计资料等财务状况等进行检验、鉴别和判断并提供鉴定结论的活动。

6. 知识产权司法鉴定，是指依法取得有关知识产权司法鉴定资格的鉴定机构和鉴定人受司法机关或当事人委托，根据技术专家对本领域公知技术及相关专业技术的了解，并运用必要的检测、化验、分析手段，对被侵权的技术和相关技术的特征是否相同或者等同进行认定；对技术转让合同标的是否成熟、实用，是否符合合同约定标准进行认定；对技术开发合同履行失败是否属于风险责任进行认定；对技术咨询、技术服务以及其他各种技术合同履行结果是否符合合同约定，或者有关法定标准进行认定；对技术秘密是否构成法定技术条件进行认定；对其他知识产权诉讼中的技术争议进行鉴定并提供鉴定结论的活动。

7. 税务司法鉴定，是指依法取得有关税务司法鉴定资格的鉴定机构和鉴定人受司法机关或当事人委托，依据国家有关税务方面的法律法规以及相关的科学技术知识，对涉及诉讼的纳税数额等有关税收方面的专门性问题进行检验、鉴别和判断并提供鉴定结论的活动。

8. 农业司法鉴定，是指依法取得有关农业司法鉴定资格的鉴定机构和鉴定人受司法机关或当事人委托，运用生物科学、农业科学等专业知识对涉及诉讼的农业专门技术问题进行检验、鉴别和判断并提供鉴定结论的活动。

9. 资产评估司法鉴定，是指依法取得有关资产评估司法鉴定资格的鉴定机构和鉴定人受司法机关或当事人委托，依据国家的规定和有关资料，根据特定的目的，遵循适用的原则，选择适当的价值类型，按照法定的程序，运用科学的方法，对资产价值进行评定和估算并提供鉴定结论的活动。

10. 建筑工程司法鉴定，是指依法取得有关建筑工程司法鉴定资格的鉴定机构和鉴定人受司法机关或当事人委托，运用建筑学理论和技术，对与建筑工程相关的问题进行鉴定并提供鉴定结论的活动，其主要内容包括：建筑工程质量评定、工程质量事故鉴定、工程造价纠纷鉴定等。

第二节　司法鉴定程序

我国司法鉴定程序是以我国刑事诉讼法、民事诉讼法、行政诉讼法规定的鉴定基本程序为基础，根据司法鉴定实践的需要将其具体化为法规、部门规章和操作规定，使之成为指导司法鉴定工作的系统程序规范。

一、司法鉴定的启动程序

司法鉴定的启动程序是司法鉴定的开始，它从侦查机关、诉讼当事人、诉讼代理人向司法机关提出依法鉴定申请开始。司法鉴定启动程序包括司法鉴定提请、司法鉴定决定与委托、司法鉴定受理三个程序。司法鉴定启动权的性质具有多重性，司法鉴定的提请权属于举证权，侦查机关、诉讼当事人、诉讼代理人都享有此种权利。司法鉴定的决定权与委托权属于司法机关拥有。司法鉴定受理权属于司法鉴定机构和司法鉴定人拥有。

1. 两种鉴定启动程序比较

纵观当今世界，司法鉴定的启动程序有两种：司法官启动制和当事人启动制。

(1)司法官启动制。司法官启动制是指司法鉴定的实施人员、实施内容、实施时间等方面的选择由司法官决定的制度。无论是大陆法系国家，还是英美法系国家，法律都赋予了司法官的司法鉴定启动权。司法官启动制有其自身的合理性：首先，程序运行客观。这是由司法官的独立性决定的。其次，效率提高。司法官启动制使鉴定结论的质证程序相对简化，诉讼当事人对鉴定结论的争议较少，重新鉴定比例较低，节省诉讼时间，提高诉讼效率。第三，成本减少。一般来讲，司法官启动制下的鉴定次数比当事人启动制的鉴定次数少。第四，公信力强。但司法官启动制也有一些不足：一是虽然允许当事人在法庭上对鉴定结论进行质证，但司法官鉴定制却实际上剥夺了当事人在证据方面的权利，即取证权，致使诉讼关系构造出现一定程度的变异。二是鉴定结论独一，司法官难以进行比较与鉴别，难以做到兼听则明；同时增加了司法官因缺乏对专业问题的实际审查能力而误判的可能。三是法官与部分鉴定人之间委任关系的固定化，容易使鉴定人与法官之间相互影响，造成鉴定结论或者裁判结果的错误。

(2)当事人启动制。当事人启动制是指司法鉴定的实施人员、实施内容、实施时间等方面的选择由当事人决定的制度。在奉行当事人主义诉讼模式的英美法系国家,诉讼法或者证据法中一般赋予诉讼当事人以司法鉴定的启动权,而实践中也通常是由当事人所启动。当事人启动制有两方面的优点:一方面平等地赋予诉讼当事人证据调查权,强化了当事人的诉讼参与机制;另一方面是鉴定人的平行委托使各方的鉴定事实以及鉴定结论能够得到充分展示,有利于法官兼听则明。但这种启动制度容易造成鉴定人的当事人化和市场化,从而影响鉴定结论的准确性。

上述两种启动制在公正、效率、民主等诉讼价值上各有利弊,两大法系的司法鉴定制度在立法时取长补短,呈现了一定的融合趋势。近年来,英美法系国家通过强化法官职权的介入来控制专家证言的使用,以遏制鉴定当事人主义的过度化。大陆法系国家则在维系法官主导鉴定程序进程地位的同时,强化当事人对鉴定程序的参与能力,引入"专家顾问"机制来制约法官审判职权的扩张与滥用,维护鉴定的公正性。我国的司法鉴定制度在立法上也越来越注意两者的结合。

2.司法鉴定启动的步骤

(1)司法鉴定的申请

司法鉴定的申请,是指诉讼当事人及利害关系人向司法机关提出进行司法鉴定的要求。无论是大陆法系国家,还是英美法系国家,司法机关都有权直接选任司法鉴定人,而不是受当事人申请鉴定的限制。司法鉴定的申请程序不是司法鉴定的必经程序。

根据我国法律法规规章的规定,凡是有举证责任的当事人和侦查机关都可以申请司法鉴定。但在不同的诉讼活动中,由于举证责任不同,申请司法鉴定的权利也有所不同。在刑事诉讼中,侦查初期申请司法鉴定主要是侦查机关、侦查人员、被害人及其家属;在侦查中后期和起诉、审判阶段,需要对专门性问题进行鉴定,主要是犯罪嫌疑人、被告人提出申请;刑事自诉案件中涉及专门性问题的鉴定,主要由原告人一方提请,如果被告人有相反证据或对原告人提供的鉴定结论有异议的也可申请初次鉴定或重新鉴定。民事诉讼、行政诉讼中双方诉讼当事人均有举证权或负有举证责任,提请司法鉴定的主体只能是双方当事人。

提请司法鉴定主要采取书面方式,被羁押的犯罪嫌疑人可以口头方式申请鉴定,但司法人员应对其口头申请记录在案。鉴定申请书应当写明案由、鉴定对象、鉴定要求等。诉讼当事人的鉴定申请应当在举证期限内提出,并在人民法院指定的期限内预交鉴定费用。

(2)司法鉴定的决定

司法鉴定的决定是指司法机关对申请人司法鉴定的申请作出是否同意的答复。

我国三大诉讼法规定司法鉴定决定权属于司法权，只能由司法机关行使。其中，人民法院享有完全的司法鉴定决定权，侦查机关仅在侦查阶段有部分鉴定决定权。

(3)司法鉴定的委托

司法鉴定的委托，是指委托人向司法鉴定机构或鉴定人提出进行司法鉴定的要求。司法鉴定的委托程序是司法鉴定的必经程序。

委托人委托司法鉴定机构鉴定，应当出具鉴定委托书，提供委托人的身份证明，并提供委托鉴定事项所需的鉴定材料。委托人委托他人代理的，应当要求出具委托书。鉴定委托书应当载明委托人的名称或者姓名、拟委托的司法鉴定机构的名称、委托鉴定的事项、鉴定事项的用途以及鉴定要求等内容。委托鉴定事项属于重新鉴定的，应当在委托书中注明。

委托人应当向司法鉴定机构提供真实、完整、充分的鉴定材料，并对鉴定材料的真实性、合法性负责。委托人不得要求或者暗示司法鉴定机构和司法鉴定人按其意图或者特定目的提供鉴定意见。

选择鉴定机构和鉴定人可以由当事人协商，也可以采取在鉴定机构名册和鉴定人名册中随机抽取。如果委托人在委托时没有选任鉴定人的，则由鉴定机构确定鉴定人进行鉴定，但必须遵守法律关于回避的规定。

(4)司法鉴定的受理

司法鉴定的受理是指司法鉴定机构或司法鉴定人通过对司法鉴定委托事项的审查，对符合委托条件的委托予以受理，同意予以鉴定的行为。受理司法鉴定的机构必须符合两个条件：一是受理鉴定的机构必须是法定鉴定机构，包括根据刑事诉讼法规定有侦查权的公安机关、人民检察院设立的职权鉴定机构和取得《司法鉴定许可证》的社会司法鉴定机构。其中，社会鉴定机构受理鉴定不受部门和地域限制。二是司法鉴定机构必须在业务范围内受理鉴定。

司法鉴定机构受理鉴定委托后，应当指定本机构中具有该鉴定事项执业资格的司法鉴定人进行鉴定。委托人有特殊要求的，经双方协商一致，也可以从本机构中选择符合条件的司法鉴定人进行鉴定。司法鉴定人必须是具备《司法鉴定人职业资格证》和《司法鉴定人执业证书》的合格鉴定人。司法鉴定人不得跨专业受理鉴定和实施鉴定。

对于下列情形，司法鉴定机构有权拒绝受理：委托事项超出本机构司法鉴定业务范围的；鉴定材料不真实、不完整、不充分或者取得方式不合法的；鉴定事项的用途不合法或者违背社会公德的；鉴定要求不符合司法鉴定执业规则或者相关鉴定技术规范的；鉴定要求超出本机构技术条件和鉴定能力的；其他不符合法律、法规、规章规定情形的。

二、司法鉴定的实施程序

司法鉴定实施是指鉴定人依法运用科学技术方法对鉴定资料进行观察、检验和评断后作出判断的科学活动。司法鉴定实施程序是指鉴定人在行使鉴定实施权过程中，所遵循的方式、步骤、顺序、时限以及鉴定辅助人参与鉴定活动程序的总称。

1. 拟定鉴定实施方案

在全面、仔细地审查送检材料的基础上，根据鉴定的要求，首先要思考拟定要解决的方案。包括应就物证的哪些方面、哪些特性进行检验；应当或能够采取哪些手段实施检验；要预计到呈现某种检验结果时可能证明的问题。对需要从多方面、采取多种手段进行检验的案件，要科学合理地安排检验的顺序，以获取更好的检验效果。

司法鉴定机构对同一鉴定事项，应当指定或者选择二名司法鉴定人共同进行鉴定；对疑难、复杂或者特殊的鉴定事项，可以指定或者选择多名司法鉴定人进行鉴定。必要时鉴定机构也可以确定一至二名鉴定辅助人。鉴定辅助人是指当面临并非属于自己本专业的专业技能所能解决的案件中某一环节上的专门性问题时，司法鉴定人请求使用的协助自己工作、能够解决特定专门性问题的辅助鉴定人员。

2. 准备鉴定器材

鉴定除直接观察外，更多的需要借助科学仪器及各种化学试剂，采用各种理化检验手段，如物理检验法、化学检验法、仪器分析法、生物检验法等多种方法进行检验。检验前，应按拟定的检验方案，准备好相应的检测仪器、化学试剂及各种显微镜等器材，并经调试和试验证明其准确有效。

3. 实施鉴定程序

司法鉴定的实施，应根据检验对象和鉴定要求，采取相应的方法和步骤进行，并严格遵守鉴定的原则和规则。

司法鉴定机构应当严格依照有关技术规范保管和使用鉴定材料，严格监控鉴定材料的接收、传递、检验、保存和处置，建立科学、严密的管理制度。司法鉴定机构和司法鉴定人因严重不负责任造成鉴定材料损毁、遗失的，应当依法承担责任。

司法鉴定人进行鉴定，应当依下列顺序遵守和采用该专业领域的技术标准和技术规范：一是国家标准和技术规范；二是司法鉴定主管部门、司法鉴定行业组织或者相关行业主管部门制定的行业标准和技术规范；三是该专业领域多数专家认可的技术标准和技术规范。不具备前款规定的技术标准和技术规范的，可以采用所属司法鉴定机构自行制定的有关技术规范。

司法鉴定人进行鉴定，应当对鉴定过程进行实时记录并签名。记录可以采取笔记、录音、录像、拍照等方式。记录的内容应当真实、客观、准确、完整、清晰，记录的文本或者音像载体应当妥善保存。

司法鉴定人在进行鉴定的过程中，需要对女性作妇科检查的，应当由女性司法鉴定人进行；无女性司法鉴定人的，应当有女性工作人员在场。在鉴定过程中需要对未成年人的身体进行检查的，应当通知其监护人到场。对被鉴定人进行法医精神病鉴定的，应当通知委托人或者被鉴定人的近亲属或者监护人到场。对需要到现场提取检材的，应当由不少于二名司法鉴定人提取，并通知委托人到场见证。对需要进行尸体解剖的，应当通知委托人或者死者的近亲属或者监护人到场见证。

4. 作出鉴定结论

司法鉴定结论是指委托方为了解决案件中的某些专门性问题，指派或聘请具有这方面专门知识和技能的人，进行鉴定后所做的书面结论。司法鉴定结论是鉴定人运用专门知识和技能提出的分析判断意见，而不是对直接感知或间接了解的案件事实问题作的客观陈述。鉴定结论所解决的是案件中的专门性问题，鉴定结论表现为结论性的书面意见，它是诉讼中的一种特殊证据。

但在一些特殊情况下，司法鉴定机构可以终止鉴定：发现委托鉴定事项的用途不合法或者违背社会公德的；委托人提供的鉴定材料不真实或者取得方式不合法的；因鉴定材料不完整、不充分或者因鉴定材料耗尽、损坏，委托人不能或者拒绝补充提供符合要求的鉴定材料的；委托人的鉴定要求或者完成鉴定所需的技术要求超出本机构技术条件和鉴定能力的；委托人不履行司法鉴定协议书规定的义务或者被鉴定人不予配合，致使鉴定无法继续进行的；因不可抗力致使鉴定无法继续进行的；委托人撤销鉴定委托或者主动要求终止鉴定的；委托人拒绝支付鉴定费用的；司法鉴定协议书约定的其他终止鉴定的情形。终止鉴定的，司法鉴定机构应当书面通知委托人，说明理由，并退还鉴定材料。而且应当根据终止的原因及责任，酌情退还有关鉴定费用。

司法鉴定机构作出司法鉴定结论应当在一定的鉴定时限内完成。我国《司法鉴定程序通则》规定：司法鉴定机构应当在与委托人签订司法鉴定协议书之日起三十个工作日内完成委托事项的鉴定；鉴定事项涉及复杂、疑难、特殊的技术问题或者检验过程需要较长时间的，经本机构负责人批准，完成鉴定的时间可以延长，延长时间一般不得超过三十个工作日；司法鉴定机构与委托人对完成鉴定的时限另有约定的，从其约定；在鉴定过程中补充或者重新提取鉴定材料所需的时间，不计入鉴定时限。

三、司法鉴定的特别程序

司法鉴定的特别程序是指在特定情况下才会进行的司法鉴定程序。主要有补充鉴定、重新鉴定和共同鉴定。

1.补充鉴定

补充鉴定是在原来鉴定（通常是初次鉴定）的基础上为了更明确、更全面地反映待证事实，根据委托人的要求，由原鉴定人或其他鉴定人对其中的个别问题进行的修正或补充性鉴定后作出判断的一种活动。

补充鉴定的适用范围包括：委托人增加新的鉴定要求的；委托人发现委托的鉴定事项有遗漏的；委托人在鉴定过程中又提供或者补充了新的鉴定材料的；其他需要补充鉴定的情形。

补充鉴定由原鉴定机构承担，一般由原鉴定人实施，如有必要也可指派其他鉴定人进行。补充鉴定是原委托鉴定的组成部分。补充鉴定应当出具补充鉴定书，原鉴定书和补充鉴定书同时生效。

2.重新鉴定

重新鉴定是诉讼当事人、代理人、犯罪嫌疑人及其律师对原鉴定结论全部持有异议，或司法机关对原鉴定结论进行审查后认为难以取信时，委托鉴定机构对同一个专门性问题再次进行的鉴定。

重新鉴定不同于补充鉴定，它是一个独立的鉴定程序，是在已经作出初次鉴定结论的前提下进行的鉴定。重新鉴定不受初始鉴定结论的影响。重新鉴定，应当委托原鉴定机构以外的列入司法鉴定机构名册的其他司法鉴定机构进行；委托人同意的，也可以委托原司法鉴定机构，由其指定原司法鉴定人以外的其他符合条件的司法鉴定人进行。重新鉴定是指再次鉴定，不一定是指第二次鉴定。接受重新鉴定委托的司法鉴定机构的资质条件，一般应当高于原委托的司法鉴定机构。

重新鉴定适用的情形是：原司法鉴定人不具有从事原委托事项鉴定执业资格的；原司法鉴定机构超出登记的业务范围组织鉴定的；原司法鉴定人按规定应当回避没有回避的；委托人或者其他诉讼当事人对原鉴定意见有异议，并能提出合法依据和合理理由的；法律规定或者人民法院认为需要重新鉴定的其他情形。

3.共同鉴定

共同鉴定是指为了解决重大案件以及疑难、复杂、特殊的专门性问题，由两个以上鉴定机构、多个鉴定人对同一个问题进行的集体鉴定。

共同鉴定必须根据司法机关的委托或者经其同意，由司法鉴定主管部门或者司法鉴定行业组织进行组织。

四、司法鉴定文书

司法鉴定文书是鉴定人按照法律规定的条件和程序，运用专门知识和技能对司法活动中所涉及的专门性问题进行检验、鉴别，并作出相应意见后按规范要求所制作的文书总称。司法鉴定文书不同于一般的法律文书：鉴定文书必须由具有相应执业资格的鉴定人制作；鉴定文书的产生过程必须符合法律和鉴定程序；鉴定文书阐明的是自然科学现象，是对客观事实本质属性的真实记载。

司法鉴定文书包括司法鉴定意见书和司法鉴定检验报告书。司法鉴定意见书，是司法鉴定人运用科学技术或专门知识对诉讼所涉及的专门性问题进行鉴别和判断所提供的书面意见。这是最常用的司法鉴定文书。司法鉴定检验报告书是司法鉴定人运用科学技术手段对所委托的对象（人或物）进行检验后就检验结果所出具的书面报告。它通常用于尸体、活体、动植物、产品质量、理化等检验后所制作的司法鉴定文书。

司法鉴定文书的制作应当符合统一规定的司法鉴定文书格式。司法鉴定文书应当由司法鉴定人签名或者盖章。多人参加司法鉴定，对鉴定意见有不同意见的，应当注明。司法鉴定文书应当加盖司法鉴定机构的司法鉴定专用章，一般应当一式三份，二份交委托人收执，一份由本机构存档。司法鉴定机构制作完成司法鉴定文书后，应当按照有关规定或者与委托人约定的方式，向委托人发送司法鉴定文书。

五、司法鉴定结论的质证、认证程序

1. 司法鉴定结论的质证程序

司法鉴定结论的质证是指在庭审过程中，由诉讼当事人就法庭上出示的鉴定结论进行的对质、核实，以确定司法鉴定结论的证据能力和证明力的活动。质证是实现司法鉴定结论诉讼功能的必然要求。我国法律规定，未经质证的鉴定结论不能作为证据使用。司法鉴定结论质证的主体是指在庭审过程中享有质证权利、承担质证义务的人。

在不同的诉讼程序中，质证主体略有差异。《刑事诉讼法》第 156 条规定：公诉人、当事人和辩护人、诉讼代理人经审判长许可，可以对证人、鉴定人发问。因而，在我国刑事诉讼中，质证主体是公诉人、诉讼当事人和辩护人、诉讼代理人。《民事诉讼法》第 66 条规定：证据应当在法庭上出示，并由当事人互相质证。第 125 条规定：当事人经法庭许可，可以向证人、鉴定人、勘验人发问。最高人民法院《第一审经济纠纷案件适用普通程序开庭审理的若干规定》第 24 条规定：双方当事人就争议的事实所提供的书证、物证、视听资料，应经对方辨认，相互质证。勘验人鉴定人宣读勘验笔录、鉴定结论后，由双方当事人发表意见。第 26 条规定：经法庭许可，当事人及其诉讼代理人可以向勘验人、鉴定人发问。因而，在我国民事诉讼中，质证主体是诉讼当事人（包括第三人）和诉讼代理人。最高人民法院《关于行政诉讼证据若干问题的规定》第 39 条第 2 款规定：经法庭准许，当事人及其代理人可以就证据问题相互发问，也可以向证人、鉴定人或者勘验人发问。因而，在我国行政诉讼中，质证主体是诉讼当事人（包括第三人）及其代理人。

作为法定证据种类，对司法鉴定结论的质证也遵守对证据质证活动的一般规定。讼争双方都可以就司法鉴定结论发表质证意见。司法鉴定结论的质证工作直接指向的就是司法鉴定结论本身。质证应当解决的问题是鉴定结论的真实性、关联性、合法性，应当针对证据证明力有无以及证明力大小，进行质疑、说明与辩驳。质证时应遵循以下原则：质证主体平等和法官中立，交叉询问，直接原则和言词原则。

质证活动应围绕司法鉴定结论内容的科学性和形式的合法性进行。经过质证活动，如果发现司法鉴定人不具备鉴定资格，司法鉴定结论依据、程序方法、鉴定过程等内容方面不科学、不合法，司法鉴定结论就不能作为证据使用；如果鉴定结论欠缺了司法鉴定结论合法性的形式要件，也不能直接作为证据使用。对存在缺陷的司法鉴定结论不能作为证据直接使用，但可以通过重新鉴定予以弥补。重新鉴定后的结论仍要经过质证程序。

2. 司法鉴定结论的认证程序

司法鉴定结论的认证是审判人员在审理案件过程中，为了证实案件事实和情节，通过司法鉴定结论的举证、质证等一系列活动，就鉴定结论的客观性、关联性和合法性进行全面的、最终的审查认定，以确认其有无证据效力及证明力大小的一种职权行为。

对鉴定结论的认证实际上是对鉴定结论证据能否被采用和如何采用的问题。因此，认证的主体只能是审判人员。司法鉴定结论的认证主要是根据质证的情况，对鉴定结论有无证据效力以及证明力的大小作出认定。认定以后，鉴定结论将成为裁判文书认定事实的证据，直接影响裁判的结果。

与质证程序相对应，认证程序也应当提倡当庭认证。通过当庭认证可以指导各方当事人能够进一步就法律适用问题进行辩论、说明。同时，当庭认证也能够提高诉讼效率和体现司法的公正性。但如果对某些证据的客观性、关联性、合法性难以当庭作出判断，则应在法庭辩论结束后，审判人员在庭后研究确认。

第三节　司法鉴定人

一、司法鉴定人的含义

司法鉴定人是指由司法机关或者仲裁机构聘请，按一定的程序对案件中的某些专门性问题，运用专门知识或者技能进行勘验、分析、鉴别，从而对专门问题作出结论性判断的人。司法鉴定人是司法鉴定工作的具体实施主体，一般由具有较高科技知识和法律知识的自然人充任。鉴定结论是由鉴定人独立作出的，因而在鉴定资料具备鉴定条件的情况下，鉴定人对鉴定结论的正误具有决定性的作用。

司法鉴定人是大陆法系国家的概念，而在英美法系国家，司法鉴定人又被称为专家证人。专家证人所出具的意见被称为专家证言。但需要特别说明的是，英美法系的专家证人和大陆法系的司法鉴定人的外延并不完全相同，专家证人可能是司法鉴定人，也可能不是司法鉴定人。

二、司法鉴定人的诉讼地位

对于司法鉴定人的诉讼地位，学者往往通过其与证人的关系来进行评价。由于诉讼制度的差异，大陆法系与英美法系的司法鉴定人具有不同的诉讼地位。

在大陆法系国家，司法鉴定人和证人是独立的诉讼参与人。司法鉴定人与证人在知识技能要求、司法证明方法、案件了解途径、回避责任范围、选择替代程度、陈述内容类别等方面均有差异，鉴定人属于独立的诉讼参与人，具有独立的诉讼权利和诉讼义务。而在英美法系国家，司法鉴定人被视为一种特殊的证人，在法律上，司法鉴定人与证人没有区别。但在司法实践中，英美法系国家也承认专家证人与一般证人不同，两者在诉讼权利、诉讼义务以及证据规则适用上也存在一定程度的差异。

在大陆法系国家，司法鉴定人通常被定位于“法官的科技辅助人”，其职责是弥补法官知识和经验的不足，司法鉴定人的活动往往具有准司法活动的特点。而在英美法系国家，司法鉴定人通常被定位为诉讼当事人的科技助手，鉴定人通常由诉讼当事人聘请，为诉讼各方服务，因此往往被称为“专家证人”或者“具有专门知识的辩护人”，其地位与一般证人并无实质区别。我国的司法鉴定人更接近于大陆法系的司法鉴定人类型。如根据《刑事诉讼法》第 82 条第 4 项的规定，司法鉴定人属于诉讼参与人。但是，我国的司法鉴定人又具有自己的特点。在我国有的司法鉴定人就是侦查、检察机关的公务人员。由于他们特殊的身份，而使得作出的鉴定结论常会流于形式，有关鉴定方法程序、检材和样本的收集、鉴定技术的问题不能在法庭上公开辩论。这种鉴定结论常常成了“优先证据”，司法鉴定人成了“具有优越性的诉讼参与人”。

三、司法鉴定人的条件与资格

大陆法系和英美法系国家司法制度不同，诉讼模式不同，裁判方式不同，司法鉴定人的模式也有所不同。在确认鉴定主体资格的问题上有两种基本原则，一种是英美法系国家的鉴定人主义；另一种是大陆法系国家采用的鉴定权主义。

1. 鉴定人主义（庭中确认制）

在英美法系国家，司法鉴定人的资格往往实行庭中确认制，即行为人是否可以被确认为司法鉴定人（专家证人），常常由初审法官通过听证程序予以决定，而意图使用该专家的当事人则负有确立该证人专家资格的责任。按照鉴定人主义的原则，有关法律或权力机关并不明确规定哪些人或哪些机构具有鉴定人资格，并不将鉴定权固定地授予特定的人或机构。如美国立法对于专家证人的资格没有明确的规定，认为只要在特定的领域具有充分的技能和经验，即使是专业汽车修理工、为地价作证的银行业者或者地产者都可以作为专家证人。但是，专家证人在作证之前，必须经过“审查证人”程序，由法官对所谓的专家证人的教育、训练或经验等作必要的询问，确认其能否以专家证人的资格作证。法官在此程序中对于准备作为专家的证人主要从以下方面进行审查：(1)特殊的技能和知识；(2)训练和教育；(3)经验；(4)熟悉参照标准或该领域的权威；(5)专业组织或协会的成员等。

2.鉴定权主义(庭前确认制)

在大陆法系国家，司法鉴定人的资格往往实行庭前确认制，即司法鉴定人在执业前必须事先取得有关部门或者组织颁发的职业资格证书，没有取得资格证书的人不得从事相关司法鉴定活动。按照鉴定权主义的原则，有关法律或权力机关明确规定哪些人或哪些机构具有鉴定人资格，或者将鉴定权固定地授予特定的人或机构。实行鉴定权主义的国家往往采用司法鉴定人名册制，把取得司法鉴定人资格的人员统一登记入册，以便委托人使用。

我国对司法鉴定人实行的是鉴定权主义，三大诉讼法对司法鉴定人的条件规定为“具有专门知识”。我国司法部制定的《司法鉴定人登记管理办法》，规定了司法鉴定人的条件是：(一)拥护中华人民共和国宪法，遵守法律、法规和社会公德，品行良好的公民；(二)具有相关的高级专业技术职称；或者具有相关的行业执业资格或者高等院校相关专业本科以上学历，从事相关工作五年以上；(三)申请从事经验鉴定型或者技能鉴定型司法鉴定业务的，应当具备相关专业工作十年以上经历和较强的专业技能；(四)所申请从事的司法鉴定业务，行业有特殊规定的，应当符合行业规定；(五)拟执业机构已经取得或者正在申请《司法鉴定许可证》；(六)身体健康，能够适应司法鉴定工作需要。此外，公安、检察机关内部设立的鉴定部门的鉴定人，其资格一般由内部审查确认。这反映出我国虽然要求鉴定人具备一定条件，但司法鉴定资格的取得仍缺乏相对统一的规范和标准以及取得的方式和程序。

四、司法鉴定人的权利和义务

我国司法部制定的《司法鉴定人登记管理办法》第二十一条规定司法鉴定人享有下列权利：(1)了解、查阅与鉴定事项有关的情况和资料，询问与鉴定事项有关的当事人、证人等；(2)要求鉴定委托人无偿提供鉴定所需要的鉴材、样本；(3)进行鉴定所必需的检验、检查和模拟实验；(4)拒绝接受不合法、不具备鉴定条件或者超出登记的执业类别的鉴定委托；(5)拒绝解决、回答与鉴定无关的问题；(6)鉴定意见不一致时，保留不同意见；(7)接受岗前培训和继续教育；(8)获得合法报酬；(9)法律、法规规定的其他权利。根据我国立法以及司法实践，司法鉴定人还享有以下几个方面的权利：一是诉讼参与权，这是司法鉴定人作为诉讼参与人的基本权利；二是独立鉴定权，司法鉴定人对自己作出的鉴定结论负完全责任；三是司法鉴定人的人身不受侵犯的权利。

作为司法鉴定人，在享有权利的同时，也必须履行相应的义务。《司法鉴定人登记管理办法》第二十二条规定司法鉴定人应当履行下列义务：(1)受所在司法鉴定机构指派按照规定时限独立完成鉴定工作，并出具鉴定意见；(2)对鉴定意见负责；(3)依法回避；(4)妥善保管送鉴的鉴材、样本和资料；(5)保守在执业活动中知悉的国家秘密、商业秘密和个人隐私；(6)依法出庭作证，回答与鉴定有关的询问；(7)自觉接受司法行政机关的管理和监督、检查；(8)参加司法鉴定岗前培训和继续教育；(9)法律、法规规定的其他义务。

五、司法鉴定人出庭作证

我国在过去长期的司法审判活动中，司法鉴定人不出庭作证、法庭仅仅宣读鉴定结论的问题一直存在，且无法得到根本的解决。结果，控辩双方在无法对鉴定人进行当庭询问和质证的情况下，只能对这一份充满专业技术术语的鉴定结论进行流于形式的“质证”和辩论；法官、陪审员对这种带有结论性的鉴定材料也无法作出全面的审查，而只能将部分司法裁判权让位于躲在幕后的司法鉴定人。这样，司法鉴定结论的真实性、科学性和可靠性就几乎完全决定于鉴定人的专业水平、敬业精神、职业道德，而根本无法受到来自控辩双方的严格审查，更无法受到法庭审判程序的严格规范。在《全国人大常委会关于司法鉴定人关于司法鉴定管理问题的决定》颁布实施以后，司法鉴定工作的社会化和经营化得到加强，客观上更加需要由那些与案件存在直接利害关系的控辩双方，出于维护本方利益的考虑，来对鉴定结论进行严格的审查和质证。这就需要鉴定人能够出庭接受各方的质询。

我国有关法律法规对鉴定人出庭作证也有明确规定，我国《刑事诉讼法》第 82 条、154 条、156 条、157 条，《民事诉讼法》第 124 条、第 125 条，《行政诉讼法》第 47 条对鉴定人出庭作了原则性规定；《最高人民法院关于民事诉讼证据若干规定》和《最高人民法院关于行政诉讼证据若干问题规定》中对鉴定人出庭作了具体规定。

而且，司法鉴定人出庭作证几乎是所有现代法治国家的通行做法。在英美，对鉴定结论的审查主要是通过传唤鉴定人出庭作证的方式进行。在英美证据法中，鉴定人属于“专家证人”，在承担出庭作证义务方面与普通证人并没有任何实质性的差异。例如在美国，鉴定人一般要由控辩双方传唤出庭作证。在法庭对其鉴定人资格加以审查、法官同意其担任专家证人之后，鉴定人首先要接受传唤方的主询问，接下来接受反对方的反询问，并可依案件情况接受若干次再主询问和再反询问。在法官自行委任鉴定人的情况下，鉴定人的资格也要经受控辩双方的审查和质疑，并要接受控辩双方的交叉询问。鉴定人在法庭上一般必须陈述所作鉴定结论的根据、过程和科学基础，回答各方的询问和质证，就自己鉴定结论的疑点进行辩解。在不少情况下，如果控辩双方就同一问题都委任了鉴定人，那么法庭审判往往就会成为对立专家证人的科学技术观点之论战。当然，与一般证人证言一样，有关鉴定结论的审查也受到传闻规则的制约：一般情况下，鉴定人必须亲自出庭作证，而不能由某一方仅仅提交鉴定结论，否则法官可以直接将其鉴定结论排除于法庭之外。但在法定例外情况下，鉴定人也可以不出庭作证，而向法庭提交书面鉴定报告。在大陆法国家，鉴定人与一般的证人一样，一般应亲自出庭作证，接受法官、控辩双方的提问。根据直接、言词审理的原则，法官必须亲自接触证据的最原始的形式，并按照言词和口头的方式实施诉讼行为。因此，对于言词证据，包括证人证言、鉴定结论等，都要传唤这些证据的提供者亲自出庭作证。例如，在法国，鉴定人应在宣誓以自己的荣誉和良心协助公正审判以后，当庭宣示他已进行的技术鉴定的结果；审判长可以依职权或者根据检察官、当事人或其律师的要求，向鉴定人提出任何有关鉴定的问题。在德国和意大利，对鉴定人的询问一般要适用与询问证人相同的法律规则。

从各国的司法鉴定制度来看，无论是英美还是大陆法国家，鉴定人都不具有官方人员的地位和背景，而只是接受控辩双方或者法官委任，帮助事实裁判者确认某一事实是否存在的人。即使是在法国、意大利等国被列入鉴定人名册的专家，也不过是普通的专家而已。鉴定人参与诉讼活动的主要目的在于协助法庭查明事实真相，作出公正的裁判。在这一点上，鉴定人与证人几乎没有什么两样。因此，对于实施鉴定并出庭作证的鉴定人，法院一般要依据有关法律规定给予经济补偿。但无正当理由拒绝鉴定或者拒绝出庭作证的鉴定人，法院可以根据具体情况，处以罚款或者令其承担有关费用，甚至采取其他更加严厉的强制措施。与此同时，西方各国在法律中都规定了一系列鉴定人出庭作证的例外情况。遇有这些情况，法庭一般会允许鉴定人不出庭作证，但对其鉴定结论则会采取其他调查措施，如在开庭前到鉴定人住处进行调查，对鉴定人的报告事先进行证据保全程序。

可见，鉴定人出庭作证是需要有一系列配套制度加以保证的。这种保障制度应包括以下几个环节：1. 诉讼法应当明确规定，在诉讼一方对鉴定结论提出异议并要求鉴定人出庭作证的情况下，鉴定结论如果不经鉴定人亲自出庭作证，阐明司法鉴定的过程、根据和结论，回答控辩双方和法官的提问，就不能作为法庭据以定案的根据。2. 对于无正当理由拒不出庭作证的鉴定人，法官和法院应当有权采取强制措施。3. 明确规定鉴定人出庭作证的例外情况，如鉴定人患有重病、死亡、因不可抗力因素无法出庭等。但即使在这些例外情况下，鉴定人的鉴定结论也必须事先经过法官和控辩双方的共同审查，才能作为定案的根据。4. 建立证人、鉴定人出庭作证的经济补偿制度。

思考题

1. 简述司法鉴定的概念及特征。
2. 简述司法鉴定与医疗事故技术鉴定的区别。
3. 简述司法鉴定的启动程序。
4. 简述重新鉴定和补充鉴定的区别与联系。
5. 简述司法鉴定人出庭作证的保障制度。

第八章　医事诉讼证明

内容提要

主要介绍医事诉讼证明的相关问题，包括医事诉讼证明概述、证明标准和证明对象、医事诉讼举证责任和医事诉讼证据规则的探讨四部分内容。第一节介绍医疗诉讼证明的概念和特征。第二节介绍证明对象的概念和范围、证明标准的概念以及医事诉讼证明标准。第三节介绍医事诉讼举证责任的概念和学说、医疗侵权诉讼和医疗违约诉讼举证责任的分配。第四节主要探讨医事诉讼证据规则的相关问题，包括医事诉讼证据规则概述和我国医事诉讼证据规则相关内容。

第一节　医事诉讼证明概述

一、医事诉讼证明的概念

在现代汉语中，证明有两种含义，一是指“据实以明真伪”[①]，另一含义是“证明书或者证明信”。前者是该词的动词含义，后者是该词的名词含义。从动词的含义来看，凡是应用已经掌握的材料、经验或事实表明或断定人或事实真实性的行为，都是证明；从名词的含义来看，凡是用来表明某个人的身份、来源或能力等的书面材料，如证明信、介绍信等，或者表明某个物品的产地、构成、品名等情况的书面材料，如说明书、标签等，都是证明。这两种途径都是都是人类特有的认识活动，在某种程度上就是人类认识世界，获取真理的行为和过程。[②]

在医疗诉讼领域，证明有特定的含义，它是医疗诉讼主体按照法定的程序或标准，运用已知的证据和事实来认定医疗纠纷案件事实的活动。

---

①《汉语大词典》第 11 卷. 北京：汉语大词典出版社，1993 年，第 430 页。

②何家弘主编. 证据法学. 北京：法律出版社，2004 年，第 193 页。

二、医疗诉讼证明的特征

(一)医疗诉讼证明的主体是医疗侵权诉讼主体

诉讼主体是在诉讼中享有一定诉讼权利,承担相应诉讼义务的人,包括司法机关、当事人、诉讼代理人和辩护人。医疗侵权诉讼的主体是由法院、当事人、其他诉讼参与人以及检察院构成。其中,法院和当事人是基本的诉讼主体,缺少其中任何一个都无法构成诉讼。法院是审判机关,在诉讼活动中,承担着最终认定案件事实的责任。根据法律规定,人民法院在诉讼活动中负责主持法庭调查,主要包括举证和质证两个环节,在法庭调查之后,应当依据证据对案件事实作出认定,并在此基础上作出判决或者裁定。在必要的时候,人民法院还可以自行收集证据。

当事人包括医患双方,是医疗侵权诉讼的主体,是案件的利害关系人,在诉讼中处于平等的对抗地位;其他诉讼参与人如证人、鉴定人、翻译人员等与案件无直接利害关系,其参加诉讼是为了协助法院或当事人进行诉讼。

人民检察院是法律监督机关,在诉讼中主要承担监督职能,也即对其他司法机关的诉讼活动是否合法进行监督,保证诉讼的依法进行。

(二)证明对象——案件事实

案件事实是指法律规定司法机关为了正确作出裁判或者决定必须查明的事实,是适用法律不可缺少的事实基础。其目的是为了正确适用法律、保护公民的合法权益。对于司法人员来说,正确适用法律是首要的职责;对于当事人来说,保护自己的合法权益不受侵犯,是参与诉讼的真正目的。

(三)证明必须按照法定的范围、程序和标准进行

医疗侵权诉讼依靠国家强制力来解决纠纷。其证明活动的进行要受到法律的严格约束,即具有法律定性。具体表现在:第一,证明的主体由法律规定。在医疗诉讼证明中,诉讼主体是司法机关、医患双方以及其他诉讼参加人。第二,证明的对象由法律确定。司法人员必须查明哪些案件事实,当事人应当证明哪些事实,由法律特别是实体法明确规定。第三,证明的标准由法律规定。司法人员查明案件事实必须到什么程度才合格,当事人履行责任到什么程度为止,都需要一个明确的标准。第四,证明的主要程序由法律规定。如调查收集证据的程序、法庭调查中的举证和质证程序等。[①] 医疗诉讼中的证明应该遵循以上规则和标准。

①樊崇义主编.证据法学.北京:法律出版社,2004 年,第 254 页。

第二节　证明对象与证明标准

医事诉讼是民事诉讼的一种，其证明对象大致与民事诉讼的证明对象内容一致，即纠纷产生和发展的事实和民事法律关系构成要素的事实。

一、证明对象的概念

（一）概念

民事诉讼中，原告提出诉讼请求所依据的事实和理由，被告对原告诉讼请求的答辩、反驳和提起反诉所依据的事实和理由，第三人提出诉讼请求所依据的事实和理由，以及人民法院认为需要加以证明的其他事实，都需要运用证据加以证明。这些需要用证据加以证明的案件事实，就叫证明对象，也叫证明的客体，或证明的标的。

（二）确定证明对象的因素

在民事诉讼中，不是所有与案件有关的社会生活事实都可以作为证明对象。民事诉讼中的证明对象由以下因素确定：

1.法律规范所确定的要件事实。法律要件事实是会引起某种民事权利义务关系的发生、变更和消灭的事实。虽然民事诉讼最终是对当事人双方争议的民事权利义务作出裁判，但当事人不能直接对权利义务关系存在与否加以证明，因为权利义务的存在与否是通过事实来加以判断的。司法裁判需要认定的事实，是法律规则“涵摄”的社会生活事实。或者说，要在社会生活事实与实体法律要件之间建立起对应关系。

2.当事人主张和争议的事实。并不是所有的待决案件事实都需要证据证明，而是当事人主张和争议的事实才能成为证明对象。当事人不主张和没有争议的事实，无需证明。证明对象往往根据当事人主张和辩论的范围而确定。

二、证明对象的范围

民事诉讼中的证明对象主要是有法律意义的事实，同时，法律法规和经验法则都可以作为证明对象。

（一）事实

根据不同的标准，对作为证明对象的事实可以作不同的分类。

1. 实体法律事实和程序法律事实

实体法律事实包括：其一，当事人之间产生权利义务关系的法律事实；其二，当事人之间变更权利义务关系的法律事实；其三，当事人之间消灭权利义务关系的法律事实；其四，妨碍当事人权利行使、义务履行的法律事实；其五，当事人之间权利义务发生纠纷的法律事实。如是否构成侵权的事实，一方主张赔偿另一方不同意赔偿的事实等。具体案件中，作为证明对象的实体法律事实往往是由原告的诉讼请求而定，并根据被告积极的抗辩对实体证明对象予以调整和补充。

具有程序意义上的事实，虽然不直接涉及当事人的实体权利，但对当事人的实体权利和对诉讼程序会发生很大的影响，能够产生诉讼法上的效果。比如，关于当事人是否适格的事实，关系到当事人是否能参加诉讼；关于法院是否有管辖权的事实，关系到受诉法院能否对该案件进行审判；关于某一审判人员是否具有回避情形的事实，关系到该审判人员是否能参加该案件的审理；关于当事人耽误上诉期间理由是否正当的事实，关系到当事人上诉权是否能继续行使等等。

2. 主要事实、间接事实和辅助事实

构成法律要件的事实称为"主要事实"；证明主要事实的事实称为"间接事实"；用于证明证据能力或证据力的事实称为"辅助事实"。根据现代民事诉讼的要求，当事人没有提出的权利主张，法院不能进行审理和裁判，当事人没有主张该法律要件事实的，法院没有义务加以证明。法院不得将没有出现在当事人辩论中的主要事实作为裁判依据。但间接事实和辅助事实不受此限制，即使当事人没有对此加以陈述，法院也可以将其作为裁判的依据。因为间接事实和辅助事实是判断主要事实的手段，处于与证据同等的地位，其存在与否由法官判断。

（二）有关外国的法律法规的事实

法院要作出裁判，要从事实和法律适用两个方面进行。对于国内法，应遵从"法官知悉法律"的原则，当事人不承担证明的义务；即使不知，也可以依职权进行调查了解。因此，一般情况下，案件所适用的法律是否存在及其内容，并不需要当事人加以证明。但对外国法法官则未必了解，因此就需要当事人对此加以证明。

（三）经验法则

经验法则，是指人们从生活经验中归纳获得的关于事物因果关系或属性状态的法则或知识。经验法则既包括一般人日常生活所归纳的常识，也包括某些专门性的知识，如科学、技术、艺术、商贸等方面的知识。不仅人们在生活中会运用经验法则进行逻辑推理判断，在审理案件中，法官也要运用经验法则进行裁判。关于经验法则是否属于证明的对象，不能一概而论。日常生活领域内的经验法则，为一般人所知晓，无需证明；不为一般人所知晓的专门知识领域的经验法则应当加以证明，成为证明对象。

三、证明标准概说

(一)证明标准的概念

证明标准是指承担证明责任的人提供证据对案件事实加以证明所要达到的证明程度。诉讼中,当当事人提供的证据达到了证明标准,就意味着当事人完成了证明责任,他提出的主张就会成立;相反,如果待证事实没有达到证明标准时,该待证事实就处于真伪不明的状态,他的主张将不会成立。

(二)证明标准的意义

证明标准在诉讼过程中具有重要的意义,它是诉讼证明活动的方向和准绳,指导当事人和事实认定者实施正确的诉讼行为。具体表现在以下几个方面:

第一,证明标准是当事人履行证明责任的方向标,凭借证明标准的指引,当事人知道何时应当举证,何时可以暂停举证;对方当事人也可以知道何时应该提供相反的证据进行反驳,何时可以停止举证性的反驳,而等待负有证明责任的当事人继续提供证据。

第二,证明标准是事实认定者决定事实能否认定的行为准则。根据当事人提供的证据,如果事实认定者认为这些证据对待证事实的证明达到了证明标准,则认定该事实为真;反之,如果证明责任承担者提供的证据未能满足证明标准,则认定该事实为伪。事实的真伪,就在于与证明标准是否吻合。

四、医事诉讼证明标准

医事诉讼的证明标准与我国民事诉讼的证明标准一致。我国民事诉讼法没有对证明标准作出直接的规定,而是通过我国民事诉讼司法解释确立了法律真实的证明观念,也确立了高度盖然性的证明标准。

所谓法律真实,是指裁判人员运用证据认定的案件事实达到了法律所规定的视为真实的标准,在诉讼证明的过程中,法官运用证据、逻辑推理和经验法则,对案件事实的认定即符合法律真实要求的实体法和程序法的规定,达到从法律的角度认为是真实的程度。

最高法院《关于民事诉讼证据的若干规定》第 63 条:“人民法院应当以证据能够证明的案件事实为依据依法作出裁判”。也就是说,本案所能运用的所有证据所证明的案件事实是什么,裁判就怎么认定。在没有证据的情况下,根据举证责任下裁判。这一规定明确了“法律真实”的证明要求。

在诉讼中,当事人对自己主张的事实举证,如果原告举证证明了自己主张的事实，举证义务就转移给对方当事人。对方当事人也举证证明自己的反驳意见。如果每一方都不能充分证明自己主张的事实，那么法官要面对两个问题：第一，在一方提供证据的证明力明显大于另一方提供证据的证明力时，如何裁判？第二，在一方提供证据的证明力不能明显大于另一方提供证据的证明力时，法官应当判决哪一方承担败诉的后果？这就是证明标准要解决的问题。最高法院《关于民事诉讼证据的若干规定》第 73 条规定："双方当事人对同一事实分别举出相反的证据，但都没有足够的依据否定对方证据的，人民法院应当结合案件情况，判断一方提供证据的证明力是否明显大于另一方提供证据的证明力，并对证明力较大的证据予以确认。因证据的证明力无法判断导致争议事实难以认定的，人民法院应当依据举证责任分配的规则作出裁判。"

由此可见，该司法解释也把"优势证据"或者高度盖然性作为民事诉讼证明标准，体现了诉讼证明的形式化特点。

第三节　医事诉讼举证责任

一、举证责任概述

（一）概念

举证责任也称为证明责任，是司法机关或者当事人收集或者提供证据证明主张的案件事实成立或者有利于自己的主张的责任，否则，将承担其主张不能成立的危险。

举证责任的概念早在罗马法时代就已经出现，它最早的含义是指主观举证责任，即当事人负有提供证据证明其主张的事实存在的责任。如罗马法中"原告不举证证明，被告即获胜诉"，以及我国《民事诉讼法》第 64 条"谁主张，谁举证"的原则。主观举证责任是从当事人举证活动的角度进行分析，反映了举证责任的诉讼内容。但是它不能解决当事人对其主张已提供证据，但事实仍然真实不明时，法官应如何裁决的问题。1883 年，德国法学家首先提出客观举证责任的概念，指在事实真伪不明时，由承担举证责任的一方当事人承担不利诉讼的后果。举证责任的这一含义从争议事实处于真伪不明时法官如何适用实体法的角度进行分析，反映了举证责任的实质。目前，举证责任包括主观责任与客观责任的观点已为各国司法界普遍接受。[①]

①陈志华主编. 医疗纠纷案件律师事务. 北京：法律出版社，2007 年，第 149 页。

我国于 2002 年 4 月 1 日起施行的最高人民法院《关于民事诉讼证据的若干规定》第二条规定:"当事人对自己提出的诉讼请求所依据的事实或者反驳对方诉讼请求所依据的事实有责任提供证据加以证明。没有证据或者证据不足以证明当事人的事实主张的,由负有举证责任的当事人承担不利后果。"这一规定第一次以司法解释的形式明确肯定了民事举证责任的双重含义,弥补了我国《民事诉讼法》第 64 条仅规定主观责任的不足。

(二)对举证责任概念的理解

1. 举证责任既包括举证行为,也包括可能承担不利的诉讼后果,这种后果只在作为裁判基础的主要事实真伪不明时才发生作用。客观证明责任由哪一方当事人承担,是由法律规范预先确定的,客观证明责任在诉讼中不存在原告被告之间相互转移问题。

2. 真伪不明是举证责任发生的前提。如果作为裁判基础的事实是确定的,就不会发生承担证明责任的后果。真伪不明是一种状态,是指因为当事人没有证据或者有证据但不能证明到使法官能够确信该待证事实存在与否的状态。在无法确定作为裁判基础的事实存在与否的时候,法官就要考虑根据法律规定应当由谁来承担因为该事实不明所带来的不利后果。因此,举证责任的重要作用之一就在于当事实真伪不明时指导法院如何作出裁判。

3. 真伪不明的事实是指作为裁判依据的主要事实,不涉及间接事实和辅助事实。因为法院只要对主要事实的存在与否作出认定,就能够决定是否适用实体法规,进而作出裁判,就不会发生真伪不明的情形。

4. 法院不是举证责任承担的主体,举证责任是对当事人的一种不利后果。而且,在针对单一诉讼请求时,举证责任只能由一方当事人承担,而不可能由双方当事人各自承担。因为法院在真伪不明时,只能作出一种裁判,要么对原告不利,要么对被告不利,这种不利是无法由双方当事人分担或者共担的。

5. 举证责任不同于主张责任。主张责任是指当事人提出有利于自己的事实的责任。如果当事人没有向法院提出对自己有利的事实就可能承担的不利后果。主张责任不是一种基于对某主要事实不能证明所要承担的不利后果。主张责任的意义是,促使当事人主张有利于自己的事实,否则法院也就无法知道该事实存在,也就不能将该事实作为裁判的依据,从而导致没有主张的当事人承担不利的后果。

二、举证责任的分配

(一)概念

举证责任分配的含义是:法院在诉讼中按照一定规范或标准,将事实真伪不明时所要承担的不利后果在双方当事人之间进行划分，使原告对其中一部分事实负有举证责任，被告对另一部分事实承担举证责任。举证责任的分配是证明责任制度的核心。

（二）关于举证责任分配的学说

举证责任之所以受到古罗马法学家的重视，是要解决两个问题：第一，当作为裁判基础的重要案件事实发生争议时，应当由哪一方当事人首先提供证据加以证明；二，在争议事实缺乏必要的证据而能以认定时，应判决哪一方当事人败诉。这些问题在任何社会的司法实践中都会遇到。近现代各国学者阐发了罗马法学家的观点，提出了许多证明责任学说，这些学说大体上可以分为三种类型：待证事实分类说、法律要件分类说和新学说。

1. 待证事实分类说

将待证事实的不同性质进行分类归纳形成待证事实分类说，其代表性的学说有：一是消极事实说。该学说把待证事实分为消极事实和积极事实，认为主张消极事实的人，就该事实不负证明责任。二是外界事实说。该说依据事实能否通过人的五官从外部加以观察，将待证事实区分为外界事实和内界事实。该说认为外界事实易于证明，所以主张的人应负证明责任；主张内界事实的人，无法从外部直接感知，极难证明，所以主张的人不负证明责任。

2. 法律要件分类说

法院要判断当事人争议的法律关系是否存在时，必须先确定与该法律关系有关的各种法律事实，因为在成文法比较完备后，它常常确定了由双方当事人各自根据这些要件事实负证明责任的范围。法律要件分类说着重考虑待证事实作为法律构成要件中的地位，依据实体法规定的要件事实的不同性质来确定举证责任分配的规则。它与待证事实分类说的根本区别在于，它不是以事实本身的内容与性质作为分担证明责任的标准，而是着眼于事实与实体法的关系。

3. 关于证明责任分配的新学说

随着时间的推移，根据原来的学说似乎不能解决新出现的问题。为此，有些学者对举证责任分配学说进行了修正。比如就损害赔偿诉讼来说，德国理论和实务界出现了三种学说：

（1）危险领域说

危险领域指当事人于法律上或事实上能支配的生活领域范围。该学说依据待证事实属哪一方当事人控制的危险领域为标准，决定举证责任的分担。当损害发生的原因发生于加害人所控制的危险领域内的，被害人对加害人的故意过失不负举证责任。加害人要想免责，就必须对免责事由负举证责任。

(2)盖然性说

盖然性说主张依据待证事实发生的盖然性高低,以统计上的原则及例外情况为基础,适当地分配举证责任。根据生活经验和统计结果,对发生的盖然性高的事实,主张该事实的当事人不负举证责任,对方当事人应对没有发生该事实负举证责任。因为在事实不明而当事人又无法举证的情况下,法院认定发生盖然性高的事实远比认定发生盖然性低的事实能接近事实而避免误判。在举证责任分配的设计上,如果一方当事人主张发生盖然性较低的事实,那么就由他负举证责任。

(3)损害归属说

该学说是德国学者瓦伦·多尔夫于1970年提出的。他主张以实体法确定的责任归属或损害归属原则为分担举证责任的标准。即通过对实体法条文进行对比、分析,寻找出实体法关于某一问题的损害归责原则,然后由依实体法应承担责任的一方负举证责任。举证责任的归属应当与实体法上的损害归属相一致,否则,实体法的立法宗旨就无法实现。他还认为,举证责任应依据公平正义这一最高的法律原则进行分配。

无论是哪一种新学说,都涉及对举证责任分配的价值考量,举证责任分配系以公平正义为最基本的价值准则。法律要件分类说是与近代民法的公平正义观念相适应的,充满着法律形式主义的理想;而上世纪60年代以来的举证责任分配新学说,却是为克服"规范说"的形式主义而提出来的,带有现代民法追求实质公正的价值取向。新学说关于举证责任分配标准都是实质性的,它们既希望为立法者提供实体性的价值指引,从而达成实体一般公正;也希望能为司法者处理案件时提供所考虑因素,从而促进个案公正。

(三)我国关于举证责任的立法规定

1.我国举证责任的一般分配原则

我国《民事诉讼法》第64条第1款的规定,当事人对自己提出的主张,有责任提供证据。简言之,就是"谁主张,谁举证"。虽然该规范过于含糊和笼统,没有明确以哪一种证明责任分配学说来指导司法实践,但由于司法实践中的职权主义因素,立法对法官调查证据和查明客观真实有严格的要求,很少出现根据举证责任分配下裁判的情形。进行审判改革后,法院强调当事人提出证据的义务,法官逐渐减少职权调查证据。但是,必须将促进当事人举证和不履行举证义务和承担败诉的风险联系起来。所以,需要根据理论或立法来分配当事人举证不能时谁承担败诉的风险。由于我国受成文法传统的影响较深,理论和实务界普遍赞同运用法律要件分类学说来处理举证责任的分配问题。最高人民法院《关于民事诉讼证据的若干规定》第2条规定,"当事人对自己提出的诉讼请求所依据的事实或者反驳对方诉讼请求所依据的事实有责任提供证据加以证明。没有证据或者证据不足以证明当事人的事实主张的，由负有举证责任的当事人承担不利后果。"该规定和其他相关规定一起，明确了我国以法律要件分类说为基础来确定证明责任分配的思路。

2. 我国证明责任分配的补充规则

最高人民法院《关于民事诉讼证据的若干规定》借鉴了"法律要件分类说"理论，同时也考虑了具体某些案件和特殊情况下证明责任分配的特殊性，作为我国证明责任分配的补充规则。包括证明责任分配的倒置、推定、证明妨碍等规则。举证责任的分配应当考虑其公平性。现代社会越来越重视对处于弱势地位的受害者或消费者的保护。例如，在大工业生产流通领域或危险领域发生的侵权事件中，原告主张的事实往往无法提出证据证明或难以证明，让原告承担举证责任，原告就无法获得赔偿救济。所以，当事人双方证明待证事实的难易、距离证据的远近以及待证事实发生的盖然性高低，在分配举证责任时都必须加以考虑。而举证责任分配的倒置就是解决这一问题的方案。

举证责任分配的倒置，是法律直接规定主张有利于自己的事实者不负担举证责任，而由对方当事人承担举证责任；对方当事人在不能履行证明义务时，将承担败诉的后果。举证责任倒置必须有法律的规定，在诉讼中法官不可以任意倒置证明责任分配。根据我国的法律和最高人民法院《关于民事诉讼证据的若干规定》第 4 条等司法解释，有五种情形属于证明责任倒置，其中包括："因医疗行为引起的侵权诉讼，由医疗机构就医疗行为与损害结果之间不存在因果关系及不存在医疗过错承担举证责任。"医疗侵权诉讼即是采用举证责任分配的特殊规则。

但是在适用举证责任分配倒置时，应当注意以下几点：

第一，举证责任分配的倒置并非将原告主张的要件事实的证明责任全部转给被告，而是将加害人的过错或者行为和结果之间的因果关系等要件事实的证明责任予以倒置。未被倒置的事实仍然由受害人加以证明。值得注意的是，因医疗行为引起的侵权诉讼，医疗机构必须同时证明医疗行为与损害结果之间不存在因果关系及不存在医疗过错这两个要件事实，方可免责。

第二，举证责任分配的倒置，是对法律要件分类说的补充。在我国，证明责任分配倒置的说法，是指主张有利于己的事实者不承担证明责任，实体法或者程序法明确规定转由对方当事人承担，它是针对主张有利于己的事实者应当承担证明责任而言的。

第三，我国举证责任分配倒置的说法，既涵盖了实体法上的无过错规则，也涵盖了推定过错的情形。证明责任倒置要求被告证明自己无过错的，对应于实体法中的过错推定；举证责任倒置要求被告证明其加害行为与损害后果之间不存在因果关系的，对应于实体法中的因果关系推定。在过错推定和因果关系推定的情况下，如加害人不能证明自己无过错或者证明因果关系不存在的，就要承担损害赔偿责任。

三、医疗侵权诉讼举证责任分配

(一)法律规定及法理依据

最高人民法院《关于民事诉讼证据的若干规定》第4条第1款第(8)项规定："因医疗行为引起的侵权诉讼，由医疗机构就医疗行为与损害结果之间不存在因果关系及不存在医疗过错承担举证责任。"对于这一规定，很多人错误地认为患方不需要承担任何举证责任。而事实是这一规定至少包含以下含义：

1.患者应当承担初步举证责任。在医疗侵权损害赔偿诉讼中，患者应当对其损害赔偿请求权的成立，负有初步的举证责任。即原告应当首先证明其与医疗机构间存在医疗服务合同关系，接受过被告医疗机构的诊断、治疗，并因此受到损害。如果患者不能对上述问题提供证据予以证明，其请求权是不能得到人民法院支持的。

2.举证责任是可以转移的。如果患者对损害赔偿请求权成立的证明达到了表见真实的程度，证明责任就向医疗机构转移。也就是说在这样的情况下，医疗机构应当提供证据反驳原告的诉讼请求，即医疗机构应当证明其医疗行为与损害结果之间不存在因果关系或者其医疗行为没有过错，这是合情合理的。如果医疗机构提不出具有合理说服力、足以使人信赖的证据，医疗机构就要承担败诉的结果。因此，从这种意义上讲，医疗侵权的举证责任并非倒置，而是举证责任转移的法律后果。

3.确定证明责任转移的依据。确定由医疗机构对不存在因果关系和不存在医疗过错承担证明责任，主要是基于以下三点考虑：首先，患者的医学知识非常有限，并且在其治疗过程中也是处于被动服从的地位；医疗机构则通过检查、化验等诊疗手段掌握和了解患者的生理、病理状况，制定治疗方案、熟悉治疗过程。如患者因手术治疗过错造成损害的，其在手术过程中一直处于麻醉的状态，对医疗过程是不可能知道的。因此，依据公平和诚信原则，应当由医疗机构承担举证责任。其次，按照举证责任的实质分配标准，举证责任应当由距离证据最近或者控制证据源的一方当事人负担。由于诊疗过程中的检查、化验等都是由医疗机构掌握，所以由其承担举证责任，符合举证责任分配的实质标准。再次，对因果关系和医疗过失的认定，涉及医学领域中的专门问题，一般都要通过鉴定才能认定。因此，在这样的情形下，医疗机构所需要做的，不过是申请鉴定、启动鉴定程序。这种意义上的"举证责任倒置"，对医疗机构而言没有过分加重其负担，也不会出现所谓"举证责任之所在，即败诉之所在"那样一种证明责任分配的风险。所以不必过分夸大"举证责任倒置"对案件的影响。[1]

(二)我国医疗侵权诉讼中的举证责任的分配

1. 患方的举证责任

尽管根据最高人民法院的司法解释,医疗侵权案件实行举证责任倒置,即由医疗机构就医疗行为与损害结果之间不存在因果关系及不存在医疗过错承担举证责任,但并不意味着患方不承担任何举证责任。在医疗侵权案件中,患方应就患者与医疗机构形成医疗服务合同关系及因医疗行为受到损害承担举证责任等。

(1)患方应证明医疗服务合同关系的存在。患方向医疗机构主张权利并要求其承担民事责任的前提条件,是患者曾在该医疗机构就诊,并与医疗机构之间形成医疗服务合同关系。

(2)患者应证明医疗损害后果的存在。医疗损害赔偿系基于患者生命健康受到损害的客观事实。损害事实的存在是确定医疗机构侵权责任的重要构成要件。如果医疗机构存在医疗过错,但并没有对患者的生命健康造成任何损害,则医疗机构不承担损害赔偿责任。

(3)患方应就赔偿请求承担举证责任。在医疗纠纷案件中,患方除应证明其与被告医疗机构存在医疗服务合同关系并因此受损后,还应就其赔偿请求承担举证责任。患方作为原告,应向法院提供证据,证明其各项赔偿请求的事实依据。对于该事项,实行"谁主张,谁举证"的举证规则。如果患方未能就其赔偿请求提供充分的证据,则其请求不会得到法院的支持。

2. 医方的举证责任

根据举证的难易和医疗行业的特殊性,根据最高人民法院司法解释的规定,在医疗侵权案件中,医疗机构要承担以下举证内容:(1)医疗机构不存在医疗过错(2)医疗行为与患者的损害后果之间没有因果关系。

根据《医疗事故处理条例》第 33 条规定:(1)在紧急情况下为抢救垂危患者生命而采取紧急医学措施造成不良后果的;(2)在医疗活动中由于患者病情异常或者患者体质特殊而发生医疗意外的;(3)在现有医学科学技术条件下,发生无法预料或者不能防范的不良后果的;(4)无过错输血感染造成不良后果的;(5)因患方原因延误诊疗导致不良后果的;(6)因不可抗力造成不良后果的。除以上不属于医疗事故的具体情形,均需要医疗机构承担举证责任。

根据《医疗事故处理条例》第 28 条规定,医疗机构在举证过程中需要提交的有关医疗事故技术鉴定的材料应当包括下列内容:(1)住院患者的病程记录、死亡病例

---

[1] 陈志华主编. 医疗纠纷案件律师事务. 北京:法律出版社,2007 年,第 150 页。

讨论记录、疑难病例讨论记录、会诊意见、上级医师查房记录等病历资料原件；(2)住院患者的住院志、体温单、医嘱单、化验单(检验报告)、医学影像检查资料、特殊检查同意书、手术同意书、手术及麻醉记录单、病理资料、护理记录等病历资料原件；(3)抢救急危患者，在规定时间内补记的病历资料原件；(4)封存保留的输液、注射用物品和血液、药物等实物，或者依法具有检验资格的检验机构对这些物品、实物作出的检验报告；(5)与医疗事故技术鉴定有关的其他材料。在医疗机构建有病历档案的门诊、急诊患者，其病历资料由医疗机构提供；没有在医疗机构建立病历档案的，由患者提供。医患双方应当依照本条例的规定提交相关材料。医疗机构无正当理由未依照本条例的规定如实提供相关材料，导致医疗事故技术鉴定不能进行的，应当承担责任。

四、医疗违约诉讼举证责任分配

(一)法理依据

医事诉讼除了按照医疗侵权诉讼模式处理外，还可以按照医疗违约诉讼模式进行处理。这是因为医患之间的关系本质上是一种医疗服务合同关系。作为合同关系，如果合同一方出现违约行为，如不履行合同或者履行合同义务不符合约定，那么违约方将承担相应的违约责任。履行合同义务不符合约定即不完全履行分为瑕疵给付和加害给付两大类。前者所侵害的是债权人对完全给付所具有的利益，即履行利益。后者是指因债务人的履行行为有瑕疵，使债权人的其他利益受到损害。我国多数学者认为在加害给付的情况下，应当允许受害人选择提起侵权之诉或是违约之诉，引发了违约责任与侵权责任的竞合。

根据《合同法》第122条明确规定："因当事人一方的违约行为，侵害对方人身、财产权益的，受损害方有权选择依照本法要求其承担违约责任或依照其他法律要求其承担侵权责任。"即权利人可以选择适用医疗违约之诉或医疗侵权之诉，这种情形在理论上称为责任竞合。当发生责任竞合时，权利人主张不同的责任，将发生不同的法律后果。在医疗纠纷案件中，当事人可以根据具体情况，适用哪种模式更有利，自行作出选择。

(二)患方的举证责任

根据最高人民法院《关于民事诉讼证据的若干规定》第5条规定："在合同纠纷案件中，主张合同关系成立并生效的一方当事人对合同订立和生效的事实承担举证责任。"在医疗服务合同中，医疗机构承担违约责任的前提条件是有效的医疗服务合同的成立。因此，患方应当首先证明其与医疗机构间存在医疗服务合同关系，合同关系成立。一般说来，在该医疗机构就诊的病历资料、缴费单据、诊断证明等均可作为证据证明医疗服务合同关系的成立。其次，患者应证明医疗损害后果的存在。医疗损害赔偿系基于患者生命健康受到损害的客观事实，如患者出现了死亡、伤残或其他损害后果，并引起了相应的医疗费、丧葬费等损失。当患者证明了以上两种事实时，即完成了初步举证责任。

（三）医方的举证责任

在医疗违约之诉中，医方承担的举证责任与侵权之诉中承担的举证责任并无本质区别。在医疗服务合同中，医疗机构承担责任的必要条件是医疗机构在履行医疗服务合同的过程中存在医疗违约行为，即不履行医疗合同或履行医疗合同义务不符合约定。但是，医疗服务合同并未对医疗机构的合同义务作出明确具体的约定，这实际上是将医疗机构的责任建立在违反默示协议的注意义务的基础上。而这些默示协议就是法律、法规和卫生部颁布的部门规章、操作常规和规范中规定的注意义务。因此，在判定医疗机构是否违约时，考察的因素和医疗侵权诉讼无异，仍然是医疗人员在诊疗过程中是否遵守法律、法规和卫生部颁布的部门规章、操作常规和规范中规定的注意义务，以及病人的损害后果是否由医疗机构的违约行为所引起。因此，在医疗违约诉讼中，医方需证明自己不存在医疗违约行为，即行为不存在过错，以及患者损害后果与医疗行为之间不存在因果关系。

第四节　医事诉讼证据规则探讨

一、医事诉讼证据规则概述

（一）概念

任何证明活动都必须遵循一定的规则，否则不能保障证明结果的正确性。证据规则正是司法证明活动所遵循的规则。其含义为：确认证据的范围、调整和约束证明行为的法律规范的总称。证据规则首先是确认证据范围的法律规范，即什么样的事实材料是证据以及划分标准。证据规则还包括调整证明行为的法律规范，即制作证据、调查收集证据、审查判断证据、履行举证责任四项内容。医事诉讼证据规则即在医事诉讼案件中，如何确认证据的范围、调整和约束证明行为的法律规范的总称。

（二）法律属性

1.具有强制效力

医事诉讼证据规则是当事人证明案件事实的行为规范，具有法律约束力。如果当事人不遵守证据规则，其行为构成违法行为，不能产生预期的法律效果，所收集的证据无效，所作出的裁判可能被撤销。如医务人员伪造病历或私自涂改病历的获取证据的行为，都是导致证据无效的行为。

2.具有明确的指导性

证据规则都是具体的操作规程，当事人可以直接从证据规则中得知自己应该如何操作。如在医疗纠纷案件中，双方应如何取证以及采纳证据时应注意的事项。

3.具有明显的程序性

证据规则总体上属于程序法的范畴，是诉讼过程中必不可少的一项内容。不遵循证据规则将会导致整个诉讼程序的失败。如违反诉讼规则通过欺诈胁迫等手段获取的证据，尽管在法庭上得以采纳，但是最终的结果仍然可能是判决无效。在遵循程序法的过程中，必须遵循证据规则。

二、我国医事诉讼证据规则相关内容

(一)关于医事诉讼的证据能力与证明力问题

《中华人民共和国民事诉讼法》(下称《民事诉讼法》)第64条规定，“当事人对自己提出的主张，有责任提供证据”；第63条规定了诉讼证据种类有“书证、物证、视听资料、证人证言、当事人陈述、鉴定结论、勘验笔录”。医疗纠纷处理中的证据种类与其他民事诉讼的证据一样，也是有七种形式。

当然，并不是符合上述证据形式就一定能作为证据。《民事诉讼法》第63条规定：“以上证据必须查证属实，才能作为认定事实的根据。”审查、判断证据的重心实际上就是通过对个别证据和案件所有的证据审查，提示其本质的内容。审查、判断个别证据最基本的任务有两方面的内容：一是鉴别其真伪，去伪存真，它是解决证据的客观性、真实性问题；二是从其与案件事实之间是否存在某种联系，存在什么样的联系，判断其是否具有可证性及其证明力大小，它是解决证据的关联性及其实际的证明作用问题。同时，还要保证这些证据的取得方式的合法性。

在医疗纠纷中最常用的证据是病历、证人证言、鉴定结论。下面分别就三种证据形式在医疗诉讼实务中存在的问题进行分析。

1.病历

病历是医务人员记录疾病的诊疗过程的文件，并客观地、完整地、连续不断地记录了病人的病情变化及诊疗经过与结果。因此病历书写是伴随着疾病的诊断与治疗过程而形成的，也是医学科学的档案。在医疗纠纷的诉讼中，病历资料既可证明医患之间诊疗关系的客观存在，又可证明整个医疗行为的客观过程，可见病历资料的证明作用是十分明显的。在医疗纠纷频发的今天，举证倒置的时代中，病历是法律上最可靠的证据，是病人是否受到伤害、伤害的程度和医务人员应承担何种法律责任的重要依据。根据《医疗事故处理条例》规定，病历资料可分为两大类：客观性病历资料和主观性病历资料。客观性病历资料是指记录患者的症状、体征、病史、辅助检查结果、医嘱等客观情况的资料，还包括患者进行手术、特殊检查及其他特殊治疗时向患者交代情况、患者及近亲属签字的医学文书资料；主观性病历资料是指医疗活动过程中医务人员通过对患者病情发展、治疗过程进行观察、分析、讨论并提出诊治意见等而记录的资料，多反映医务人员对患者疾病及其诊治情况的主观认识。《中华人民共和国执业医师法》第 23 条规定执业医师要按规定及时填写医学文书，当然包括病历。这是法律赋予医师的职责，从而使病历具有证据的合法性。病历是记录病人发病过程中接受检查、诊断治疗、护理及病情发展经过、转归等，因而病历具有证据的关联性。病历的记载必须是及时、客观、系统、完整，违反此项规定的当事人将受到严肃处理，因而病案具有证据的客观性。由于病历本身所具有的证据特征，使得它成为医疗纠纷诉讼中的证据，属于证据中的书证。

在医疗纠纷处理的活动中，我们认为，上述分析可以说明病历是医疗诉讼证据中的书证，而书证是应用的最广泛证据材料和证据。然而，病历只是医生对自己进行诊疗行为过程的记载，患者无法亲自参与或监督医生的诊疗行为，并且病历上记载的是医学上专业术语，非医务工作者或本专科人员无法看懂，也就无法对病历记载的真实性进行审查。另一方面，除非医生故意违规操作，否则他就不可能将自己都没有意识到的操作失误如实记载。比如说医生手术时把纱布留在患者体内，他就不可能在病历上记载这一自己都没有发现的操作失误。因此，病历记载的准确性在很大程度上取决于医生主观判断，其准确性是不确定的。所以它不具有完全意义的反映客观事实的真实性。另《医疗事故处理条例》规定发生医疗事故时患者有权复印和复制客观性病历资料，但主观性病历资料是不能复印和复制的。但是绝大多数病案材料由医疗单位保管，而一些医疗单位对所属的肇事医务人员采取袒护的态度，不太情愿及时、全面地提供各种同案件有关的病历材料，特别是那些不利于当事医务人员的材料，甚至有个别人擅自涂改，伪造病历记录。但从病历资料的诉讼法属性而言，其属于书证的一种，书证的证据效力体现在，一是书证本身是真实的，二是书证所表达的内容对待证事实能够起到证明作用。

2. 鉴定结论

医疗纠纷中的鉴定结论，是指鉴定人运用自己的专业知识和行业经验对案件中某些专门性的问题作出的分析，并提出的结论性意见。医鉴会鉴定结论是指各级医学会组织医疗事故技术鉴定组按当事人或法院的委托，对争议的诊疗护理活动进行分析，从而作出的是否属于医疗事故或哪一级事故的结论性意见。根据《医疗事故处理条理》，医疗事故鉴定机构将由医疗鉴定委员会改为医学会。这一改变并没有从制度上改变“自我鉴定”的模式。中华医学会虽然是学术性团体，但由于绝大部分医疗从业人员均隶属于行政系统，医学会的成员和行政体制内的成员两者具有相当程度利益上的一致性。其次，中国医学会的组成也带有强烈的行政色彩。各大医院医生互相鉴定医疗事故，外界常常有“暗箱操作、院院相护”的质疑。尽管不是同一个医院的专家，但是仍然是“一家人”。难怪有人说，这等于由过去的“老子”鉴定“儿子”，变成了现在的“兄弟们”相互鉴定，今天我来鉴定你，不排除明天你又来鉴定我了。这样的鉴定机构得出的鉴定结论，的确存在着难以信服的问题。由具有行业倾向和行业利益要求的医学会来组织鉴定，就显得不合适，也违背法治所要求的裁判的公平原则。主观性病历资料在医疗事故技术鉴定中对判定医疗行为是否属于医疗事故以及责任程度具有重要作用。而主观性病历资料是不能复印和复制的，有违证据客观性的属性要求。

鉴定结论不是审判依据，而是证据之一。所以就必须进行质证，鉴定人出庭接受质询是法律的明确要求。《民事诉讼法》第一百二十五条规定：“当事人经法庭许可，可以向鉴定人发问。”最高人民法院《关于民事诉讼证据的若干规定》第五十九条也明确规定：“鉴定人应当出庭接受当事人的质询。”医疗诉讼实践中经常遇到的问题是没有具体的鉴定人员署名，进而影响到法庭庭审质证的正常进行。鉴定人不出庭就无法对鉴定结论的科学性和真实性作出说明，这将容易导致当事人对鉴定结论的公正性和鉴定结论的科学性产生怀疑，从而对司法的公正性造成消极影响。笔者认为如果未经庭审质证，不得作为定案证据，否则就会剥夺相对方当事人质证的权利，违背正当程序的价值理念。

3. 证人证言

证人就是由于了解案件的真实情况，依法被人民法院传唤作证的人。证人对案件事实所作的陈述为证人证言。

证人证言作为一种证据，必须是证人亲眼看到或亲耳听到的，臆想推测的、道听途说的、未来预见的等等，都不能作为证人的证言。

在医疗诉讼中，证人证言主要有二类，一类是医学专家对有关学术问题所发表的意见，即专家证言；另一类是对争议事实、过程知情者就有关事实所作的陈述，知情者包括：医生、护士、工勤人员、病人陪护、其他病人及陪护等。专家证言是指争议发生后，医患双方向本专业和相关专业的专家、学术权威就有关争议问题进行请教，专家提出的专业意见即是专家证言。专家证言的意见，应是本专业的国内外学者对该争议问题的普遍认识，最好是确定性的认识，如果尚没有确定性认识，则应是大多数专家的看法，这样的专家证言才具有较强的证明效力。但由于职业共同利益的考虑，医疗专家不愿意在公开场合作出对医院不利的证言。另专家证人是由当事人聘请，其一般会提供有利于当事人的证言，因而存在带来不公的可能性。

关于第二类证人证言，在举证过程中应注意以下问题：1. 每个证人所作的陈述，内容应客观、真实，具有逻辑性，前后不存在矛盾；2. 不同证人之间的陈述能相互照应，不存在大的出入；3. 陈述的内容主要是对事件发生经过的客观描述，不应带有主观评价；4. 提供证言的人应具备相应的民事行为能力。但从严格意义上来讲，证人证言应作为一种间接证据来对待，其证明效力应低于书证、物证、鉴定结论、勘验笔录的证明力，因为其证明的事实是通过当事人外的第三人所反映的，且易受外部环境及人为因素的影响，因此证人证言应从多方考察，庭审中应与其他证据相印证后方可采信。

(二)关于举证的规则

1. 举证责任。根据我国的法律和最高人民法院《关于民事诉讼证据的若干规定》第 4 条等司法解释，有五种情形属于证明责任倒置，其中包括："因医疗行为引起的侵权诉讼，由医疗机构就医疗行为与损害结果之间不存在因果关系及不存在医疗过错承担举证责任。"医疗侵权诉讼即是采用举证责任分配的特殊规则。

2. 举证期限及逾期举证后果

根据最高人民法院《关于民事诉讼证据的若干规定》第 33 条规定："人民法院应当在送达案件受理通知书和应诉通知书的同时向当事人送达举证通知书。举证通知书应当载明举证责任的分配原则与要求、可以向人民法院申请调查取证的情形、人民法院根据案件情况指定的举证期限以及逾期提供证据的法律后果。举证期限可以由当事人协商一致，并经人民法院认可。由人民法院指定举证期限的，指定的期限不得少于三十日，自当事人收到案件受理通知书和应诉通知书的次日起计算。"同时第 34 条规定："当事人应当在举证期限内向人民法院提交证据材料，当事人在举证期限内不提交的，视为放弃举证权利。对于当事人逾期提交的证据材料，人民法院审理时不组织质证。但对方当事人同意质证的除外。"医事诉讼应遵循以上规定。

思考题

1. 医事诉讼证明的特征是什么？
2. 医疗侵权诉讼的医方举证责任是什么？
3. 医事诉讼常见的证据有哪些？
4. 医事诉讼中应用病历应当遵守哪些证据规则？

第九章 诉讼保障制度

内容提要

医事程序的运作，一般表现为医事当事人的起诉和应诉、举证、辩论，法院的受理、审理、职权调查核实证据和判决等环节，一审、二审和再审程序都是如此。但程序进行的过程中还常常需要其他一些制度作为保障，使程序能够顺利启动和顺利进行，这就是医事诉讼程序中的保障制度。它主要包括期间和送达、财产保全、先予执行、对妨害诉讼的强制措施以及诉讼费用的收取和司法援助等等。

第一节 期间和送达

一、期间

(一)期间的概念及意义

期间是指人民法院、当事人或其他诉讼参加人各自完成某项诉讼行为的期限。

医事程序中的期间与民事诉讼法中的期间是一致。期间主要是对当事人及其他诉讼参加人实施诉讼行为的时间要求，也是对法院进行审判活动的时间要求。程序法确立期间制度的目的，对于当事人及其他诉讼参加人而言，在于为他们实施诉讼行为提供时间上的保障，同时也是督促他们及时行使诉讼权利、履行诉讼义务的功能预设；对于法院而言，则在于保证并督促其及时审理案件，提高审判效率，避免争讼中的民事法律关系长期处于不确定状态，以保护当事人的合法权益。

(二)期间的种类

根据我国的《民事诉讼法》第 75 条第 1 款和《证据规定》第 33 条第 2 款的规定，民事诉讼的期间包括法定期间、指定期间和约定期间。

1.法定期间

法定期间是指由法律明确规定的诉讼期间。就我国而言，法定期间的种类繁多，例如立案期间、提出答辩状期间、公告期间、各类案件的审结期间等等。在法定期间内的任何时候，都可以实施相关诉讼行为，也只有在法定期间内所进行或完成的诉讼行为才是有效的诉讼行为，可以产生相应的诉讼上的法律效果。

对于法定期间，除法律另有规定外，受诉法院不得依职权或依当事人、其他诉讼参加人的申请而予以变更。因此，法定期间又被称为不变期间，具有较强的适用刚性，必须严加遵守。所谓法律另有规定，是指法律针对诉讼中的某些特殊情况对法定期间所作的调节性规定。例如，我国《民事诉讼法》第 135 条规定：人民法院适用普通程序审理案件，应当在立案之日起 6 个月内审结。有特殊情况需要延长的，由本院院长批准，可以延长 6 个月；还需要延长的，报请上级人民法院批准。

2. 指定期间

指定期间是指人民法院依职权指定诉讼参与人进行某种诉讼行为的期限。指定期间的特点是，法院可以确定期间的长短及延展，同时法院也可以变更，所以，指定期间都是可变期间。如法院指定当事人期限补正起诉状中的欠缺，或指定举证时限，就属于指定期间。

指定期间是法律赋予法院的一项权利，该权利的行使既不能超越法律允许的期间范围，更不能与法定期间相冲突。同时，指定期间要明确而具体，指定期间长短应与实施行为的难易程度相适应，既不能过长，也不能太短。期间一经指定，就不能轻易变动，否则会使当事人或其他诉讼参与人无所适从。

3. 约定期间

约定期间是指根据法律或司法解释所确立的约定机制，由各方当事人协商一致，并经受诉法院认可的诉讼期间。我国的《民事诉讼法》并未明确规定约定期间，但是，我国的《证据规则》第 33 条第 2 款，对约定期间给予了明确规定，即"举证期间可以由当事人协商一致，并经法院认可。"其实，从实现诉讼民主的应然价值来看，我国的民事诉讼应坚持以法定期间为原则的前提下，适当缩小指定期间的范围而相应扩大约定期间的适用场所。

(三) 期间的计算

诉讼是在一定的期间内进行。期间的起止，关系到法院职权和职责的实现，关系到当事人、其他诉讼参与人诉讼权利的行使，关系到当事人实体权益的保护与实现。为了维护诉讼秩序，维护当事人及其他诉讼参与人的诉讼权利，期间的计算是个重要问题。

1. 计算期间的单位

期间的计算单位是时、日、月、年，何种诉讼活动以时或日或月或年为计算标准，则根据法律规定或法院指定的内容来确定。

2. 计算期间的方法

(1)期间开始的时和日不计算在期间内。无论是法定期间还是指定期间，期间的开始的时和日，不计算在期间内，而从下一个小时或从次日起算。如民事诉讼法规定，人民法院采取诉讼中财产保全措施，在接受当事人的申请后，情况紧急的，应当在48小时内作出裁定，并开始执行。如果当事人提出申请是在某日的10时，那么计算这一期间时，就应当从该日的11时开始计算。如当事人不服第一审人民法院判决，提起上诉的期间为15日，期间的计算就应当从判决书送达的次日开始起算。

期间以月计算，则不分大月、小月；以年计算的，不分平年、闰年。以月计算的，期间届满的日期，应当是届满那个月的最后一天。如，在一起宣告失踪的案件中，人民法院于2000年3月31日公告寻找下落不明人，公告期间为3个月，公告届满日期是2000年6月30日。在该日期下落不明人还未出现的，人民法院可以判决宣告下落不明人失踪。

(2)期间届满的最后一日是节假日，以节假日后的第一日为期间届满的日期。例如，当事人不服判决的上诉期为15日，若第15日正好是星期天，那么就应该以星期天的次日为期间届满日的日期。期间届满的最后一日虽然是节假日，但节假日有变通规定的，应当以实际休假的次日为期间届满的最后一日。

(3)期间不包括在途时间，诉讼文书在期满前交邮的，不算过期。在途时间，是指人民法院通过邮寄送达的诉讼文书，或当事人通过邮寄递交的诉讼文书，在途中所用去的时间。确定期满前是否交邮，应当以邮局的邮戳为准，只有邮戳上的时间证明在期间届满前，当事人或人民法院已将需邮寄的诉讼文书交付邮局，就不算过期。

(四)期间的耽误及补救

期间的耽误，是指当事人及其诉讼代理人在法律规定或人民法院指定的时间内，没有完成应当进行的诉讼行为。

由于延误的原因不同，期间耽误的法律后果也有所不同。由于当事人或诉讼代理人主观上的故意或过失，导致了期间的耽误，其直接后果是当事人失去了在规定的期间内行使某种权利的机会。如果由于客观上不可抗拒的事由或其他正当理由造成了期间的耽误，法律上则给予补救的机会。《民事诉讼法》第76条规定，当事人因不可抗拒的事由或其他正当理由耽误期限的，在障碍消除后的10日内，可以申请顺延期限。客观上不可抗拒的事由，是指在当时的条件下，当事人无法预测，也不可避免的事实和理由。如洪水造成的交通中断，战争爆发等等，使当时无法进行诉讼行为。其他正当理由，指除了客观上不可抗拒的事由之外，不可归责于当事人的其他客观情况。应当注意,顺延期限是把耽误的诉讼期间如实的补上去,不是重新开始计算。根据民事诉讼法的规定,当事人申请顺延期限,是否准许,由人民法院决定。

二、送达

(一)送达的概念、特点和意义

送达,是指人民法院依照法律规定的程序和方式,将诉讼文书送交当事人或者其他诉讼参与人的行为。

送达是人民法院单方实施的诉讼行为,对人民法院与当事人、其他诉讼参与人之间的诉讼法律关系的发生、变更和消灭有重大意义。

送达的特点是:第一,送达的主体是法院。当事人或者其他诉讼参与人向人民法院递交诉讼文书,不能称其为送达。

第二,送达的对象是当事人或其他诉讼参与人。当事人和其他诉讼参与人之间、法院之间相互传递材料以及法院对其他单位或个人发送材料,都不是送达。

第三,送达的内容是各种诉讼文书,如起诉状副本、开庭通知书、判决书、裁定书等。

第四,送达必须按法定的程序和方式进行。

执行送达任务,向当事人及其他诉讼参与人履行送达义务的人,为送达人;接受法院送达的诉讼文书的当事人或其他诉讼参与人,为受送达人。依法将诉讼文书交给受送达人的方法,称为送达方式。

诉讼文书一经送达,就会产生一定的法律后果。当事人及其他诉讼参与人可以在规定的期间内引起某种诉讼权利,履行某种诉讼义务。否则,就可能丧失进行该项诉讼行为的权利,或者要承担法律规定的后果。例如,一审法院判决送达当事人后,当事人有权在收到判决书后15天内提起上诉;调解书送达双方当事人有权申请执行。因此,规范送达行为和送达方式,对于保障当事人和其他诉讼参与人的合法权利,保证诉讼活动的顺利进行具有重要意义。

(二)送达方式

1. 直接送达

直接送达,是执行送达任务的司法警察或者书记员将应当送达的诉讼文书,直接交付给受送达人签收的送达方式。受送达人在送达回证上签收日期即送达日期。诉讼文书以直接送达为原则,直接送达是最基本的送达方式。

2. 留置送达

留置送达,是指受送达人拒收诉讼文书时,送达人把诉讼文书留在受送达人住处的送达方式。留置送达与直接送达具有同等的效力。根据民事诉讼法的规定，受送达人或他的同住成年家属拒绝接受诉讼文书时，送达人应当邀请有关基层组织或其他单位的代表到场，说明情况，在送达回证上记明拒收事由和日期，由送达人、见证人签名或盖章，将诉讼文书留在受送达人的住处，即视为送达。

3. 委托送达

委托送达是指受诉法院直接送达诉讼文书有困难时，委托其他人民法院代为送达的送达方式。《民事诉讼适用意见》第 86 条的规定，委托其他人民法院代为送达的，委托法院应当出具委托函，并附需要送达的诉讼文书和送达回证。受送达人在送达回证上签收的日期为送达日期。

4. 邮寄送达

邮寄送达是指人民法院将需要送达的诉讼文书通过邮寄以挂号形式邮寄给受送达人的送达方式。邮寄送达和委托送达之间是平行选择关系，它们的适用前提都是受诉法院“直接送达诉讼文书有困难”，因此受诉法院既可以选择委托送达，也可以选择邮寄送达，而且在审判实践中大多选择邮寄送达。邮寄送达是以挂号信回执上注明的收件日期为送达日期。

5. 公告送达

公告送达是指在受送达人下落不明或用上述方法无法送达的情况下所采用的一种特殊送达方式。公告送达可以在法院的公告栏、受送达人原住所地张贴，也可以在报纸上刊登。自公告发出次日起，经过 60 日，即视为送达。

(三)送达的效力

1. 送达的效力

送达的效力是指人民法院依法将诉讼文书送达给受送达人后所产生的相应法律后果。送达的效力因诉讼文书种类的不同而产生以下几个方面的效力：

(1)受送达人实施有关诉讼行为、行使诉讼权利、履行诉讼义务的起始日期得以确定。比如，起诉状副本的送达，导致被告提出答辩状的 15 日期限开始计算。

(2)受送达人接受送达的诉讼文书后，若未依法律规定或诉讼文书的要求实施一定的诉讼行为，将承担程序法上的相应后果。比如，受诉法院依法向原告送达传票后，若无其他正当理由拒不到庭，即可按撤诉处理。

(3)引起某种诉讼法律关系的发生或消灭。比如，法院立案后，依法将起诉状副本送达给被告，即导致受诉法院与被告之间发生了民事诉讼法律关系。

(4)送达是某些诉讼文书发生法律效力的条件之一。比如，一审判决书依法送达后，若双方当事人均未在法定期限内提起上诉，判决书即发生法律效力。

第二节　诉讼费用和司法救助

一、诉讼费用

(一)诉讼费用概说

医事程序中的诉讼费用,是民事诉讼制度的组成部分。我国民事诉讼费用征收的法律依据主要有:现行民事诉讼法、最高人民法院《关于适用〈民诉法〉若干问题的意见》、1989 年的《人民法院诉讼收费办法》、《诉讼费用补充规定》以及 1999 年 10 月 1 日实行的《人民法院诉讼费用管理办法》等。

诉讼费用主要包括案件受理费和其他费用。案件受理费是指人民法院决定受理起诉时,按规定向当事人征收的费用,除法律另有规定外,原则上民事案件都要征收案件受理费。其他诉讼费用包括:

1. 勘验、鉴定、公告、翻译费;证人、鉴定人员出庭的交通费、住宿费、生活费和误工补贴费;

2. 保全申请费和实际支出;执行判决、仲裁和调解协议的费用;

3. 人民法院认为应当由当事人负担的其他费用。主要包括:第一,非财产案件当事人应当负担勘验、鉴定、公告、翻译所实际支出的费用;第二,财产案件和行政案件的当事人自行收集提供有关证据确有困难,法院认为有必要异地调查取证和异地调解本案时的差旅费。

诉讼费用制度具有以下意义:第一,可以减少国家的财政支出,并消除少数人进行诉讼而费用却由全社会负担的不合理现象。第二,有利于促使当事人严肃认真地行使诉讼权,防止滥诉、缠诉现象的发生。第三,有利于教育当事人自觉遵守法律,建立和完善防止纠纷发生的内部自我约束机制。第四,有利于维护国家的主权和经济利益。

(二)诉讼费用的征收

我国就民事案件分为非财产案件和财产案件两类,分别有不同的收费标准。

1. 非财产案件受理费的征收标准

非财产案件受理费原则上按件计征,具体数额由人民法院在法定幅度内收取。非财产案件中涉及财产部分的受理费依不同情况,分别计收。其他非财产案件每件交纳 50 元至 100 元。

2. 财产案件受理费的征收标准和计算方法

财产案件受理费的计算标准

原则上以诉讼争议金额的大小按比例递减收取。

争议金额的大小以当事人提出的诉讼请求为准。如果请求的金额与实际争议的金额不符,由人民法院来核定。

(三)诉讼费用的预交及负担原则

1. 起诉人、申请人预交诉讼费用

案件受理费、申请费、执行费均由起诉人、申请人预先向人民法院缴纳;在案件审结或者执行完毕后,依照法律规定最终确定负担多少、由谁负担。起诉人或者申请人预先负担原则,既便于操作又可预防当事人滥用起诉与申请执行的权利。诉讼费用的预交及不预交要产生诉讼上的后果。

(1)案件受理费的预交

一审案件受理费由原告在接到人民法院预交受理费通知书7日内预交;被告反诉的,应在反诉的同时预交。当事人在预交期内既未申请缓交又不预交的,按自动撤回起诉处理。

上诉案件受理费由上诉人向上诉人民法院递交上诉状时预交。双方当事人都上诉的,由双方当事人分别预交。上诉人在上诉期内未预交诉讼费用的,人民法院应当通知其预交。上诉人在接到人民法院预交案件受理费用通知后7日内既不预交又不申请缓交的,按自动撤回上诉处理。二审法院裁定发回重审的案件,原上诉人已缴纳的上诉案件受理费不予退还;重审后又上诉的,不再预交案件受理费。

(2)申请费的预交

申请费由申请人在提出申请的同时向人民法院预交。拒不预交的,视为未提出申请。

其他诉讼费用的预交由人民法院决定。

(3)诉讼费用预交的例外

第一,追索赡养费、抚养费、抚育费、抚恤金和劳动报酬的案件,原告可以不预交案件受理费;案件审结后,由败诉方负担。

第二,在代表人诉讼中,当事人预交案件受理费,案件审结后按诉讼标的额由败诉方交纳。

第三,在破产还债案件中,可以不预交案件受理费,破产费用最后从破产财产中拨付。

(4)诉讼费用预交的特殊情况

第一,移送。移送的案件,原受理人民法院应当将已预交诉讼费用随案移交接受案件的人民法院。

第二，在经济案件中，发现本案属于刑事案件而全案移送有关部门的，退还当事人已预交的诉讼费用；案件移送有关部门处理后，经济纠纷仍需按民事诉讼程序审理的，当事人已预交的诉讼费用不予退还。

第三，诉讼中止的，不退还案件受理费；恢复诉讼后，当事人不再预交案件受理费。

2. 败诉方最终负担诉讼费用的原则

(1)当事人一方败诉的，由败诉的一方当事人负担。败诉的一方当事人负担的，包括案件受理费、申请执行费、执行中实际支出的费用、申请采取财产保全措施的费用以及海商案件中的申请扣押船舶、留置货物、燃料的申请费。

(2)按比例负担。当事人双方都有责任的，由人民法院确定各自过错的大小，决定分担诉讼费用的比例。按比例负担是败诉方负担原则的当然要求。

(3)在共同诉讼中，共同诉讼人一方败诉的，由人民法院根据他们各自与诉讼标的的利害关系决定各自负担的具体数额。共同诉讼人因连带或不可分之债败诉的，对诉讼费用也负担连带责任。共同诉讼人中，如有专为自己利益的诉讼行为所支出的费用，则该当事人负担。

败诉方最终负担原则也有例外情况如离婚案件诉讼费用的负担，由人民法院根据具体情况决定；撤诉的案件，案件受理费由原告负担，减半收取；法院裁定不予以受理或裁定驳回起诉的，属于程序要件不具备，司法实践中减半收取案件受理费；其他诉讼费用，按实际支出收取；调解达成协议的案件，诉讼费用由当事人协商负担；协商不成的，由人民法院决定；由于当事人不正当的诉讼行为所支出的费用，由该当事人承担等等。

3. 第二审程序和再审程序中诉讼费用负担的特别规定

上述诉讼费用负担原则，适用于一审、二审和再审程序中。但是，由于二审和再审程序的特殊性，司法解释对二审和再审程序关于诉讼费用负担作了特别规定。

(1)第二审程序中诉讼费用负担的特别规定

①二审判决驳回上诉、维持原判的案件，诉讼费用由上诉人负担；双方都上诉的，由双方当事人负担；

②二审依法改判的案件，二审法院除确定二审诉讼费用以外，还应当改变一审法院关于诉讼费用负担的决定；

③二审调解达成协议的案件，对一审和二审诉讼费用的负担，由当事人协商；协商不成的，由二审人民法院一并作出决定。

(2)再审程序中诉讼费用负担的特别规定

①人民法院依职权提起的再审案件和人民检察院抗诉的再审案件，当事人不需

要交纳诉讼费用；

②经再审程序，对一审或者二审判决作了变更的，再审法院应当重新确定原诉讼费用的负担。

二、司法救助

司法救助，是指国家或者法院根据当事人收入和经济状况，对无力支付诉讼费用者给予全额或者部分司法援助，或决定诉讼费用缓交、减交或者免交措施，以保障当事人行使诉权，免除其经济负担之忧。

我国司法救助主要内容是由《人民法院诉讼收费办法》、《诉讼费用补充规定》和《人民法院诉讼费用管理办法》等司法解释确定的，其制度规范与德国比较接近。当事人进行民事诉讼时，如果经济困难、无力负担或者暂时不能足额缴纳诉讼费用，为保障其行使诉权，人民法院应当根据案件具体情况决定当事人缓交、减交或者免交诉讼费用。

1. 缓交、减交或者免交诉讼费用的情形

第一，当事人为社会公共福利事业单位的，如福利院、孤儿院、敬老院、荣军休养单位、精神病院、SOS儿童村等。

第二，当事人是没有固定生活来源的残疾人。

第三，当事人因自然灾害或者其他不可抗力造成生活困难，正在接受国家救济或者生产经营难以为继的。

第四，当事人根据有关规定正在接受法律援助的。

第五，人民法院认为其他应当进行司法救助的。

2. 当事人免交诉讼费用的情形

一是依照特别程序审理的案件，当事人一律免交诉讼费用；

二是依照民事诉讼法规定的审判监督程序提审、再审的案件，免交诉讼费。

但是，依照审判监督程序审理的下列案件除外：

其一，依照《民事诉讼法》第179条第1款第1项的规定，即“有新的证据，足以推翻原判决、裁定的”，向人民法院申请再审，人民法院经审查决定进行再审的案件，当事人应当交纳诉讼费用。当事人提出了在原诉讼中没有提出的新证据，是当事人有过错，而不是法院裁判有错误，所以应当交纳诉讼费。

其二，当事人对人民法院第一审判决或者裁定未提出上诉，一审判决、裁定或者调解书已发生效力后，当事人又提出申请再审，人民法院经审查后决定再审的案件，应当交纳诉讼费用。

第三节　财产保全和先予执行

一、财产保全

(一)财产保全的概念和种类

财产保全,是指人民法院在利害关系人起诉前或当事人起诉后,为保证将来的生效判决能够得到执行或避免财产遭受损失,对当事人的财产或争议的标的物,采取限制当事人处分的强制措施。

医事程序中的财产保全主要体现在我国《民事诉讼法》及相关法律解释中。那么,根据《民事诉讼法》的规定,我国将财产保全分为诉讼中财产保全和诉前财产保全。

1.诉讼中财产保全

(1)诉讼中财产保全的概念

诉讼中财产保全,是指人民法院在受理案件之后、作出判决之前,对当事人的财产或争议标的物采取限制当事人处分的强制措施。

(2)诉讼中财产保全的适用条件

第一,需要对争议的财产采取诉讼中财产保全的案件必须是给付之诉,即该案的诉讼请求具有财产给付内容。

第二,将来的生效判决因为主观或客观的因素导致不能执行或难以执行。主观因素,当事人有转移、毁损、隐匿财物的行为或者可能采取这种行为;客观因素主要是诉讼标的物容易变质、腐烂的物品,如果不及时采取保全措施将会造成更大的损失。

第三,诉讼中财产保全发生在民事案件受理后、法院尚未作出判决生效前。在一审或二审中,如果案件尚未审结,就可以申请财产保全。如果法院的判决已经生效,当事人可以申请强制执行,但是不得申请财产保全。

第四,诉讼中财产保全一般应当由当事人提出书面申请。当事人没有提出申请的,人民法院在必要时依职权也可以裁定采取财产保全措施。

第五,人民法院可以责令当事人提供担保。人民法院依据申请人的申请,在采取诉讼中财产保全措施前,可以责令当事人提供担保。提供担保的数额应当相当于请求保全数额。申请人不提供担保的,人民法院可以驳回申请。在发生诉讼中财产保全错误给申请人造成损失的情况下,被申请人可以直接从申请人提供担保的财产中得到赔偿。

2.诉前财产保全

诉前财产保全，是指在紧急情况下，法院不立即采取财产保全措施，利害关系人的合法权利会受到难以弥补的损害，因此法律赋予利害关系人在起诉前有权申请人民法院采取财产保全措施。

依据《民事诉讼法》的规定，诉前财产保全的适用条件：

(1)需要采取诉前财产保全的申请必须具有给付内容，即申请人将来提起案件的诉讼请求具有财产给付内容。

(2)情况紧急，不立即采取相应的保全措施，可能使申请人的合法权益受到难以弥补的损失。

(3)由利害关系人提出诉前财产保全申请。利害关系人，即与被申请人发生争议，或认为权利受到被申请人侵犯的人。

(4)诉前财产保全申请人必须提供担保。申请人如不提供担保，人民法院驳回申请人在起诉前提出的财产保全申请。

(二)财产保全的范围、措施和程序

1.财产保全的范围

财产保全的作用是，防止当事人在人民法院作出判决前处分有争议标的物或处分判决生效后用以执行的财产，以防止纠纷扩大，并保障生效判决得到执行。但是，如果人民法院采取财产保全措施不当的话，就会给当事人财产权和人身权造成损害。因此，《民事诉讼法》第94条规定："财产保全限于请求的范围，或与本案有关的财物。"采取财产保全措施，只能在当事人或利害关系人的请求范围内，才能达到财产保全的目的，使申请人的权益得到实现，也避免给被申请人造成不应有的损失。

2.财产保全的措施

根据民事诉讼法规定，财产保全可以采取查封、扣押、冻结或法律规定的其他方法。

查封，是指人民法院将需要保全的财物清点后，加贴封条、就地封存，以防止任何单位和个人处分的一种财产保全措施。扣押，是指人民法院将需要保全的财物移置到一定的场所予以扣留，防止任何单位和个人处分的一种财产保全措施。冻结，是指人民法院依法通知有关金融单位，不准被申请人提取或者转移其存款的一种财产保全措施。人民法院依法冻结的款项，任何单位和个人都不准动用。

人民法院在财产保全中采取查封、扣押财产措施时，应当妥善保管被查封、扣押的财产。当事人可以负责保管被扣押物，但不得使用。

人民法院对季节性商品，鲜活、易腐烂变质和其他不宜长期保存的物品采取保

全措施时，可以责令当事人及时处理，由人民法院保存价款；必要时，由人民法院予以变卖，保存价款。

3. 财产保全的程序

诉讼中财产保全应当由当事人提出申请，人民法院进行审查，作出财产保全的裁定，根据裁定采取财产保全措施。人民法院也可以根据案件的实际情况，依职权主动作出财产保全裁定，采取保全措施。

人民法院在接到申请后，对情况紧急的，必须在 48 小时内作出裁定，并开始执行。诉前财产保全，一概由申请人提出申请，并且提供担保。人民法院对诉前财产保全，必须在接受申请后 48 小时内作出裁定，并立即开始执行。

财产保全裁定一旦作出立即生效，当事人或利害关系人可以申请复议一次。复议期间，人民法院不停止财产保全裁定的执行。

(三)财产保全的解除

财产保全因下列原因而解除：

(1)被申请人提供担保；

(2)诉前财产保全的申请人在采取保全措施后 15 日内未起诉的；

(3)申请人撤回保全申请的。

人民法院根据利害关系人或当事人的申请而采取财产保全措施的，如果由于申请人的错误而导致被申请人因财产保全而遭受损失的，应当由申请人负责赔偿。

二、先予执行

(一)先予执行的概念

先予执行，是指在终局执行以前，为了权利人生活或生产经营的急需，法院裁定义务人预先给付权利人一定数额的金钱或财物的措施。

(二)先予执行的适用范围和条件

1. 先予执行的适用范围

先予执行是法院已经受理案件但尚未作出判决，法院责令当事人预先履行义务，所以，它只适用于特定的案件。

根据《民事诉讼法》第 97 条规定，下列案件可以根据当事人的申请，裁定先予执行：

(1)追索赡养费、抚养费、抚育金、医疗费用的案件；

(2)追索劳动报酬的案件；

(3)因情况紧急需要先予执行的。

2.先予执行的适用条件

为了避免损害被申请方当事人的利益，避免给法院判决的执行带来不必要的争议，人民法院作出先予执行裁定时，必须严格遵守法定条件。先予执行的条件是：

(1)当事人之间事实基本清楚、权利义务关系明确，不先予执行将严重影响申请人的生活或生产经营。先予执行的案件，应当是在发生争议的民事法律关系中，双方当事人之间各自应享有什么样的权利，承担什么样的具体义务十分清楚。

(2)申请人确有困难并提出申请。申请人确有困难，主要是指两种情况：一是申请人依靠被告履行义务而维持正常生活，在人民法院作出生效判决前，如不裁定先予执行，原告就无法维持正常的生活；二是原告的生产经营活动必须依靠被告提供一定条件或履行一定义务才能够进行，在人民法院判决前，如法院不裁定先予执行，将严重影响原告的生活或生产。并且，人民法院不得依职权作出先予执行的裁定。

(3)案件的诉讼请求属于给付之诉。案件不具有给付性质的，不存在先予执行的问题。

(4)被申请人有履行能力。先予执行的目的是为了及时解决原告的实际困难。但是，如果被告根本没有能力先行给付，裁定先予执行也就没有任何意义。所以，在诉讼判决前法院裁定先予执行，必须是在被申请人有履行能力的条件下作出的。

具备上述条件，人民法院就应当裁定先予执行。先予执行的裁定一经作出，即发生法律效力，并立即开始执行。如果当事人不服先予执行的裁定，不准上诉，但可以申请复议一次。复议期间，不停止先予执行裁定的执行。人民法院对当事人提出的复议应当及时审查，裁定正确的，通知驳回的申请；裁定不正确的，作出新的裁定变更或撤销原裁定。

(三)先予执行的担保和赔偿

在某些情况下也会发生先予执行的裁定不是人民法院对案件的最终判决，所以，在某些情况下，会发生先予执行裁定的内容与将来的判决结果不一致的情况。人民法院裁定先予执行后，被申请人在诉讼终结时反而胜诉的情况也时有出现。为了既能够达到解决申请人生活或生产急需的目的，又能保证被申请人的合法正当权利，《民事诉讼法》第98条第2款规定："人民法院可以责令申请人提供担保，申请人不提供担保的，驳回申请。申请人败诉的，应当赔偿被申请人因先予执行遭受的财产损失。"所以，人民法院裁定先予执行后，经法庭审理，判决申请人败诉的，申请人不仅应将因先予执行取得的财产返还给被申请人，而且对被申请人因先予执行所遭受的经济损失，要给予赔偿。

在先予执行中，人民法院要根据案件的具体情况决定是否要求申请人提供担保，但是并不是所有的案件都要求申请人提供担保。先予执行本来就是申请人的生活或生产经营遇到严重困难的紧急情况下采取的一种措施，如果还要提供财产担保，往往等于雪上加霜。

（四）应当注意的问题

人民法院采取先予执行措施后，申请先予执行的当事人申请撤诉的，人民法院应当及时通知对方当事人、第三人或有关的案外人。在接到通知至准予撤诉的裁定送达前，对方当事人、第三人以及有关的案外人对撤诉提出异议的，应当裁定驳回撤诉申请。

第四节　强制措施

一、医事程序强制措施的概念和意义

医事程序强制措施，是指在医事程序中，对妨害医事程序秩序的行为人采用的排除其妨害行为的一种强制措施。

设立医事程序强制措施的目的是为了保障医事程序活动的正常进行。从本质上讲，它是一种排除妨害的强制性手段，是一种教育手段，而不是惩罚手段，不同于刑事制裁、民事制裁和行政制裁方法。

二、妨害医事程序诉讼行为的构成和表现形式

（一）妨害医事程序法行为的构成

妨害医事程序法的行为，是指行为主体故意破坏和扰乱正常诉讼秩序，妨碍诉讼活动正常进行的行为。妨害医事程序法的行为主体，既可以是当事人，也可以是其他诉讼参与人，还可以是案外人。行为主体妨害医事程序法必须同时具备以下三个条件：

1. 行为人实施了妨害医事程序法的行为，包括作为与不作为；

2. 行为人实施妨害医事程序法的行为主观上是故意的，即希望或放任妨害医事程序诉讼结果的发生；

3. 行为人实施妨害医事程序法的行为发生在诉讼过程中，其中包括执行程序之中。

（二）妨碍医事程序行为的表现形式

根据民事诉讼法和最高人民法院《民诉法适用意见》的相关规定，妨碍医事程序的行为主要表现为下列几种：

1.必须到庭的被告,经两次传票传唤,无正当理由拒不到庭。

2.违反法庭规则的行为。如未经允许在开庭时录音、录像、拍照。

3.当事人、其他诉讼参与人以及其他人所实施的下列行为:

第一,伪造、毁灭重要证据,妨害人民法院审理案件。

第二,以暴力、威胁、贿买方法阻止证人作证或指使、贿买、胁迫他人作伪证。

第三,隐藏、转移、变卖、毁损已被查封、扣押的财产或已被清点并责令其保护的财产,转移已被冻结的财产。

第四,对司法工作人员、诉讼参与人、证人、翻译人员、鉴定人、勘验人、协助执行人,进行侮辱、诽谤、诬陷、殴打或打击报复。

第五,拒不执行人民法院已生效的裁判。

4.有义务协助调查、执行的单位实施的下列行为:

第一,有关单位拒绝或妨碍法院调查取证。

第二,银行、信用合作社和其他有储蓄业务的单位接到人民法院协助执行通知后,拒不协助查询、冻结或划拨存款。

第三,有关单位接到人民法院协助执行通知书后,拒不协助扣留被执行人的收入,拒不办理有关财产权证照转移手续,拒不转交有关票证、证照或其他财产。

第四,其他拒绝协助执行的行为。主要包括:其一,擅自转移已被人民法院冻结的存款,或擅自冻结的;其二,以暴力、威胁或其他方法阻碍司法工作人员查询、冻结、划拨银行存款的;其三,接到人民法院协助执行通知后,给当事人通风报信,协助其转移、隐匿财产的。

5.妨害执行的行为。如隐匿、转移、变卖、毁损向人民法院提供担保的财产的行为、案外人与被执行人恶意串通转移被执行人财产的行为,伪造、隐匿、毁灭有关被执行人能力的重要证据,妨碍人民法院查明被执行人财产状况的行为等。

三、医事程序强制措施的种类

根据我国民事诉讼法的相关规定,医事程序里的强制措施主要有以下5种:拘传、训诫、责令退出法庭、罚款、拘留。

(一)拘传

拘传是对于必须到庭的被告人,经人民法院两次传票传唤,无正当理由拒绝出庭的,人民法院派出司法警察,强制被传唤人到庭参加诉讼活动的一种措施。

(二)训诫

训诫是人民法院对妨害诉讼程序秩序行为较轻的人,以口头方式予以严肃地批评教育,并指出其行为的违法性和危害性,令其以后不得再犯的一种强制措施。

(三)责令退出法庭

责令退出法庭是指人民法院对于违反法庭规则的人，强制其离开法庭的措施。

(四)罚款

罚款是人民法院对实施妨害诉讼程序行为情节比较严重的人，责令其在规定的时间内，交纳一定数额的金钱。

(五)拘留

拘留是人民法院对实施妨害诉讼行为情节严重的人，将其留置在特定的场所，在一定期限内限制人身自由的强制措施，拘留期限 15 日以下。

除上述强制措施外，如果妨害医事诉讼程序行为情节特别严重、构成犯罪的，依法追究其刑事责任。

四、强制措施的适用

(一)拘传的适用

采取拘传应具备三个条件：一是拘传的对象是法律规定或法院认为必须到庭的被告，或给国家、集体或他人造成损害的未成年人的法定代理人；二是必须经过两次传票传唤；三是无正当理由拒不到庭。

适用拘传措施，应当由本案合议庭或独任审判员提出意见，报经院长批准，然后填写拘传票，交司法警察直接送达给被拘传人，令其随票到庭。如果被拘传人拒不到庭，司法警察可以使用戒具强制其到庭。

(二)训诫的适用

适用训诫措施，由合议庭或独任审判员决定，以口头方式指出行为人的错误事实、性质及危害后果，并当庭责令妨害者立即改正。训诫的内容应当记入庭审笔录。

(三)责令退出法庭的适用

适用责令退出法庭，由合议庭或独任审判员决定，由审判长或独任审判员口头宣布，责令行为人退出法庭。作出责令退出法庭的决定后，行为人应当主动退出法庭，否则，司法警察可以责令其退出法庭。

(四)罚款和拘留的适用

罚款和拘留只能由合议庭或独任审判员提出处理意见，报请院长批准后执行。人民法院决定罚款和拘留，应当制作决定书，并将此决定书正式通知或出示给行为人。当事人对罚款或拘留不服的，可以向上一级人民法院申请复议一次，但是复议期间，不停止决定执行。同时，对于被拘留者在拘留后承认并改正错误、表现良好的，人民法院可以决定提前解除拘留。

思考题

1. 简述期间的概念和意义。
2. 简述送达的效力。
3. 简述诉中财产保全的概念和适用条件。
4. 简述先予执行的适用条件。

第十章 医事诉讼程序

内容提要

医事诉讼属于民事诉讼的范畴，适用民事诉讼程序的相关规定。本章结合民事诉讼的相关规定，讲述医事诉讼程序的基本内容，包括医事诉讼的一审普通程序、二审程序、审判监督程序和执行程序。并对相关程序进行了详细介绍。

第一节 医事诉讼程序概述

医事诉讼的主要程序是民事诉讼程序。民事案件的审理程序包括第一审程序、第二审程序和审判监督程序。第一审程序是所有民事案件审理的必经程序，完整体现了民事诉讼审判程序的全貌，是民事诉讼程序的基础；第二审程序和审判监督程序是纠错和统一法律适用的程序，其程序流程基本按照第一审程序进行，所以第一审程序是医事诉讼中最重要的程序。

按照我国民事诉讼法的规定，民事诉讼的第一审程序，分为简易程序和普通程序。普通程序是法院审理民事案件适用的最基本程序，具有程序的完整性和广泛的适用性。简易程序是指基层法院及其派出法庭审理第一审简单民事案件所适用的诉讼程序，是第一审程序中一个独立的诉讼程序，适用于对事实清楚、权利义务关系明确、争议不大的、简单的民事案件的审理，主要目的在于提高诉讼效率、减轻当事人诉累。虽然实行简易程序有利于提高审判效率、快速解决纠纷，但对于医事诉讼，一般不适用简易程序，原因如下：

1. 医事诉讼案件权利义务关系比较复杂。引起医事诉讼的原因较多，判定责任的承担者需要根据事实判定，而不能一概认为，只要涉及医疗诉讼，医方就必然是责任的承担者。

2. 医事诉讼案件事实复杂。由于医事诉讼涉及医学科学，具有很强的专业性和科学性，对争议的内容、证据常需要专业人员提供，如采用简易程序，则很难由审判员自身进行准确的判断。

3. 医事诉讼双方对案件争议大。医事诉讼涉及患者的生命权、健康权，医患双方对诉讼标的、案件是非、责任认定等常常存在着严重的分歧，患方提出的诉讼标的额度也比较高，适用简易程序可能会导致双方对审判结果的异议。

两审终审制的民事诉讼基本原则，同样适用于医事诉讼。当事人不服第一审法院的判决，可以依法向上一级人民法院提起上诉，经上一级法院审理并作出裁判后，诉讼便告终结。二审法院对上诉案件所做的判决为终审裁判，当事人不得再行上诉。最高人民法院作为一审法院所做的裁判为终审裁判。

第二节　第一审程序

一、起诉与受理

医事诉讼中的起诉是指患方认为自己的民事权益因医疗行为受到侵害向人民法院提出诉讼请求，要求法院通过审判予以司法保护，依法作出审判的诉讼行为。

起诉是当事人权利的具体体现，对当事人的权益保护与民事诉讼程序的开始具有重要意义。但当事人的起诉并不必然引起诉讼程序的启动，只有符合法定条件的起诉才会启动诉讼程序，具体为：

1. 原告必须是与案件有直接利害关系的公民，包括患者本人、患者的家属、法定监护人等。

2. 有明确的被告。医事诉讼中的被告包括医疗机构、医务人员、药品（医疗器械）的生产、销售单位或个人等。

3. 有具体的诉讼请求和事实、理由。原告有权利也有义务确定其诉讼请求的内容，以及诉讼请求所依据的事实理由，以便法院明确审判的范围。按照规定，原告应该向法院提供符合起诉条件的相应的起诉证据，包括：原告的身份证明、明确的被告以及法院具有管辖权的证明等。

4. 属于法院受理民事诉讼的范围和受诉法院管辖。

患方依照普通程序起诉，可以以书面或口头方式提起。以书面形式起诉的应当递交诉状，载明当事人的基本情况、诉讼请求和所根据的事实与理由、证据和证据来源、证人姓名和住所等。

对涉及医疗事故争议的诉讼，是否必须先经医疗事故技术鉴定？答案是否定的。根据《医疗事故处理条例》第 46 条规定：发生医疗事故的赔偿等民事责任争议，医患双方可以协商解决；不愿意协商或者协商不成的，当事人可以向卫生行政部门提出调解申请，也可以直接向人民法院提起民事诉讼。这一规定表明，在医疗事故发生后，有协商解决、卫生行政部门调解和直接向人民法院提起民事诉讼三种途径，当事人可以任意选择。上述规定的适用不以医疗事故的确定为基础，因此医事诉讼也不以医疗事故技术鉴定为基础。同时，《条例》第 40 条还规定，当事人既向卫生行政部门提出医疗事故争议处理申请，又向人民法院提起诉讼的，卫生行政部门不予受理；卫生行政部门已经受理的，应当终止处理。更加明确地说明，医疗事故技术鉴定不是起诉的前提，起诉可以排斥卫生行政部门的处理。

受理是指法院对起诉人的起诉进行审查后，认为符合法律规定的起诉条件，决定立案审理的行为。法院在接到原告的起诉后，应依法进行审查。审查期限为 7 日。法院审查认为符合起诉条件的，应当在 7 日之内立案并通知当事人；认为不符合条件的，应当在 7 日之内作出不予受理的裁定。

二、审理前的准备

审理前的准备，又称审前准备程序，是指法院和当事人在受理起诉后至开庭审理前，依法所进行的一系列诉讼活动。审前准备能够使当事人做好法庭辩论的充分准备、充分发挥庭审功能，对实现诉讼公正具有重要意义。医事诉讼审理前的准备工作包括：

（一）送达起诉状副本和答辩状副本

法院立案后，应该在立案 5 日内将起诉状副本发送被告，被告在 15 日内的答辩期内提出答辩状的，法院应当在收到之日 5 日内将答辩状副本发送原告。被告不提出答辩状的，不影响人民法院审理。

（二）告知诉讼权利义务与合议庭组成人员

法院在向原告和被告分别发送的受理案件通知书和应诉通知书中，应当向当事人告知有关的权利诉讼义务，法院审判人员也可以口头告知当事人诉讼权利义务。在组成合议庭后 3 日内应将合议庭组成成员告知当事人，以便当事人有效行使回避权。

（三）审核诉讼材料，调查收集必要的证据

诉讼材料的审核包括对原、被告提交的起诉状、答辩状以及有关的证据材料的审核。而必要的证据，则是指当事人及诉讼代理人因客观原因不能自行收集的证据。在案情复杂、证据材料比较多的情况下，可以进行“证据交换”。

（四）追加当事人

追加当事人只发生在必要共同诉讼中，对医事诉讼中没有提起诉讼或者没有被提起诉讼当事人，如果不追加就不能使争议得到彻底解决时，法院有权通知其参加

诉讼,当事人也可以申请追加。

(五)证据交换

证据交换制度,是指双方当事人在法院的组织下互相交换证据,并整理争点。对于证据较多或者复杂案例,法院应当组织当事人在答辩期届满后、开庭审理前交换证据;也可以经当事人申请,在开庭前交换证据。在证据交换过程中,审判人员对当事人无异议的事实、证据应当记录在卷;对有异议的证据,按照需要证明的事实分类记录在卷,并记载异议的理由。

(六)进行鉴定

在医事诉讼的审前准备程序里,还有一项重要的内容——进行相关医学司法鉴定。根据《证据规定》第 25 条的规定,当事人申请鉴定,应当在举证期限内提出。对需要鉴定的事项负有举证责任的当事人,在人民法院指定的期限内无正当理由不提出鉴定申请或拒不提供相关材料,致使对案件中争议的事实无法通过鉴定结论予以认定的,应当对该事实承担举证不能的法律后果。

三、开庭审理

开庭审理,是指法院在当事人及其他诉讼参加人的参加下,依照法定的形式和程序,在法庭上对医事案件进行审理的诉讼活动过程。

开庭审理的主要任务是:通过法庭调动与辩论,审查核实证据,查明案件事实,正确适用法律,确定当事人的权利义务关系,制裁民事违法行为,保护当事人的合法权益。

开庭审理是第一审程序的一个最基本、最主要的诉讼阶段,是审判的中心环节,必须依照法定形式进行,采取公开审理、言词审理、直接审理的形式。包括:开庭准备阶段、法庭调查阶段、法庭辩论阶段和评议与宣判阶段。

(一)开庭准备阶段

开庭准备是开庭审理的最初阶段,是为保证开庭审理的顺利进行而进行的准备工作,包括:在开庭 3 日前通知当事人和其他诉讼参与人、查明其是否到庭,宣布法庭纪律;告知当事人有关诉讼权利义务,询问当事人是否提出回避申请等。

(二)法庭调查阶段

法庭调查的主要任务是通过当事人陈述和证人作证,出示证据,宣读鉴定结论和勘验笔录,来查明案件事实,审查核实证据。法庭调查的顺序为:1. 当事人陈述;2. 告知证人的权利义务,证人作证,宣读未到庭的证人证言;3. 出示书证、物证和视听资料;4. 宣读鉴定结论。

(三)法庭辩论阶段

法庭辩论,是在法庭调查的基础上,在合议庭的主持下,双方当事人阐明自己的观点,相互进行辩论的诉讼活动。法庭辩论是开庭审理的核心阶段。按照原告及其诉讼代理人、被告及其诉讼代理人、第三人及其诉讼代理人、互相辩论的顺序进行。

(四)案件评议和宣告判决

由合议庭对案件进行评议,并作出判决。可以当庭宣判,也可以定期宣判。判决的内容包括:认定的事实、适用的法律、判决结果和理由,诉讼费用的负担,当事人的上诉权利、上诉期限和上诉法院。不论是否公开审理,判决都应该公开。

(五)延期审理

法院在确定了案件的审理时间后或者开庭审理案件期间,由于出现了法律规定的特殊情况使开庭审理无法进行而必须推延审理日期的,称为延期审理。在医事诉讼中,有下列情形之一的,可以延期审理:

1.必须到庭的当事人和其他诉讼参与人有正当理由没有到庭的。

2.当事人临时提出回避申请的。

3.需要通知新的证人到庭,提取新的证据,重新鉴定、勘验,或者需要补充调查的。

4.其他需要延期的情形。

(六)审结期限

审结期限是法院办理民事案件的法定时间限制。根据《民事诉讼法》的规定,适用普通程序审理的案件,应当在立案6个月内审结。有特殊情况需要延长的,经本院院长批准可以延长6个月,还需要延长的,报请上级法院批准。

四、第一审普通程序中的其他程序

(一)撤诉

指当事人撤回其向法院提出的诉讼的行为。目的是使法院停止审判,结束已开始的诉讼程序。原告向法院申请撤诉,应当同时符合以下条件:

1.必须以书面或口头方式向法院提出申请;

2.必须基于自己真实的意思表示;

3.原告撤诉不能损害国家、集体或他人的合法权益,即其目的须正当合法。

4.原告的撤诉申请至迟应在受诉法院宣告判决前提出。

(二)反诉

反诉是指在开始的诉讼程序中,本诉的被告以本诉的原告为被告,向人民法院提出与本诉有直接关系的独立的诉讼请求。如医疗机构在对医疗过错否定的基础上，向患者提出追讨相关医疗服务所应支付的费用。

（三）缺席判决

缺席判决是相对于对席判决而言的，指人民法院在某一方当事人无故拒不到庭或者未经法庭许可中途退庭的情况下，法院依法审理后所作出的判决。在医事诉讼中，有下列事由的，可以缺席判决：

1. 必须到庭的被告经受诉法院传票传唤，无正当理由不到庭的。

2. 无诉讼行为能力当事人的法定代理人经受诉法院传票传唤无正当理由拒不到庭，如属被告方，可以缺席判决。

3. 人民法院裁定不准许原告撤诉的，原告经法院传票传唤，无正当理由拒不到庭的。

4. 被告反诉，原告经法院传票传唤，无正当理由拒不到庭的，或者未经法庭许可中途退庭的。

5. 无独立请求权的第三人经法院传票传唤，无正当理由拒不到庭的，或者未经法庭许可中途退庭的。

（四）诉讼中止和诉讼终结

诉讼中止是指在诉讼进行过程中，因出现法定事由而使本案诉讼活动难以继续进行，受诉法院裁定暂时停止本案诉讼程序的制度。对医事诉讼而言，有下列情形的，应当中止诉讼：

1. 一方当事人死亡，需要等待继承人表明是否参加诉讼的。

2. 一方当事人丧失诉讼行为能力，尚未确定法定代理人的。

3. 作为一方当事人的法人或者其他组织终止，尚未确定权利义务承受人的。

4. 一方当事人因不可抗拒的事由，不能参加诉讼的。如：战争爆发、突发重病等。

5. 本案必须以另一案的审理结果为依据，而另一案尚未审结的。

6. 其他应当中止诉讼的情形。

诉讼终结是指由于法定的原因致使诉讼无法继续进行或进行下去没有意义，从而结束诉讼程序的一种法律制度。在医事诉讼中，诉讼终结的理由主要是原告死亡，没有继承人，或者继承人放弃诉讼权利的。

第三节　第二审程序

医事诉讼的第二审程序，是指医事诉讼的当事人不服一审法院的判决、裁定而依法向上一级法院提起上诉，要求撤销或变更原判决或裁定，上一级人民法院据此对案件进行审判所适用的程序。又叫终审程序。

一、第二审程序与第一审程序的区别

1. 审判程序发动的原因不同。当事人行使起诉权发动第一审程序，行使上诉权发动第二审程序。上诉权直接指向的是第一审尚未发生既判力的判决、裁定。

2. 审级不同。第一审程序是初审程序，适用于各级法院。第二审程序则是终审程序，只有中级以上人民法院在审理上诉案件时才可以适用该程序，经过该程序，诉讼终结，正当的诉讼程序终止。

3. 适用的具体程序不同。一审案件可以适用普通程序和简易程序，而第二审民事案件只能适用第二审程序，在审判组织的组成、审理形式和审理期限上都与第一审程序存在区别。

4. 裁判效力不同。人民法院适用第一审程序作出的判决有发生既判力和尚未发生既判力之分：法律规定不得上诉的判决、裁定，一经宣告，即发生既判力。法律规定允许上诉的判决、裁定，法定上诉期满，当事人没有提起上诉的，始发生既判力；若当事人依法提起上诉，则不发生既判力。人民法院依据第二审程序所作的判决和裁定，都是终审判决和裁定，一经宣告即发生既判力，除非依据再审程序予以撤销，当事人必须接受。

二、上诉的条件

1. 上诉人与被上诉人必须适格。上诉人与被上诉人必须是第一审判决、裁定所指向的当事人，包括原告、被告、共同诉讼人、诉讼代表人、有独立请求权第三人、判决承担民事责任无独立请求权第三人以及第一审判决后依法承受诉讼的当事人。

2. 当事人提起上诉的判决、判定，必须是法律规定允许上诉的一审判决、裁定。

3. 上诉必须在法定期间内提出。按照《民事诉讼法》的规定，当事人不服地方人民法院第一审判决的，有权在判决书送达之日起 15 日内向上一级人民法院提起上诉。当事人不服地方人民法院第一审裁定的，有权在裁定书送达之日起 10 日内向上一级人民法院提起上诉。当事人在上诉期间内未提起上诉，上诉期间届满，裁判即发生既判力，诉讼即告终结。

4. 上诉必须提交上诉状。上诉状是当事人提起上诉的形式要件，应当包括以下内容：当事人姓名、法人的名称及其法定代表人的姓名，或者其他组织的名称及其主要负责人的姓名；原审人民法院的名称、案件编号和案由；上诉的请求和理由。上诉状应当通过原审法院向上一级法院提出；当事人直接向第二审法院提出上诉状的，第二审人民法院应当在收到上诉状后5日内将上诉状移交原审人民法院。

5. 上诉人必须有上诉利益。上诉人提起上诉，必须是第一审判决结果对其不利。

三、上诉的程序

（一）上诉案件的受理

当事人提交上诉状后，人民法院应当依据下列程序受理：

1. 原审法院收到上诉状后，应依法进行审查。如有欠缺，应令当事人限期补正；如无欠缺，应在5日内将上诉状副本送达对方当事人，对方当事人在收到上诉状副本15日之内提出答辩状。

2. 原审法院在收到答辩状之日起5日之内将答辩状副本送达上诉人。

3. 原审法院在收到上诉状、答辩状后，应当在5日内连同全部案卷和证据，报送第二审人民法院。第二审人民法院经审查，如果认为上诉符合法定条件，即应予以受理；如果认为欠缺法定条件，应裁定不予受理。

（二）上诉的撤回

上诉人提出撤回上诉申请后，第二审人民法院应当进行审查，认为符合法定条件的，应当裁定准许撤回上诉。但是，有以下情形的，按照规定，不准许撤回上诉：

1. 经审查认为，一审所作的判决在认定事实或适用法律上确有错误的；

2. 经审查认为，双方当事人恶意串通损害国家和集体利益、社会公共利益及他人合法利益。

（三）上诉案件的审理

第二审案件的基本程序，与第一审程序大致相同，仅仅在审理地点、审理方式和审理范围等方面与第一审程序有所不同。

1. 审理地点

根据《民事诉讼法》的规定，第二审人民法院审理上诉案件，可以在本院进行，也可以到案件发生地或者原审人民法院所在地进行，体现了方便原则。

2. 审理方式

人民法院依据第二审程序审理民事案件的审理方式有两种：开庭审理和径行审理。开庭审理是原则，径行审理是例外。具体而言，需要对原证据重新审查或者当事人提出新证据的，应当开庭审理，对事实清楚、适用法律正确和事实清楚、知识定性错误或适用法律错误的案件，可以在询问当事人后径行裁判。径行裁判方式的采用，可以简化诉讼程序，降低诉讼成本，提高诉讼效率。但是，就医事诉讼而言，原被告双方对案件事实的认定、证据的采纳方面往往存在比较大的争议，因此笔者认为在医事诉讼中是否适用径行审理，尚值得商榷。

3. 审理范围

第二审的审理范围一般以上诉请求为限，在例外情况下如当事人追加诉讼请求或提起反诉的，审理范围也随之扩大。第二审法院如发现在上诉请求之外原判确有错误的，也应予以纠正。

4. 上诉案件的审结期限

第二审人民法院审理对判决的上诉案件，应当在第二审立案次日起3个月内审结。有特殊情况需要延长的，由本院院长批准。审理对裁定的上诉案件，应当在第二审立案次日起30日内作出终审裁决，不得延长期限。

（四）上诉案件的裁判

第二审人民法院对上诉案件，经过审理，应根据不同情况，分别作出以下裁判：

1. 维持原判

第二审人民法院经过对上诉案件的审理，认为原判事实清楚，证据确凿充分，适用法律正确的，应按照规定，判决驳回上诉，维持原判。

2. 依法改判

第二审人民法院经过对上诉案件的审理，按照《民事诉讼法》的规定，在医事诉讼中，有下列三种情况的，应当依法直接改判：(1)原判决适用法律错误；(2)原判决认定事实有错误；(3)原判决认定事实不清，证据不足。

3. 发回重审

第二审人民法院经过对上诉案件的审理，认为：(1)原判决认定事实不清，证据不足；(2)原判决违反法定程序，可能影响案件正确判决的，应发回重审。

4. 第二审人民法院经过对上诉案件的审理，原审裁定提起上诉的裁定

对当事人不服一审法院作出的裁定的上诉案件，二审法院一律使用裁定。在医事诉讼中，包括：对一审法院不予受理的裁定；对管辖权有异议的裁定和驳回起诉的裁定。经过二审法院的审查，可以分别作出维持原裁定、重新作出裁定和指定一审法院受理的裁定。

第四节　审判监督程序

审判监督程序，是指人民法院、人民检察院或当事人，认为人民法院已经发生既判力效力的判决、裁定及调解协议确有错误而提起或申请再审，由人民法院依法对案件进行审理时所适用的诉讼程序。

审判监督程序不同于第一审、二审程序，属于非通常的诉讼程序。有权提起审判监督程序的主体不仅包括当事人，还包括了人民法院和人民检察院，是一种事后救济程序。

一、发动再审的程序

（一）人民法院依职权提起再审

人民法院发现已经发生既判力的判决、裁定确有错误的情况下，可以依据职权提起再审。依照主体不同，可以分为自行提起再审和上级法院提起再审。

（二）人民检察院提起抗诉

最高人民检察院对各级法院已经发生法律效力的判决、裁定，上级人民检察院对下级人民法院已经发生法律效力的判决、裁定，发现有以下情形之一的，有权按照审判监督程序提出抗诉：

1.原判决、裁定认定事实的主要依据不足；

2.原判决、裁定适用法律确有错误；

3.人民法院违反法定程序，可能影响案件正确判决、裁定的；

4.审判人员在审理案件时有贪污受贿、徇私舞弊、枉法裁判行为的。

检察院提起诉讼的案件，一般应该由作出生效判决的法院再审；作出生效判决的法院已再审过的，由上一级法院提审或指令该法院的其他同级法院再审。

（三）当事人申请再审

当事人申请再审，可以向原审人民法院提出，也可以向上级人民法院提出。提起再审的主体，必须是原审案件中的当事人。只有原审案件中败诉的当事人及其一般继受人，才能提起再审。提起再审的期限是在判决、裁定或调解协议发生既判力效力后两年。当事人申请再审的条件，参照《民事诉讼法》中的有关规定。

申请再审一般由终审法院处理。人民法院接到当事人的再审申请后，应当进行审查；符合法律规定的，应当在立案后裁定中止原判决的执行；不符合规定的，驳回申请。

二、再审案件的审判

(一)审理程序

根据《民事诉讼法》的规定,人民法院审理再审案件时应遵循以下程序:

1.裁定中止原判决、裁定的执行

人民法院依法立案后,即应该裁定中止原判决、裁定的执行,并通知当事人。

2.另行组成合议庭

人民法院审理再审案件,按照原审程序另行组成。原审审判人员不得再参加案件的再审。

3.适用第一审、二审程序进行审理

(二)裁判及法律效力

人民法院按照审判监督程序对医事案件进行再审,根据不同情况可以分别作出处理决定:

1.撤销原判,重新判决;

2.撤销第一、二审判决,驳回起诉;

3.撤销第一、二审判决,发回原审法院重审;

4.维持原判决、裁定。

对再审案件作出判决后,宣布判决应一律公开进行,作出判决的人民法院可以自行宣判,也可以委托原审人民法院代为宣判。

第五节 执行程序

医事诉讼的执行,是指人民法院的执行组织依照法律规定的程序,运用国家强制力依法采取执行措施,强制义务人履行生效法律文书所确定的给付内容的一种诉讼活动。执行作为医事诉讼的最后阶段,但不是必经阶段,必须以一方当事人无故不履行义务为前提,以有给付内容的生效法律文书为根据。

一、执行开始

根据我国民事诉讼法规定,执行程序的开始有两种形式,即申请执行和移送执行。债权人是否申请执行,应当由当事人处分决定。执行程序一般只有申请人提出申请以后才开始,这就是申请执行;人民法院在作出裁判后,因为情况特殊而认为有必要时,不待当事人的申请,直接交执行机关执行的叫移送执行。

当事人申请执行应当符合以下条件:其一,要有以给付为内容的执行根据;其二,债务人逾期不履行或者拒绝履行法律文书确定的义务;其三,在法定的执行时效内提出。申请执行的期限,双方或者一方当事人是公民的为1年,双方是法人或者其他组织的为6个月。当事人申请执行,应当向人民法院提交下列文件和证件:第一,申请执行书;第二,生效法律文书副本;第三,申请执行人的身份证明;第四,继承人或者权利承受人申请执行的,应当提交继承或者承受权利的证明文件。第五,其他应当提交的文件或者证件。

二、执行原则

(一)执行合法原则

医事执行作为人民法院的职权行为和权利人借以实现其权利、义务人被强制履行义务的活动,必须依法进行,包括:

1.执行必须以生效的法律文书为依据;

2.必须以法定方式开始。除了人民法院依职权主动执行的情况外,其他案件必须依申请开始并且必须符合执行的全部条件;

3.执行必须以法定程序和步骤进行。

(二)执行标的有限原则

医事诉讼的执行标的限于财产或行为,对义务人的人身不能作为执行对象。在对财产执行时,要注意兼顾被执行人的利益,保留本人和所扶养家属必须的生活费用和生活用品;对法人要兼顾被执行人的生产和经营。

(三)执行当事人不平等原则

在医事执行中,当事人之间的权利义务关系已经确定,执行目的是为了迅速实现债权人的权利,因此债权人和债务人的权利、义务有差别。

(四)全面保护当事人合法权益原则

医事执行不仅要全部实现债权人的权利,同时也应当照顾执行义务人的实际需要。包括:保护申请人的合法权益;对被执行人的人权和合法权益的保障等。

(五)执行及时原则

执行及时原则是民事执行追求效率的体现,法院执行机构在执行程序的各个阶段,各项执行行为要在法定期间内完成,并且应当连续、不间断地进行。当事人也必须在法定期限内申请执行,否则受诉法院不予强制保护。

(六)执行穷尽原则

医事执行的穷尽原则,是指人民法院根据债权人的请求,为了实现生效法律文书所确定的权利，穷尽各种执行方法、措施和途径，仍不能满足债权人权利的，法院才能裁定终结执行程序。

三、执行程序

执行程序是保证具有执行力的医事法律文书得以实施的程序。医事诉讼的执行开始的方式包括申请执行和移送执行，法院应认真审查执行根据，依照法定的方式和程序进行执行。

思考题

1. 医事诉讼的基本程序有哪些？
2. 民事诉讼中的简易程序是否适用医事诉讼？为什么？
3. 医事诉讼的执行程序中应该注意哪些问题？

第十一章　医事仲裁概述

内容提要

仲裁作为解决纠纷的有效方式，在劳动争议、国际商事纠纷等领域得到广泛的运用。我国的医事仲裁经历了从无到有、从不完善到逐步完善的过程。本章内容简要介绍了仲裁的概念和特点，并分析了医事仲裁的特征和性质，说明了医事仲裁与民事诉讼的共性和区别。同时本章还分析了医事仲裁协议的主要内容，并简要介绍了国外医事仲裁的情况，以期为我国医事仲裁的完善提供可资借鉴的因素。

第一节　仲裁的概念和特点

一、仲裁的概念

在汉语中，“仲”有“在当中”的意思，“裁”表示衡量、判断，因此，仲裁的字面意思就是“居中判断”。作为一个法律用词，仲裁有其特定的含义。在现代仲裁制度中，仲裁，是指双方当事人在其民商事纠纷发生前或发生后达成协议，自愿将他们之间的争议交给他们共同选定的第三者裁决，第三者作出的裁决对他们发生法律效力的一种纠纷解决的方式或制度。

二、仲裁的特点

现代仲裁制度中的仲裁既区别于民事诉讼，又区别于行政调解，它具有如下特点：

（一）仲裁是以双方当事人自愿为前提的

仲裁员要对当事人之间的纠纷进行仲裁，必须有当事人双方自愿将其纠纷提交仲裁的合意。没有合意即没有仲裁，争议双方中只要有一方不愿意仲裁，仲裁机构就不能受理仲裁，仲裁员就不能进行仲裁活动。双方当事人选择仲裁作为纠纷的解决方式不带有任何的强制性。

(二)仲裁具有民间性

仲裁机构是民间机构而不是国家机构.它不隶属于任何的国家机关;仲裁员履行仲裁职务时不是国家工作人员,即使仲裁员本来是国家机关工作人员,在其履行仲裁员职务时,也不是以国家工作人员的身份行使仲裁权。

(三)仲裁裁决具有强制性

尽管仲裁机构是民间的,然而,一旦双方当事人选择了仲裁,决定通过仲裁解决其纠纷,那么仲裁员作出的仲裁裁决对当事人双方是有拘束力的。双方都应自觉履行仲裁裁决规定的义务。一方不履行仲裁裁决,他方有权请求人民法院强制执行。

三、仲裁与民事诉讼的共性与差异

仲裁与民事诉讼都是用以解决民事纠纷的重要方式,仲裁与民事诉讼相比较,既存在共同点,又有较大的区别。

(一)仲裁与民事诉讼的共性

1.二者都是用来解决民商事纠纷的,所谓民事纠纷实际上就是平等主体之间发生的民事法律关系争议,商法在本质上仍属于民法。商事纠纷在本质上也属于平等主体之间的民事纠纷。民事诉讼法的适用范围是民事纠纷,仲裁法的适用范围也是民事纠纷。

2.二者都是通过第三者解决争议的活动,均有赖于第三者。民事诉讼通过法院的审判组织来对案件进行审判作出裁判来解决纠纷;仲裁通过仲裁庭对案件进行仲裁作出裁决解决纠纷。

3.二者都要遵循一定的程序规则。民事诉讼要遵守民事诉讼法所规定的民事诉讼程序,无论是法院、当事人,还是其他诉讼参与人都要严格遵守民事诉讼法;仲裁要遵守仲裁机构的仲裁规则和仲裁法所规定的仲裁程序,仲裁机构、仲裁员、仲裁当事人以及其他仲裁参与人都要严格遵守仲裁程序规则。

4.二者都只有被动性、中立性、终局性。审判程序因当事人的起诉而开始,无起诉即无审判。仲裁程序因当事人基于仲裁协议申请仲裁而启动,无当事人的申请即无仲裁;审判人员在审判过程中是中立的,仲裁庭和仲裁员在仲裁过程中也是中立的:审判人员和仲裁员遇到法律规定的回避情形,可能有损审判公正或仲裁公正时,都应当回避,当事人有权要求他们回避。我国民事诉讼实行两审终审制,民事案件经过两审法院的审判即告终局,二审法院所作出的判决具有终局性;仲裁实行一裁终局制,仲裁裁决一旦作出就具有法律效力并具有终局的效力。

5.二者都要以事实为根据。无论是审判还是仲裁,两者都要依据证据查明案件事实，法院判决、仲裁裁决都要以查明的事实作为裁判依据。证据是“诉讼之王”，同样，证据也是“仲裁之王”。

6.二者都要交纳一定的费用。当事人申请仲裁要交纳仲裁费用，包括案件受理费和案件处理费；当事人向法院起诉也要交纳诉讼费，包括案件受理费和其他费用。

(二)仲裁与民事诉讼的区别

1.二者解决纠纷的范围不同。仲裁和民事诉讼都解决一定范围内的纠纷，但两者具体的解决纠纷的范围是不同的。民事诉讼解决纠纷的范围是平等主体之间发生的民事纠纷，即发生争议的民事法律关系以及法律规定的其他事项；仲裁解决纠纷的范围要比民事诉讼解决纠纷的范围狭窄，仲裁解决纠纷的范围为平等主体之间的合同纠纷和其他财产权益纠纷，身份关系的纠纷不属于仲裁的事项。

2.案件的管辖权取得不同。民事诉讼中法院对案件的管辖权来自于法律的直接规定，民事纠纷发生以后，只要当事人的起诉符合法律规定的起诉条件，法院就应当受理，并取得对案件的管辖权；而仲裁庭对案件的仲裁权的取得并不是来自法律的直接规定，而是来自于当事人双方的授权，没有双方当事人在纠纷发生前或发生后订立仲裁协议并约定某仲裁机构仲裁，仲裁机构不能受理该案件并因此取得仲裁权。

3.处理纠纷的主体不同。在民事诉讼中，对案件进行审理的是法官，他们是国家公职人员，具体案件的合议庭或独任庭的组成人员不是由当事人选择决定的；而在仲裁中，对案件进行仲裁裁决的是仲裁员，仲裁员可以由当事人选择。

4.程序规则不同。民事诉讼适用全国统一的民事诉讼法，必须严格遵守法律所规定的诉讼程序；而仲裁则适用仲裁法和各仲裁委员会制定的仲裁规则，各个仲裁委员会的仲裁规则并不是完全相同的。

5.遵守的基本原则、基本制度是不完全相同的。如民事诉讼奉行公开审判原则，仲裁奉行不公开仲裁原则；民事诉讼实行两审终审制，仲裁实行一裁终局制；在一审期间民事诉讼必须开庭审理，而仲裁可以不开庭仲裁。

第二节 医事仲裁概述

一、医事仲裁的概念

医事仲裁是指医患双方当事人自愿将其在诊疗过程中由于医疗纠纷而发生的争议交给仲裁机构，由仲裁机构依法作出裁决，并约定自觉履行该裁决所确定的义务的一种制度。

仲裁作为解决争议的一种制度，在国际上已有悠久的历史。据考证，早在古罗马时期就已出现用仲裁的手段来解决商贸往来的争议。自13世纪以后，英国、瑞典、美国等国家先后建立了仲裁制度，用来解决国内的民事纠纷。第一次世界大战结束后，有关的国际组织为了使各国间的仲裁统一化，先后制定了有关仲裁条款或仲裁公约。第二次世界大战后，随着科学技术的不断发展和进步，不仅在民事法律关系和商品买卖关系中出现了仲裁条款，而且在经济合同、技术合同、国际金融合同等法律关系中也广泛采用仲裁方法来解决当事人之间的纠纷。

近年来，在世界许多国家和地区，随着医疗纠纷案件的不断增多，用仲裁方法介入医疗纠纷以解决医患双方当事人的争议已成为不可或缺的法律调整方法之一，也可以说，医事仲裁已经成为与医疗诉讼并行不悖、相互补充的重要纠纷解决机制。一些国家和地区针对各自情况纷纷建立解决医疗纠纷案件的医事仲裁组织。例如，上世纪50年代以后，日本的医疗纠纷不断增多，60年代后是急剧增加，之后则出现了一个渐增的趋势一直至今。日本专门成立了医事仲裁组织——医疗纠纷处理委员会。医疗纠纷处理委员会是在各都道县（相当于中国的省）医师会内部设立的纠纷处理机关，虽然它是医师会内部机关，不像法院那样属于第三者机关，但实际上大量的医疗纠纷都在这里解决。

近年来，美国和一些西方国家将仲裁制度广泛应用于解决医事纠纷案件，已经显示出建立医事仲裁法律制度将成为未来发展的必然趋势。就我国而言，现阶段还没有关于医疗纠纷仲裁的法律规定。但是，我们相信，随着医疗纠纷案件的不断上升，医事仲裁法律制度一定会在我国最终建立并得到发展。在具体的制度设计上，医疗纠纷的仲裁有两种模式可供选择，一是类似于劳动争议仲裁制度的强制性医疗纠纷仲裁制度；二是将医疗纠纷纳入《仲裁法》的调整范围，利用现有的仲裁机构解决医疗纠纷。笔者的观点是第二种，即充分利用现有条件来进行仲裁。

二、医事仲裁的特点

医事仲裁同医事诉讼、医事调解一样，都是解决医事争议的重要方式。但是通过医事仲裁解决医疗纠纷，既不同于医事司法诉讼，又不同于医事行政调解，它具有其他解决方式不可代替的作用，具体说，医事仲裁具有以下几个特点：

（一）医事仲裁更加高效、简便、快捷

为了保障仲裁的快捷和经济，医事仲裁应当根据案件的难易程度，既可以开庭审理，也可以书面审理，而且实行一裁终局制度。仲裁机构在对医患双方当事人提交的案件作出裁决后，即产生终局的法律效力，双方当事人必须主动履行仲裁裁决，

而不得要求原仲裁机关和其他仲裁机关再次仲裁或向法院起诉。这样大大加快了案件审理的速度，提高了案件审理的效率，同时为当事人节约了大量诉讼成本。

（二）医事仲裁具有较强的专业性

医事仲裁委员会的主任、副主任以及仲裁员都是由卫生行政部门、医疗领域的专家（如医学会的专家）、法学家、法医学家等具有医学、法学专业知识的人士担任。其中为保障公平，还可邀请消费者协会的患者代表参加。这样很大程度上克服了法院法官不懂医学的弊病，较好地将医学与法学有机结合，切实维护医患双方的合法权益。

（三）医事仲裁具有保密性

为了保障仲裁的简便、高效，仲裁采取不公开审理的原则，即仲裁庭审理案件一般不公开进行，案情不公开，裁决也不公开。开庭时没有旁听，审理中仲裁庭和仲裁机构的秘书处不接受任何人采访。既保护了患者的隐私权，又不使医院因医疗纠纷造成社会评价的降低，切实保障院方的合法权益。

（四）医事仲裁机构具有独立性和公正性

医事仲裁机构具有独立性、民间性和中立性等特点。仲裁委员会独立于行政机关，与行政机关没有隶属关系，同一个仲裁庭的每一个仲裁员彼此也是独立的。他们凭借自己的学识和经验作出分析和判断，不受任何人的影响。因此，医事仲裁不受行政机关、社会团体、个人的干涉，依法独立进行仲裁。

（五）医事仲裁具有强制性

同传统的仲裁制度相比，医事仲裁制度具有强制性的特点，传统的仲裁都是由双方当事人自愿达成仲裁协议，对仲裁地点、仲裁机构、仲裁员和是否开庭和公开审理进行选择。而医事仲裁制度的当事人双方在争议以前并没有订立任何仲裁的约定，而是国家通过立法的形式或法院指定医患双方的纠纷通过仲裁的形式来解决，当事人对争议的解决方式没有任何选择的余地。

三、医事仲裁的性质

医事仲裁的性质是医事仲裁理论中必须研究的一个重大课题，因为只有从理论上解决医事仲裁的性质问题，才能对医事立法和医事司法实践起到指导作用，对医事仲裁的性质认识不同，就可能导致医事仲裁制度上的差异。目前，我国对于医事仲裁的性质还没有成熟的理论研究成果，因此，对于这一问题进行理论探讨显得尤为重要。结合医事仲裁的特点，我们认为，医事仲裁至少应具有以下几种性质。

(一)医事仲裁应具有民间性

医事仲裁机构是民间性组织，而不是政府或其他国家机关。它既可以是永久性的，也可以是临时性的。仲裁庭组成人员不是由国家权力机关任命的国家公务人员，而是由仲裁机构根据医事仲裁员的资历、专业等情况，列出仲裁人员的名单，由医患双方当事人从中指定。依据我国仲裁法的规定，如果当事人双方约定由一名仲裁员来裁决纠纷，则可以由当事人双方来共同选择仲裁员；如果当事人双方约定由三名仲裁员来裁决纠纷，则可以各自选择一名，第三名为首席仲裁员，双方可以共同选定。这样可以保障当事人选择自己信任的有医学和法学专业知识、作风正派的人士来裁决纠纷，减少了当事人对裁决公平、公正性的疑惑，也有利于裁决结果被当事人接受及得到执行。另外，作为民间组织和民间人士，医事仲裁机构和医事仲裁员无权以国家强制力解决医事纠纷，仲裁机构的仲裁权源于当事人的仲裁合意，即仲裁权须经当事人的授权方可产生。

(二)医事仲裁应具有自治性

医事仲裁的自治性，充分体现了医患双方当事人意思自治原则。与医事诉讼相比，医事仲裁赋予了当事人更大的自主性和选择性，当医事纠纷发生后，当事人双方是否决定采用仲裁方式加以解决应当完全尊重他们的共同意愿及相互间的一致同意。对于医患双方当事人来说，他们不仅可以自行协商，选定共同信任的仲裁机构来处理他们之间的纠纷，而且也可以协商选定或约定双方认可的医事仲裁员；甚至当事人还可以约定是开庭审理还是书面审理，是公开审理还是不公开审理；在仲裁程序进行中，当事人可以根据自己的意志决定是否终止仲裁程序；当事人在仲裁中可自愿达成和解协议或调解协议；当事人可选择仲裁所依从的实体法规范，也可选择适用具体的程序性规范或规则。

(三)医事仲裁应具有独立性

医事仲裁涉及医患双方当事人的切身利益，为了保障医事纠纷案件得到公正的解决，要求仲裁机构必须独立于卫生行政机关，与卫生管理部门不存在任何隶属关系，不听命于任何行政机关的指挥和决断，不受任何国家机关、社会团体和个人的干涉。仲裁权是基于当事人的授权，是否进行仲裁，由哪个仲裁机构进行仲裁，应当完全尊重当事人的意愿。从受理当事人的仲裁申请至执行仲裁裁决，都应当保障仲裁的独立性。仲裁庭组成人员依法独立办案，对医事纠纷案件独立作出裁决，其裁决结构也无须经过任何国家机关的批准，任何国家机关都不得非法改变或撤销已经生效的裁决。医事仲裁的独立性还表现在，医患双方当事人在医疗纠纷发生前或发生后签订的仲裁协议或仲裁条款一经成立，就对双方当事人发生效力，当事人可能就合同的其他条款加以变更、解除，甚至违反法律规定而导致合同无效，但它不涉及仲裁条款的效力，除非医患双方又重新签订协议变更仲裁条款，否则，原仲裁协议或仲裁条款仍保持其独立性，具有法律效力。

（四）医事仲裁应具有专业性

医事仲裁的对象大都是医疗纠纷案件，这类案件常常涉及复杂的医学知识和法律问题。特别是医学领域属于专业性极强的技术领域，如果缺乏相应的医学知识，一旦发生医疗纠纷案件，非专业人员很难对医疗纠纷的性质、事实及其因果关系作出准确判断。再者，由于医学上仍然存在许多人类无法破解的疑难问题，导致医疗部门可能会作出错误的诊断，加之患者本身体质上可能存在某些特种差异，也会使诊疗后果出现较为复杂的状态，从而增加了医疗纠纷责任认定的不确定性，因此，建立医事仲裁制度，必须有效克服仲裁机构审理医疗纠纷案件时医学专业知识的局限性，仲裁庭的组成人员除了具有法学知识和审理经验的法学家以外，还应当吸纳医学专家、法医学家、医事管理专家共同参加医事仲裁的审理，只有这样，才能保证医事仲裁的公正性、专业性和权威性。

（五）医事仲裁应具有司法性

医事仲裁的司法性主要是指仲裁庭依法作出的裁决同法院的判决一样，具有法律约束力，医患双方当事人必须遵守执行，不得违反。同时，当事人签订的仲裁协议是否具有法律效力也必须根据法律来认定。仲裁裁决作出后，如果一方当事人不予执行，另一方当事人还可以直接向人民法院执行庭申请强制执行，人民法院依其职能对医事仲裁裁决给予司法性质的支持与协助。也就是医事仲裁应依法受国家监督，国家通过法院对仲裁协议的效力、仲裁程序的制定以及仲裁裁决的执行和遇有当事人不自愿执行的情况时可按照法律所规定的范围进行干预。因此，医事仲裁活动具有司法性，是中国司法制度的一个重要组成部分。

第三节　医事仲裁协议

一、医事仲裁协议概述

（一）医事仲裁协议的概念和类型

医事仲裁协议是指医患双方当事人自愿将其在诊疗过程中的权利和义务所引发的争议或可能引发的争议提交医事仲裁机构进行仲裁，并服从仲裁裁决约束的书面文书。医事仲裁协议是医事仲裁制度建立的基础条件，没有医事仲裁协议，医事仲裁机构和仲裁庭就不能启动仲裁程序，因为它缺乏受理医事仲裁案件的依据。建立医事仲裁协议制度，其目的就是充分尊重当事人意思自治权利，给予医患双方解决医患法律关系最大的自由选择权。

依据医事仲裁协议的形式不同，其类型主要有以下两种。

1. 医事仲裁条款

医事仲裁条款是指医患双方当事人在医疗纠纷发生前，在医疗合同中约定的将未来可能发生的医事争议交由医事仲裁机构解决的条款。医事仲裁条款一般包含在医疗合同中，是医疗合同不可分割的重要组成部分。医疗合同是患者与医疗机构为建立医患法律关系而就诊疗活动的内容达成的一种协议。医事仲裁条款是医疗合同的一项最常见和最主要条款形式，因而这一条款又称为仲裁条款。在医疗合同中，医患双方当事人除了约定一般事项外，在争议解决的途径事项上约定采用仲裁方式解决医疗纠纷，这意味着该项条款具有特殊的效力。即一旦双方当事人发生医事争议，就可以以此为依据向医事仲裁机构申请仲裁，医事仲裁机构也只能以医患双方达成的仲裁条款为依据受理医疗纠纷案件。医事仲裁条款作为仲裁协议的表现形式之一，还具有独立于医疗合同其他条款的效力，医事仲裁条款一经产生，则不受合同的变更、解除和终止的影响，也就是说，无论合同的效力出现怎样变化，医事仲裁条款的效力将持续存在，直到医事仲裁机构受理该医事仲裁案件为止。由此可见，医事仲裁条款是医患当事人自主选择医事争议解决的法定形式，是医患双方在意思表示一致的基础上实施的合法行为，是意思自治原则在医疗纠纷解决方式上的具体体现，也是排斥人民法院对医疗纠纷行驶管辖权的重要法律依据。

2. 医疗纠纷仲裁协议书

医疗纠纷仲裁协议书是医患当事人在诊疗过程中就有关诊疗事项发生分歧引发争议后，经过当事人双方共同协商，在合意基础上签订的愿将有关医事争议提交医事仲裁机构进行公断的专门性文件。与医事仲裁条款不同，医患当事人在订立医疗合同中可能预先没有约定采用仲裁作为解决争议的途径和方法，即合同中不存在医事仲裁条款，这势必会导致在履行医疗合同中一旦发生争议时，由于合同中缺少提交医事仲裁的依据而不能申请仲裁的后果。为了满足医患当事人采用仲裁方式解决争议的愿望，法律便为他们设定了另外一种方法，即在医疗纠纷发生后，可以单独订立一份医事仲裁协议作为提交医事仲裁的依据。

另外，在医疗纠纷发生后，还可能出现医患双方当事人既没有事先在医疗合同中订立医事仲裁条款，也没有在事后共同协商订立一个独立的医事仲裁协议，而医患当事人中的一方率先将有关争议提交到医事仲裁机构申请仲裁，另一方当事人也在医事仲裁机构协调下书面表示同意采用仲裁方式解决，则医患当事人的这种临时选择也与医事仲裁条款、医事仲裁协议书具有同等效力。

(二)医事仲裁协议的法律特征

医事仲裁协议无论是采用仲裁条款形式,还是采用仲裁协议书的形式,其特征是一致的,主要表现在以下几个方面。

1. 医事仲裁协议只能由具有医事法律关系的医患当事人或者经他们授权的委托代理人、患者的法定代理人签订,其他与该医疗纠纷案件无利害关系的人或组织均无权订立医事仲裁协议。

2. 医事仲裁协议必须是医患双方当事人就医疗过程中可能出现或已经出现的医事争议在自愿、平等、协商一致的基础上订立的,协议本身能够反映医患当事人通过医事仲裁方式解决医疗纠纷的共同愿望,而不是在欺诈、胁迫或乘人之危的情况下订立的。

3. 医患双方当事人有权共同选择他们认为满意的医事仲裁地点、医事仲裁机构和医事仲裁员。

4. 医事仲裁协议应当是书面形式,其内容至少应当包括三项:第一,请求医事仲裁的意思表示,即医患当事人协商同意在医疗纠纷发生后,以仲裁的方式解决;第二,医事仲裁请求事项,即医患当事人协商同意将具体医疗纠纷事项提交仲裁;第三,选定的医事仲裁委员会,即医患当事人协商共同选定一个特定的医事仲裁委员会解决医事争议。

(三)医事仲裁协议的作用

医事仲裁协议作为医患当事人提交医事仲裁的主要依据,一经成立,就具有法定的效力,对于医事仲裁活动具有重要作用。

1. 对医患双方当事人具有约束力。医疗纠纷发生前或发生后,医患当事人一旦共同选择了仲裁方式并签订了协议,就意味着双方当事人都必须信守约定,任何一方未经对方同意都不得擅自变更协议内容。医患当事人申请医事仲裁时,应当向协议中共同约定的医事仲裁机构申请仲裁,而不得改变医事仲裁地点和仲裁机构。同时,医患当事人双方既然选择了仲裁方式解决医事争议,就不得违反约定向人民法院提起诉讼,如果一方当事人提起诉讼,另一方当事人有权以现有的医事仲裁协议为根据,请求人民法院拒绝或撤销医疗纠纷诉讼案件。

2. 医事仲裁委员会和医事仲裁员可以依据医事仲裁协议受理医疗纠纷案件,行使管辖权。医事争议发生后,医患当事人中的一方依据其共同约定向医事仲裁机构申请仲裁后,另一方当事人必须在规定的期限内选定仲裁员,并出庭参加答辩,否则医事仲裁委员会有权代为指定医事仲裁员组成医事仲裁庭,对于拒不到庭参加庭审的,仲裁庭有权作出缺席裁决。对于医事仲裁机构来说,必须依据医患当事人在仲裁协议中达成的请求事项进行审理和裁决,而不能超出当事人的请求范围妄加裁决。

3. 排斥了人民法院对医事诉讼案件的司法管辖权。人民法院作为国家的审判机关，依法审理医疗纠纷案件是理所应当的，但医疗诉讼管辖权和医事仲裁管辖权又是相对独立的权利，其独立性产生的依据就在于医事仲裁协议所具有的排他性，也就是说，医患双方当事人订有仲裁协议，则人民法院便不得受理该案件而实行强制管辖，即使一方当事人违反仲裁协议擅自向人民法院起诉的，人民法院在弄清情况或经另一方当事人指正后，也不得受理该案件，已经受理的，应当主动撤销。再有，医患当事人虽然参加了医事仲裁的庭审，但对裁决结果不服，又向人民法院起诉或上诉的，人民法院也无管辖权。

4. 医患当事人向人民法院申请强制执行的重要根据。医事仲裁裁决是具有法律效力的重要文书，一经下达，即对医患双方当事人产生约束力，当事人有义务自觉履行医事仲裁协议的内容。但是，医患当事人一方如果拒不履行仲裁协议确定的义务，另一方当事人有权依据仲裁协议向有管辖权的人民法院直接申请强制执行。人民法院受理申请强制执行医疗纠纷案件的前提条件是医患当事人订立了医事仲裁协议，如果没有仲裁协议，人民法院将不予强制执行。

二、医事仲裁协议的内容

医事仲裁协议的内容关系到医患双方当事人的权益，关系到双方的医疗纠纷能否得到公平、公正的解决，因此，无论是在医疗纠纷发生前双方在医疗合同中订立的仲裁条款，还是在医疗纠纷发生后双方签订的仲裁协议，其内容通常包括以下几个方面。

(一)医事仲裁事项

医患当事人一旦共同选定以仲裁方式解决双方的争议，就必须在医事仲裁协议中确定交由医事仲裁机构解决的争议范围，也就是必须约定提交的仲裁事项，这一内容不可缺少，因为它是医事仲裁机构行使仲裁管辖权的重要依据，也是医患当事人申请人民法院实施强制执行的必备条件，因此在订立医事仲裁协议时，当事人应当尽量将内容拟定得翔实、全面、明确，以免事后在医事仲裁时给当事人带来不利的后果。如果一方当事人实际申请仲裁的事项超出医事仲裁协议中所规定的事项，则另一方当事人有权就医事仲裁管辖权提出抗辩，并有权拒绝出席庭审。对于医事仲裁庭来说，无权对超出当事人约定的争议范围进行审理，即使审理了，其仲裁裁决也不发生法律效力，人民法院也不予受理强制执行的申请。

(二)医事仲裁的地点

在医事仲裁中，医患双方当事人约定的仲裁地点关系到仲裁机构行使管辖权的问题，医事仲裁管辖有别于人民法院的诉讼管辖，医事仲裁不实行级别管辖和地域管辖，不具有强制性，因而医患当事人在仲裁协议中约定在某地申请仲裁，则该地医事仲裁机构就享有对该案的仲裁管辖权。仲裁地点的选择，不仅涉及医患当事人参加仲裁的时间占用、旅途费用，而且有时还无法摆脱地方保护主义对案件的影响。医事仲裁地点的选择还涉及对仲裁裁决的执行问题。因此，当医疗纠纷发生后，医患当事人应当认真对待仲裁地点的选择，应当在协商一致的基础上选择那些相互了解、彼此信任的医事仲裁机构进行仲裁。

（三）医事仲裁机构

医事仲裁机构是医患当事人解决医疗纠纷、受理医事争议的公断机构，医事仲裁机构的选定是医事仲裁协议中不可缺少的重要内容，它是医事仲裁委员会和仲裁庭行使仲裁管辖权的主要依据，同时也关系到医患当事人的权益能否得到科学、合理、公正的解决。因此选择一个令双方当事人都满意的医事仲裁机构是至关重要的。在选择医事仲裁机构时，应当选择那些专业素质优秀、职业道德高尚的仲裁机构，医事仲裁员是否具有较为深厚的医学知识和法学知识，是否具有司法审判实践经验，是否廉洁公正等，这些都关系到医事仲裁的质量。在选择医事仲裁机构时，当事人还应当选择一些医事仲裁规则健全完善、信誉评价较高、服务热情周到的医事仲裁机构。同时还应当尽量避免选择具有浓重地方保护色彩的仲裁机构。

（四）医事仲裁程序

医事仲裁程序是医患当事人和医事仲裁机构进行仲裁时必须遵守的行为规则，它包括如何提交医事仲裁申请、如何选定医事仲裁员和仲裁庭的组成方式、如何进行答辩、如何进行审理和裁决以及如何分担仲裁费用等。医事仲裁程序一经医患当事人选定，在该仲裁程序规则制约下的医事仲裁机构和当事人就必须按照特定的程序规则进行仲裁。目前，在我国国内的仲裁机构中，各地仲裁委员会根据仲裁法的规定，结合提交仲裁案件的特点，都先后制定了大同小异的仲裁规则，以供仲裁机构和当事人选择适用。

（五）医事仲裁裁决的效力

医事仲裁裁决的效力表现在医事仲裁作出的裁决是否对医患当事人双方具有约束力，仲裁裁决是否是终局性裁决。为了保证仲裁裁决的法律效力，维护仲裁裁决的权威性、严肃性和有效性，对于医事仲裁协议一般都要求确定“医患当事人愿意接受仲裁裁决结果，受其约束，主动履行，该裁决具有终局性”的内容。医事仲裁裁决的约束力，不仅要求医患当事人遵行，同时还表明医患当事人对仲裁裁决不服，就同一医疗纠纷再向医事仲裁委员会申请仲裁或向人民法院提起医疗纠纷诉讼的，医事仲裁机构或人民法院也要受已经生效的仲裁裁决的约束而拒绝受理。

三、医事仲裁协议的效力确认

医事仲裁协议一经医患双方当事人签字即告成立。但这并不意味着该医事仲裁协议就是合法有效的协议。一项有效的仲裁协议必须具备法律所确认的实质条件,符合法律所规定的形式要件。

(一)医事仲裁协议的有效条件

医事仲裁协议是基于医患双方当事人的意思表示一致,按照要约与承诺的步骤建立起来的对医患双方都具有约束力的契约。一项具有法律效力的医事仲裁协议应当具有如下几个条件:

1.具备法定的形式要件

对于仲裁协议的形式问题,世界上大多数国家和国际公约都明确规定应当采用书面形式,否则仲裁协议无效。依据我国仲裁法的规定,仲裁协议应当具备书面形式。该仲裁协议书应当写明提交医事仲裁的争议事项和共同认可的仲裁机构以及医事仲裁员,同时还要载明请求医事仲裁的意思表示。之所以要求医患当事人采用书面方式进行约定,主要是为了防止医疗纠纷发生后将医患双方的争议提交医事仲裁时无据可查、无章可循,特别是当医患当事人对曾经达成的口头仲裁协议反悔时,医患当事人提交医事仲裁就更加困难,如果双方订立了书面仲裁协议,就会避免这种不利的后果发生。

2.具备法定的实质要件

医事仲裁协议在成立时,必须按照有关法律规定的实质条件去建立。我国仲裁法规定仲裁协议应当具备的条件包括:

(1)当事人必须具有缔约能力

根据我国合同法以及民法通则的规定,具有缔约能力的人应当是完全行为能力的自然人、法人和其他组织,无民事行为能力或者限制行为能力的公民不能实施重大的民事行为,其订立的任何协议均属无效。在订立医事仲裁协议时,要求患者必须年满18周岁,且精神健康正常,医疗机构应当具备法人资格。实践中有些患者虽然是成年人,但由于身体健康原因使其丧失行为能力时,可以由他们的法定代理人或者委托代理人以当事人的名义代理订立医事仲裁协议。

(2)医患当事人的意思表示真实

订立医事仲裁协议是医患当事人双方重大的法律行为,根据意思自治原则,医事仲裁协议应当是双方在自愿、平等的基础上通过协商达成一致而产生的,在订立医事仲裁协议过程中,双方当事人不能隐瞒真实情况,不能采取欺骗手段或者利用自己的权势地位胁迫对方,或者在一方危难之中另一方趁势迫使对方接受不合理的条件而违心地签订了医事仲裁协议，这种情况下产生的仲裁协议不具备法律效力。

(3)应当具有合法、明确的仲裁内容

医事仲裁协议中约定的仲裁事项，必须符合法律规定的仲裁事项，超出法定的仲裁范围则无法仲裁。我国仲裁法规定，婚姻、收养、监护、抚养、继承和依法应当由行政机关处理的行政争议不能仲裁。鉴于此项规定，医疗纠纷案件并不在仲裁法的限制范围，因而将医事仲裁协议交由仲裁机构仲裁是符合法律规定的。因为广义上看，医疗纠纷所产生的争议主要涉及患者的人身权益、财产权益和精神利益，当医疗纠纷发生后，患者期待的最终目标应当是物质利益的补偿或赔偿，这与经济纠纷案件当事人的追求目标是一致的，仲裁方法具有诉讼不可比拟的优越性，因此大量的经济案件常采用仲裁方式解决。在医疗纠纷案件中，医患当事人也可以利用仲裁的优越之处通过仲裁加以解决。所以，医事争议提交仲裁机构仲裁并未超出法定的仲裁范围。当然，医患双方当事人在约定仲裁事项时，绝不能在确定医事争议范围的同时，将有关监护、抚养、继承等事项一并提交医事仲裁机构仲裁。另外，医患当事人约定的仲裁事项超出了仲裁委员会的约定，当事人又不能达成补充协议时，该仲裁协议就是无效的协议。因此，在提交医事仲裁时，医患双方当事人应当参照法律的规定，邀请一些医学和法学方面的专家学者帮助医事仲裁协议的草拟和签订。

(二)无效医事仲裁协议的确认

医事仲裁协议的无效是指医患双方当事人虽然签订了医事仲裁协议，但是由于该协议欠缺法律规定的有效条件，从而导致医事仲裁协议无效。医事仲裁协议无效主要有以下几种情况：第一，医事仲裁协议提交的仲裁事项超出了我国仲裁法规定的仲裁范围。第二，无民事行为能力或限制行为能力的医患当事人签订的仲裁协议无效。第三，医疗机构利用自己的优势迫使患者在违背真实意思的情况下订立的仲裁协议无效。

第四节　国外医事仲裁制度简介

一、国外医事仲裁制度的产生和发展

仲裁是由合同双方以仲裁法为基准，根据合同中事先订立的仲裁条款或争议发生后达成的仲裁协议，共同选定与争议无利害关系的第三方解决他们之间争议，并自动受第三方裁决约束的一种制度。仲裁作为一种解决争端的有效方式而存在的

历史一直可以追溯到古罗马的十二铜表法。该法第二表第二条规定：……妨碍法官、仲裁者或者原被告之一方出庭审讯，则审讯应该延迟至其他日期。在此以后的漫长岁月中，仲裁一直被认为是一种高效的争端解决方式，而被人们所采用。尤其是地中海和波罗的海沿岸的商人们出于解决商事纠纷的需要而广泛采用这一方式，并逐渐发展成为一套有别于诉讼的程序规则。具有近代意义的第一部仲裁法是英国于1697年制定并颁布实施的。但是英国法院对仲裁一直采取敌对态度，因为英国法院认为法院的管辖权是国家主权的象征，是不应该允许个人通过协议来加以排除，并有所损益的。虽然普遍认为，英国在1855年司各特诉艾弗里一案后对仲裁的严格控制政策有所缓解，但是即便如此，法院还是保留有最终审查权。法院可以撤销当事人之间的仲裁协议，并且规定仲裁庭不得对法律问题作出解释，而必须以“特别案件”的形式接受有管辖权的法院作出裁决。英国法庭对于仲裁案件所享有的这种特别权利直到1979年才完全被取消。

同为英美法系的美国对于仲裁的态度要比英国要好。虽然美国直到1925年才颁布《联邦仲裁法》，可是美国法院早在19世纪后期就已经开始承认仲裁员可以作出当事人之间具有约束力的裁决。但该种裁决不构成具有约束力的先例。任何仲裁员裁决案件时，都不能援引以往性质相同或类似案件的裁决作为其手头案件的裁决理由。在这一点上，我们可以看出仲裁裁决和法院判决之间的一个明显不同。目前，美国除了现行的《联邦仲裁法》之外，各州均有各自的仲裁法和仲裁程序，而且几乎美国所有的州都将仲裁法和仲裁程序纳入了本州的民事诉讼程序内，并作为民事诉讼程序的组成成分来加以调整。

法国国会早在18世纪末期就已经认为仲裁是合同当事人之间解决纠纷的最理性方式。并且，1800年法国的《法官组织法》也规定选择仲裁是公民的权利，是不应该以任何方式加以限制和禁止的。但是，根据法国的《民事诉讼法》的有关规定，仲裁员裁决的效力并非在一切情况下都是终局的，即在有的情况下，当事人除非放弃，则可以保留在仲裁庭作出裁决后向法院提出上诉的权利。所以，在仲裁裁决的效力问题上法国的做法是比较特别的。

这样，我们可以看到尽管各国仲裁法和仲裁程序各有不同，但是仲裁作为一种争端替代解决方式已经无可争议地树立起在各国司法体系内的地位。同时，各国的司法机关也逐渐出现了一种趋势：即越来越鼓励当事人将其争议标的额不大的案件或是非清楚、证据确凿的案件提交仲裁，这样既可以体现现代司法所奉行的便利而快速地解决当事人纠纷的价值理念，也可以减轻法院的工作压力。

以仲裁方式解决争议可以看做是当事人私权自治的表现，因此商事纠纷是各国仲裁庭处理得最多的一类案件。但是，随着社会和经济的发展，如果仍然还将仲裁仅仅局限于商事纠纷这一类案件，那么，显然是无法发挥仲裁巨大的优势和潜力的。

因此，新型种类的仲裁开始出现了。医事仲裁无疑就是众多新型仲裁种类中的一类。

二、两大法系通用的概念

根据英美法系和大陆法系医事仲裁的实践，医事仲裁的通用定义为申请人在和被申请人因医疗过失或其他医疗行为导致纠纷后，双方根据事后达成的仲裁协议或预先在治疗合同中签订的仲裁条款，将争议提交常设或临时的仲裁机构，并由该仲裁机构解决申请人和被申请人之间争议的制度。

三、医事仲裁的原则

（一）当事人意思自治

英国贸易法学家施密托夫认为仲裁在本质上是一种契约。基于这种看法，我们认为无论仲裁发生在何种专业领域内，当事人同意仲裁的意思表示是仲裁庭取得管辖权的依据。具体到医事仲裁，允许将医事纠纷提交仲裁解决的国家均认为仲裁庭取得管辖权的依据是当事人作出的同意仲裁的意思表示。进言之，患者是和医生或医院既可以在治疗合同中缔结仲裁条款以解决他们之间有可能发生的争议，也可以在因治疗而导致的争议出现后再行签订仲裁协议。但是，有一点必须注意：即医院或医生不得以患者同意仲裁作为其向患者提供医疗服务的先决条件，因为这样的做法从根本上违背了仲裁的精神。如果患者在迫不得已的情况下和医院或医生签署了含有仲裁条款的治疗合同，那么一旦医疗纠纷果真发生，患者则可以向法院起诉撤销因违背自己意愿而签订的仲裁协议，但是患者应当承担举证的责任。

作为例外，目前美国有的州立法规定可以不必考虑患者和医院之间是否存在有效的仲裁条款或协议，而将因医疗过失所导致的纠纷强制提交仲裁。比如，根据美国阿拉斯加州的立法，法院在当事人不同意以仲裁方式解决他们之间的医疗纠纷时，如法院认为适当，就可以强行指定一个由三名医学领域中的专家组成的合议仲裁庭来处理当事人之间的纠纷。又如美国的特拉华州，根据该州的规定患者若想向法院起诉医院或医生在治疗过程中具有过失，则他的主张必须经过州立医疗过失审查委员会的裁定。如果该委员会同意患者的主张，那么患者才可以向法院提交诉讼。再如美国的马萨诸塞州，该州规定所有的医疗过失纠纷在诉前必须经过仲裁庭的初步裁决。初步裁决的目的是确定在治疗过程中是否存在有患者所指控的过失。该仲裁庭一般由一名律师、一名法官和一名医生组成。

（二）法院的保障和监督

仲裁可以被看做是一项准司法活动。但是，仲裁员毕竟不是法官。法官是国家司法权的象征，而仲裁员并不具备这种特质。因此，仲裁员的活动必须在该国法律允许的范围内进行。如果一个国家并不允许以仲裁的方式解决医疗纠纷，那么即使当事人之间存在仲裁协议，仲裁员也不可以根据该协议对此纠纷进行管辖。当前，从各国的仲裁立法和实践来看，法院对仲裁的监督和保障可以体现在以下两方面。

首先，法院对仲裁的保障表现在对当事人之间仲裁协议的支持。一旦患者和医院之间存在合法有效的仲裁协议，那么如果一方在纠纷发生后无视仲裁协议的存在而向法院起诉，法院则可以在另一方的抗辩请求下，驳回起诉一方的诉讼请求，并令起诉方将该争议提交仲裁庭解决。例如，美国阿拉巴马州的立法规定，一旦医疗纠纷双方当事人，以书面形式达成将其之间的纠纷提交仲裁解决的协议书，那么仲裁裁决就是终局的，同时法院也将不再行使管辖权。

再次，法院对仲裁的监督表现在法院可以根据仲裁法和民事诉讼法的规定对无效或非法的仲裁协议予以撤销。根据各国的仲裁法，我们可以认为医事仲裁应该对与医事相关的平等主体的公民、法人和其他组织之间的合同纠纷和其他财产权益纠纷进行仲裁。但是，我们也必须承认患者和医院之间的关系并非总是可以保持平等的。在实际生活中，患者总是处于弱势地位的。在很多情况下，医院在和患者订立治疗合同时，会采取强制手段要求患者同意该合同中所含有的仲裁条款，或者治疗合同本身就是一份由医疗行政机构所拟定的附和合同，患者根本就没有和医院进行协商的余地。这样，如果法院对于在这种不平等条件下签订的仲裁协议还是一味地采取不闻不问的态度，那么显然是有悖于公正的司法理念的。所以，当一方当事人(大多数情况下为患者)向法院提出请求要求撤销其与另一方之间订立的不平等的仲裁协议，法院经审理后，如情况属实，那么法院则会作出仲裁协议无效的裁决，并由此取得对该医疗纠纷的管辖权，以维护申诉方的利益。

四、医事仲裁机构和仲裁庭

(一)常设仲裁机构和临时仲裁机构

以处理医事纠纷的仲裁机构有无固定的办公场所、组织机构和章程为依据，我们可以将仲裁机构划分为常设性仲裁机构和临时仲裁机构。

从各国仲裁实践来看，常设仲裁机构一般并不是专为处理某一类纠纷而设立的，因此常设仲裁机构大都有自己的固定的名称和仲裁程序规则，例如美国仲裁协会(American Arbitration Association，AAA)就是如此。但是，无论在专业性和复杂程度上，医事纠纷毕竟和传统的商事纠纷不同。所以为了更公正、准确地处理医患之间的纠纷，目前许多国家都成立了专门处理医事纠纷的仲裁机构。比如，美国的路易斯安那州，该州虽然在原则上不强制将医疗纠纷提交仲裁裁决，但是该州却设立了一个由医学专家组成的医疗纠纷复审委员会。所有因医疗行为而发生的争议必须提交该委员会进行审查。这种委员会在性质上是常设的，他们虽然没有以仲裁机构常用的方式予以冠名，但是其所起的作用在很大程度上和仲裁庭并无二致。

临时性仲裁机构在有的国家也称为特设仲裁机构，这种仲裁机构并没有固定的场所和仲裁章程，它们的形成主要是根据当事人之间达成的仲裁协议。因此，这种仲裁机构往往专业性较强。换言之，临时仲裁机构是为了解决当事人协议项下特定的纠纷而成立，并随着纠纷的解决而解散的仲裁机构。目前，并非所有的国家都承认临时性仲裁机构的法律地位，因此当事人在订立将其争议提交临时性仲裁机构裁决的协议前，一定要先参考该国的《仲裁法》，以确定该国是否允许临时性仲裁机构的存在。

在医疗纠纷领域中，当事人将争议提交临时机构仲裁裁决的做法是非常普遍的，究其原因，主要有两点：1.处理医疗纠纷的临时性仲裁机构能够适应争议当事人的需要。比如美国，专门处理医疗纠纷的常设性机构，不论其名称如何，大都由医学领域内的专家组成。这些专家虽然具有精湛的医学知识，但是对待法律问题却不甚了解，而且患者一方也会担心医学专家对同事的偏袒，而不顾自己一方的利益。而临时性仲裁机构的组成一般为两名医学专家和一名律师或一名医学专家、一名律师和一名法官。因此，在同一个仲裁庭中既有精通医学的专家也有精通法学的律师，这样可以在最大限度内保证纠纷当事人各方的利益，而不会出现顾此失彼的局面。2.临时性仲裁机构的程序灵活，当事人可以对包括仲裁费用等事项在内的问题进行自由协商，更能体现出仲裁契约性的本质。

五、医事仲裁协议

（一）形式要件

仲裁协议的形式要件是指仲裁协议的表现形式。一项有效的仲裁协议不但要内容合法，而且在形式上也必须符合法律的规定。当前绝大多数国家的仲裁立法对仲裁协议的形式要件的要求均为书面形式。例如法国《民事诉讼法典》第 1443 条规定："仲裁条款应在主要协议中或主要协议所援引的文件中书面规定之，否则不具有效力。"又如英国 1996 年《仲裁法》第 5 条第一款规定："只有在仲裁问题为书面形式的情况下，本部分规定才予以适用。"再如美国《联邦仲裁法》第 2 条规定："在任何海事和商事契约中，为了用仲裁方式解决可能由于契约引起的或者由于拒绝履行契约全部或者部分争议引起的争执所做的书面决定……都是有效的、不可撤销的和强制性的，但具有法律或者衡平法所规定撤销契约的理由者除外。"根据《联邦仲裁法》的规定，美国所有的州也相应的要求，如果当事人同意将他们的医事纠纷提交仲裁解决，那么仲裁协议的形式必须是书面的。如阿拉巴马州的立法规定，医疗纠纷双方当事人可以将他们之间的纠纷提交仲裁解决，但是仲裁协议必须是书面的。

20 世纪初的几十年里，各国对仲裁协议的形式都没有一个明确的要求。换言之，口头仲裁协议也被认为是具有法律效力的。但是，口头仲裁协议有一个非常严重的弊端：即当事人之间的法律关系无法稳定。我们可以设想一下：如果A和B以口头形式达成仲裁协议，以解决他们之间可能发生或业已发生的医事纠纷。但是A在订立口头协议后反悔，于是向法院起诉，那么B应该如何向法庭证明他和A之间确实订立有通过仲裁方式解决医事纠纷的口同仲裁协议呢？我们可以以此为例进一步的设想：假设A和B均确实遵守他们之间的口头仲裁协议，将医疗纠纷提交仲裁庭解决，那么在裁决过程中，B发现形势对其越来越不利，那么B就有很大可能提出他和A之间并不存在仲裁协议，所以仲裁庭无权管辖他和A之间的医疗纠纷。那么面对这种情况，A和仲裁庭又怎样才能证实B说的是假话呢？所以，这样一来无论是仲裁法律关系的稳定，还是诉讼法律关系的稳定，都只能靠当事人的诚信来维持了。因此，为了避免口头仲裁协议的种种弊端，各国的仲裁立法才逐渐开始注意对仲裁协议的形式作出要求，最终形成了一般只承认以书面形式达成的仲裁协议的格局。

（二）实质要件

各国对于仲裁协议的实质要求具体应该包括什么要素并没有统一的看法。英国《仲裁法》认为当事人只要在仲裁协议中作出自愿同意仲裁的意思表示，仲裁协议即为有效。至于当事人是否选定了具体的仲裁委员会来裁定他们之间的纠纷，则对仲裁协议的效力不产生影响。但意大利《民事诉讼法典》第809条却认为："仲裁协议和仲裁条款必须指定仲裁员，或者至少应说明仲裁庭的人数和指定仲裁员的方法。"巴西《仲裁法》和《民事诉讼法》对于仲裁协议实质要件的规定更为严格，不但当事人要在仲裁协议或仲裁条款中规定仲裁员，而且还要规定仲裁员的补选方式，否则无效。通过考察美国《联邦仲裁法》和各州的立法，可以看到美国对仲裁协议实质要件的规定倾向于英国：即只要当事人的意思表示真实，并将该种意思表示体现在仲裁协议或仲裁条款中，那么该仲裁协议和仲裁条款即视为有效。

思考题

1. 仲裁的特征有哪些？
2. 仲裁与民事诉讼有哪些区别？
3. 医事仲裁有哪些特征？
4. 医事仲裁协议应包括哪些内容？

第十二章　医事仲裁的基本原则

内容提要

医事仲裁的基本原则，是指导医事仲裁全过程的规范准则，为仲裁机构解决医疗纠纷提供了总的指导思想。本章内容结合医事仲裁的相关特性，在总结我国解决医疗纠纷司法实践经验的基础上，简要分析了我国医事仲裁的五项基本原则，即医患双方当事人自愿原则、仲裁裁决公平合理原则、仲裁机构独立行使职权原则、仲裁过程不公开原则、仲裁裁决实行一裁终局原则。

第一节　医患双方当事人自愿原则

自愿原则，是指医患双方当事人达成仲裁协议、申请仲裁、继续仲裁、达成和解或调解协议等都必须出自其真实意愿，任何机关、组织和个人都不得强迫当事人仲裁，任何一方当事人都不得将自己的意志强加于对方。仲裁法第四条规定："当事人采用仲裁方式解决纠纷，应当双方自愿，达成仲裁协议。"这是此项原则的法律依据。自愿原则是仲裁制度中的首要原则，是仲裁制度赖以存在的基础。没有当事人意思自治的仲裁不是真正意义上的仲裁。从仲裁这一解决纠纷方式的产生与发展过程看，它之所以被民商事纠纷的当事人普遍接受，正是由于它有着有别于诉讼的自主特征。归纳起来，医事仲裁中所体现的自愿原则，应当保护以下几个含义。

一、医患双方当事人自愿协商是否采用仲裁来解决纠纷

医患双方当事人采用仲裁方式解决医疗纠纷时，需经双方认可，并在完全自愿的基础上签订书面协议。也就是说，医患双方为建立医事法律关系，在诊疗前或诊疗中订立了医疗合同，如果在合同中约定当发生医疗纠纷时采用仲裁方式解决的，则应当在合同中载明仲裁条款事项；如果当事人在订立诊疗合同时并未就医疗纠纷发生时是否采用仲裁方式加以解决，而在医疗纠纷发生后约定采用仲裁方式了断

的，医患双方则应当另立书面仲裁协议。双方没有订立书面仲裁协议的，一方当事人单独提出仲裁申请的，仲裁机构不予受理。

二、医患双方当事人自愿协商仲裁地点和仲裁机构

医事仲裁案件和医事诉讼案件不同，医事仲裁不实行级别管辖和地域管辖，而实行协议管辖。即医事纠纷发生后，当事人采用仲裁方式解决的，双方可以在意思自治的基础上，自愿协商，共同选定他们信任的仲裁地点和仲裁机构。

三、医患双方当事人自愿协商医事仲裁事项

医事仲裁事项是指在法定范围内基于医事法律关系所引起的争议事项。医患双方当事人在订立的仲裁协议中，可以约定将提交哪些事项进行仲裁。对于双方当事人没有约定的事项，或者虽有约定但约定的内容已超出法定仲裁界限的，仲裁机构则应当以约定事项为依据，而不能随意扩大仲裁范围进行仲裁。

四、医患双方当事人自愿协商确定仲裁员

医事纠纷案件的仲裁员可以由医患双方当事人自行选定或委托仲裁委员会指定。医事仲裁不同于其他案件的仲裁，医事案件的专业性、复杂性决定了医事仲裁员必须由医学家、法学家共同担任。当事人一旦选定了某个仲裁机构，并且收到仲裁委员会送达的医事仲裁员名册后，就可以自愿选定由哪些仲裁员组成合议庭。当事人双方既有权选择一名仲裁员组成仲裁庭，也可以选择三名仲裁员组成合议庭。当事人如果选定由三名仲裁员进行审理，则首先应当由当事人各自选定一名符合自己意愿的仲裁员，然后共同选定或共同委托仲裁委员会主任指定第三名仲裁员为首席仲裁员，组成仲裁庭审理案件。如果当事人双方约定由一名仲裁员进行审理，也必须经双方一致同意才能选定或由仲裁委员会指定。

五、医患双方当事人自愿协商达成和解协议

在仲裁进行中，医患双方当事人可以就争议的事项自愿达成和解协议，仲裁机构应当尊重双方当事人的这种选择。医事仲裁的基础是当事人的意思自治，既然当事人自愿选择仲裁方式解决医事纠纷，当然也允许他们在仲裁过程中，根据双方的愿望在意思表示一致的前提下达成和解协议，仲裁机构应当及时制作调解书，或者根据调解协议制作裁决书。在仲裁裁决书中，当事人协议不愿写明争议事实和裁决理由的，可以不写。此外，在医事仲裁进行中，申请人还可以根据情况自主决定撤销仲裁申请。

六、医事仲裁过程是否公开审理或开庭审理，应当由当事人双方协商决定

基于医事纠纷案件可能会涉及患者的隐私或医疗单位的名誉，因此，当事人双方如果认为无需开庭审理或公开审理的，经当事人申请，仲裁庭应当采纳他们的意见不开庭审理或不公开审理。

第二节 仲裁裁决公平合理原则

仲裁机构在受理医事仲裁案件后，应当以事实为根据，以法律为准绳，解决医事争议时，不能偏袒或歧视任何一方，而应当站在公正的立场上，充分听取医患双方当事人的陈述，科学地甄别当事人提供的各种证据，遵循公平合理的原则，对双方的争议焦点进行客观的分析，最终作出公正的裁决。在医事仲裁中，公平合理的原则应体现在以下几个方面。

1. 在医事仲裁中，仲裁庭组成人员除了应当具备相关的医学知识、娴熟的法律知识和丰富的裁判经验外，还必须具有良好的职业道德，在医事仲裁中能够以事实为根据，以法律为准绳，忠实执行宪法和法律，维护法律的尊严。医事仲裁员不仅要尊重医患双方的意愿，而且仲裁员之间也应当彼此相互尊重，互相配合，不能在专业上相互歧视，以偏概全，而应当将法学与医学有机结合，充分发挥医学与法学的作用，使医患双方对仲裁裁决心悦诚服。另外，仲裁员还应当清正廉洁，仲裁公道，不偏不倚。还应当按照医患双方当事人的愿望，尊重患者的隐私权和医疗单位的名誉权，尽到保守秘密的义务。

2. 为维护医患双方当事人的合法权益，避免当事人受到歧视性对待，保障医事仲裁能够公平合理进行，医事仲裁也应当规定回避制度。当医事仲裁员与患者或医疗单位存在利害关系，可能影响案件公正裁决时，应当依法主动回避，也可以经医患双方或一方当事人向仲裁委员会提出申请，由仲裁委员会主任或仲裁委员会集体讨论，决定某位仲裁员是否回避。医事仲裁涉及患者及其家属以及医疗单位的根本利益，医事裁判权的行使，应当以追求公正的裁判为价值取向，仲裁员应当以执行法律为天职，以公平合理的原则审理案件为己任。只有这样，才能在医事仲裁中消除医患双方的各种猜忌和疑虑，提高医事仲裁机构的公信力和说服力。同时也有利于维护医患双方当事人的合法权益，有利于增强医事仲裁机构的信誉。

3. 医事仲裁案件中，医学家、法学家等一旦被仲裁机构聘用后，应当与仲裁委员会签署保证书，声明在医事仲裁案件中，能做到独立行使职权，依法公正裁决医事纠纷。同时还要将声明书送达医患双方当事人，以利于他们进行监督。另外，医事仲

裁庭组成人员在决定当事人选定或者接受仲裁委员会指定时，知悉与医疗纠纷案件当事人或者代理人存在可能导致当事人对其独立性、公正性产生怀疑的情形，应当书面披露。即使在仲裁的任何阶段发生可能引起此类怀疑的新情况，仲裁员也应当迅速向医患双方当事人和仲裁机构予以披露。《仲裁员守则》中也明确规定："仲裁员隐瞒应当回避的事实，仲裁委员会有权将其解聘。"这一规定可以最大限度地保证被聘用的仲裁员都能秉公裁判。

4. 医事仲裁员如果与医疗单位或者患者及其家属或者他们的代理人事先讨论过该案件，或者向他们提供过咨询意见的，应当主动回避，不得继续担任该案的仲裁员；仲裁员不得收受当事人馈赠的礼金，不得与一方当事人单独会见讨论有关案件的情况或接受有关案件的材料，但在调节过程中仲裁庭决定仲裁员与一方当事人单独会见的除外；如果发现仲裁员私自同医疗单位或患者本人及其家属、代理人等利害关系人会面，或者接受当事人、代理人请客送礼，有索贿受贿、徇私舞弊、枉法裁判行为的，仲裁委员会应当坚决予以除名。同时永远取消其仲裁员资格。

第三节　仲裁机构独立行使职权原则

仲裁的独立，是指从仲裁机构的设置到仲裁纠纷的整个过程，都具有依法的独立性。包括仲裁机构不隶属行政机关；仲裁庭享有独立的仲裁权，仲裁委员会不得干预；法院对仲裁裁决有着必要的监督，但仲裁并不附属于法院。没有独立的仲裁，就没有真正的仲裁。我国仲裁法确立的仲裁独立原则，是我国仲裁制度发展完善的里程碑。这一具有划时代意义的原则，将给我国的仲裁事业带来新的生机。仲裁法第八条规定："仲裁依法独立进行，不受行政机关、社会团体和个人的干涉"，第十四条规定："仲裁委员会独立于行政机关，与行政机关没有隶属关系。仲裁委员会之间也没有隶属关系"。这是此项原则的法律依据。

基于仲裁法的规定，我国医事纠纷案件采用仲裁方式审理时，医事纠纷仲裁委员会、医事仲裁庭和医事仲裁员的地位是独立的，它既不隶属于卫生行政部门，也不隶属于其他社会团体，仲裁机构只对法律负责，各自依法独立行使职权。因此，在医事仲裁过程中，医疗卫生行政机关、社会团体和与医疗纠纷案件无利害关系的公民都无权干涉医事仲裁。具体地说，仲裁机构独立行使职权原则应当包括以下几个方面。

一、医事纠纷仲裁委员会、仲裁协会和医事仲裁庭依照职责各自独立行使职权

在医事仲裁中，仲裁庭对医事纠纷案件有权行使调解权和裁决权。我国《仲裁法》第51条第一款规定："仲裁庭在作出裁决前，可以先行调解。当事人自愿调解的，仲裁庭应当调解。调解不成的，应当及时作出裁决。"也就是说，医事仲裁庭组成后，在审理具体医疗纠纷案件时，不听命于任何行政部门的指挥，而是站在中立的立场上，依法独立行使职权。在仲裁庭主持下，医患双方当事人可以在自愿协商、互谅互让基础上，就有关分歧达成调解协议，及时了结医疗纠纷。当双方争议的焦点无法调解时，仲裁庭有权及时依法作出裁决。

在医事仲裁中，医事纠纷仲裁委员会虽然属于民间团体，但具有独立法人资格，应当独立于医疗卫生行政部门，也就是说，医事纠纷仲裁委员会从性质上说不是国家机关，与医疗卫生行政部门不是领导与被领导的关系，医疗卫生行政部门也无权干涉医事仲裁委员会的仲裁工作。医事纠纷仲裁委员会不论在哪个地方设立，都不专属于该市的仲裁委员会，任何当地的卫生行政机关、社会团体和个人都不能对其施加消极影响，都不能将其作为地方保护主义的工具。另外，就医事仲裁组织体系而言，仲裁协会、医事纠纷仲裁委员会和医事仲裁庭也应当各自独立，各司其职，互不干涉。特别是当医疗纠纷案件发生后，当事人双方愿意提交仲裁机构仲裁时，由医学家、法学家、法医学家组成的医事仲裁庭不受仲裁协会和仲裁委员会的干扰，对医事纠纷的审理和裁决，独立进行。

医事仲裁协会主要职责应当是，依法制定适用于各医事纠纷仲裁委员会的仲裁规则，对医事纠纷仲裁委员会及其组成人员、仲裁员的违法违纪行为实行监督，从性质上说，仲裁协会应当属于自律性组织，它不隶属于任何国家机关。而医事纠纷仲裁委员会主要职责应当是，按照仲裁法规定的条件，结合医疗纠纷案件自身的专业特点，根据不同的医事纠纷案件情况，在医学界、法学界选聘德能兼备、具有实践经验和专业水平的临床医学专家、对卫生法有较深研究的法律专家作为医事仲裁员。

在仲裁过程中，对仲裁员的仲裁行为实行监督，一旦发现仲裁员有违法违纪问题，医事纠纷仲裁委员会可以将其除名。此外，医事纠纷仲裁委员会还有权依法决定医疗案件的受理，依法确认医事仲裁协议的效力，并依据医患当事人的意愿，依法指定或由当事人选定由哪些人员组成仲裁庭以及仲裁庭的形式。医事仲裁庭一经确定，医事纠纷仲裁委员会就不得再行介入横加干涉，以后的仲裁完全由医事仲裁庭依法独立进行。

二、同一个医事仲裁庭的仲裁员相互之间也应当具有独立性

医事仲裁员的仲裁工作不受医患当事人的影响。在医事纠纷案件解决过程中，不论是医学家、法医学家还是法学家，每一位仲裁员都应当依据各自的专业理论和实践成果，运用科学的思维方式审慎地独立进行过思考判断和鉴别。尤其是案件涉及的医学专业问题，更要求医学家、法医学家本着对医患双方当事人高度负责的态度，作出令人信服和经得起推敲的科学结论。为了体现仲裁员各自的独立地位，在医事仲裁进行中，应当允许仲裁员提出不同的看法并保留自己的意见，也允许仲裁员在存在异议的医事裁决书上拒绝签字并记录在案。此外，在医事仲裁进行中，仲裁员也应当保持相对的独立性。对于被医事纠纷仲裁委员会选聘的仲裁员来说，虽然他们都不是专职的，但是，为了保障医事纠纷及时、合法、公正的解决，就应当要求仲裁员不偏不倚，既不代表医疗单位，也不代表患方，特别是由医学界人士参与组成的仲裁庭，更应当避免这些医学专家与医疗单位的接触，应当自觉地隔断他们与医疗部门存在的千丝万缕的联系。

仲裁员在审理医事纠纷案件时，应当树立正义观念，它要求每位仲裁员都应当避免审理与自己有利害关系的案件。如果确有利害关系存在可能影响公正裁决的，仲裁员应当主动回避。在审理过程中，对医患双方当事人的任何一方证言都要认真听取，依法采信。应当给予医患双方当事人平等陈述理由的机会，客观平等地听取双方的意见。仲裁员只对法律负责，而不能感情用事。为了保证医事仲裁公正独立地进行，应当杜绝仲裁员在没有对案件事实调查清楚的前提下，形成先验的结论或倾向。还应当反对滥用职权，只听信一方的陈述，而忽视另一方的陈述。仲裁员只有尊重双方当事人的意见，不偏袒和歧视任何一方，才能使医事纠纷得到公正的解决。

第四节　仲裁过程不公开原则

我国《仲裁法》第 40 条规定："仲裁不公开进行，当事人协商公开的，可以公开进行，但涉及国家秘密的除外。"医事仲裁实行不公开原则，是充分考虑到医患双方当事人的切身利益和隐私而设立的重要原则，也体现了法律在解决医疗纠纷时对人权给予充分尊重的人性化精神。

医事仲裁就是解决患者在医疗单位的诊疗过程中，患者认为自己的生命权或健康权受到了侵害而与医疗单位发生的纠纷。一旦发生了纠纷，无论是患者还是医疗单位，都希望快速解决纠纷，患者希望保护自己的人身利益和财产利益，医方希望保

护自己的财产利益和商业信用及名誉，避免损失的进一步扩大。从这个意义上说，通过仲裁方式解决医患纠纷时，除双方当事人协议公开外，仲裁机构在仲裁中一般以不公开审理为原则，仲裁的程序和裁决结果也不公开。

所谓不公开，一是指仲裁庭在审理医事纠纷案件时，不设旁听席，不允许群众参加旁听。二是指仲裁的过程不对新闻媒体开放，不允许媒体进行报道。不公开原则还同时要求仲裁庭组成人员包括仲裁员、书记员、翻译人员、鉴定人、勘验人以及患方当事人均赋有保密义务，对于医疗纠纷当事人争议的内容、裁决结果不向外界披露。这样做，既可以避免仲裁审理受到外界的干扰而影响仲裁顺利进行，又可以维护医疗单位的商业信誉和形象，还可以保护患者的隐私权。

就医疗单位而言，其所提供的医疗服务属于公益性社会活动，在市场经济条件下，医疗单位为了竞争以及自身生存的需要，其诊疗活动又具有商业性质。因此，提高服务质量，维持良好的信誉，是每一个医疗单位最大的追求。医疗单位的名誉与财产利益同患者的人身利益和财产利益同等重要。医疗纠纷发生后采用仲裁方式解决，如果仲裁机构将仲裁审理公开化，势必会在不同程度上造成医疗单位名誉受损，为日后医疗单位的医疗活动带来不必要的危害，使得医疗单位的信誉降低，公信力下降，经济利益蒙受一定的损失，这样不利于医疗公益事业的健康发展和社会主义市场经济的稳定，更不利于构建和谐的医患关系。因此，医事仲裁实行不公开审理原则，可以给医疗单位方"留点面子"，减轻其怕在声誉上可能受到负面影响的顾虑，使其在感情上容易接受，有利于日后更好地开展医疗卫生服务。

就患者方面来说，仲裁实行不公开审理，有利于保护患者的隐私权。隐私是每一个公民与公共利益无关的个人私生活秘密。在诊疗活动中，由于医生、护士在疾病诊治过程中的特殊地位，有很多机会接触到病人的隐私，其中包括患者本人不愿让他人知道的隐情、患者的身体隐私部位、患者的私人生活活动空间、患者的个人信息等。

隐私权是一种体现人类文明与社会进步的人格权，所以尊重病人的隐私就是对病人人格的一种尊重。在我国相关的医事法律制度中，就有关患者隐私权的保护做了明确规定，如：《执业医师法》第 22 条第三项规定："医师在执业活动中，要关心、爱护、尊重患者，保护患者的隐私。"《护士管理办法》第 24 条规定："护士在执业中得悉就医者的隐私，不得泄露，但法律另有规定的除外。"《母婴保健法》第 43 条规定："从事母婴保健工作的人员应严格遵守职业道德，为当事人保守秘密。"《传染病防治法》第 43 条规定："医务人员未经县级以上政府卫生行政部门批准，不得将就诊的淋病、梅毒、麻风病、艾滋病病人和艾滋病病原携带者及其家属的姓名、住址和个人病史公开。"此外，在《医务人员医德规范及实施办法》中也明确规定：为病人保守秘密，不准泄露病人隐私。可见，尊重患者的人格利益，维护患者的隐私权，不仅是医疗单位的义务，同时也应当成为医事仲裁中必须遵守的重要原则。因此，对于医事仲裁案件实行不公开的原则，有利于打消患者可能暴露的隐情而产生的疑虑，有利于医患双方在一个和谐的氛围中，平息纷争，化解矛盾，促使争议得到公正、彻底解决。这对于维护社会稳定，化解社会矛盾有积极的作用。

第五节　仲裁裁决一裁终局原则

所谓一裁终局是指医事仲裁机构对医患双方当事人提交的医事纠纷案件依法作出裁决后就具有终局的法律效力，医患双方当事人必须主动履行医事仲裁裁决，并不得要求原仲裁机构或其他仲裁机构再次仲裁或向人民法院提起诉讼，也不得向其他机关提出变更医事仲裁的要求。医疗纠纷仲裁制度可规定审理的期限，实行一裁终局制，即仲裁裁决一经作出就发生法律效力，医患双方不能就同一纠纷向人民法院起诉或上诉。

一裁终局原则充分体现了仲裁方式快捷性的优点，克服了以往处理医疗纠纷存在的久拖不决、搅闹医院、无理缠诉的不良现象。由于时间上的快捷性，费用也就相应地节省；由于一裁终局制，无需多审级收费，所以仲裁收费一般比诉讼收费低。医事仲裁不同于医疗诉讼，医疗诉讼实行强制管辖，当时人没有选择的余地。而医事仲裁应当尊重医患双方当事人的意愿和约定，由当事人协议选定管辖的医事仲裁机构，这就为实行一裁终局制奠定了基础。实践表明，医患当事人在发生医疗纠纷后之所以愿意选择仲裁方式解决纠纷，除了考虑到医事仲裁具有保密性、便捷迅速、节省费用等优势外，更主要的因素是医事仲裁能够简约审理程序，使双方的纠纷能够在最短的时间内“一锤定音”，避免处理医疗纠纷所产生的久拖不决、无理缠诉的不良现象，也克服了多重审理给当事人带来的诸多麻烦。医事仲裁不实行两审终审制，因此，当事人双方不能启动上诉程序，从而也大大缩短了审理期限。对于每位当事人来说，在选择处理医疗纠纷方式上，都希望快捷高效的处理方式，如果选择诉讼方式解决纠纷，相对于仲裁方式来说可能造成进程缓慢、耗时费钱的不利结局。

医事仲裁没有上诉程序，而实行终局裁决，有可能导致医患当事人失去通过上诉程序纠正仲裁裁决出现错误的机会和权利，尽管如此，医事仲裁给当事人双方带来的益处是显而易见的，它比诉讼程序具有无可比拟的优越性，法律应当对医患双方当事人这种谋求裁决终局性的合理性期待予以保护。为此，我国《仲裁法》第 9 条第一款规定：“仲裁实行一裁终局的制度。裁决作出后，当事人就同一纠纷再申请仲裁或者向人民法院起诉的，仲裁委员会或者人民法院不予受理。”

还应当指出的是，医事仲裁虽然是终局性的，但对于仲裁裁决是否合法仍然要进行司法审查。也就是说,医事仲裁的终局性不是绝对的,对医事仲裁实行司法审查和监督,不仅是医事仲裁具有民间性所决定,而且也是国家法律赋予人民法院的一项重要职责。我国《仲裁法》第 9 条第二款规定:“裁决被人民法院依法裁定撤销或者不予执行的,当事人就该纠纷可以根据双方重新达成的仲裁协议申请仲裁,也可以向人民法院起诉。”由此可见,人民法院对医事仲裁行使司法审查权的内容和范围是非常广泛的,但是,这些规定绝非是对医事纠纷案件的重新审理,而是根据医患当事人举证做简单的审查。

依据我国仲裁法的有关规定,人民法院的司法审查监督权应答包括:第一,对医事仲裁受理医事纠纷案件的管辖权进行审查,也就是要审查双方当事人之间是否签订了医事仲裁协议。第二,对医事仲裁庭的组成进行审查,也就是要审查仲裁庭的组成人员是否基于医患双方当事人的约定或基于仲裁规则的规定而产生。第三,对医事仲裁机构或医事仲裁庭作出的裁决事项进行审查,也就是要审查仲裁裁决是否是法律禁止仲裁的事项,仲裁事项是否超出了医患双方当事人在仲裁协议中约定的范围。第四,对医事仲裁程序进行审查,也就是要审查医事仲裁程序是否与当事人双方在仲裁协议中的约定与仲裁规则的规定相符。由此可见,人民法院对医事仲裁进行司法审查和监督,不仅有助于维护医患双方当事人的合法权益,实现公平和公正的法律价值目标,而且有助于促进仲裁事业的健康发展。

思考题

1. 医患双方当事人自愿原则包括哪些内容?
2. 如何理解仲裁机构独立行使职权原则?
3. 医事仲裁过程不公开有损仲裁的公正性吗?
4. 为何要设立医事仲裁一裁终局的原则?

第十三章 医事仲裁机构和参加人

内容提要

医事仲裁机构是医事仲裁的组织载体，医事仲裁只有通过医事仲裁机构的运行才能体现其价值。因此，对医事仲裁机构及其参加人的探讨对建构合法、公平、有效的医事仲裁体系有着十分重要的程序意义。在本章中，我们将就涉及医事仲裁机构的医事纠纷仲裁委员会、仲裁协会、医事仲裁庭、医事仲裁专家咨询委员会、医事仲裁员等重要内容进行论述和分析。

第一节 医事纠纷仲裁委员会

一、医事纠纷仲裁委员会的设立程序

近年来，各地医疗纠纷案件时有发生，这类案件由于涉及较多的医疗专业知识，审理思路与其他民事案件有较大的差异，又关系着患方的生命健康权利和院方的医疗声誉，双方的矛盾容易激化，如何妥善处理医疗纠纷，保护医患双方的合法权益，已经成为全社会关注的焦点。随着案件发生率的不断上升，迫切需要在本地区设立解决医患纠纷的仲裁机构，医事纠纷仲裁委员会就是其中之一。该委员会在什么地方设立、由谁来设立以及设立登记等问题都应当依法进行。

我国仲裁法第 10 条第 1 款规定："仲裁委员会可以在直辖市和省、自治区人民政府所在地的市设立，也可以根据需要在其他设区的市设立，不按行政区划层层设立。"根据这一规定，医事纠纷仲裁委员会的设立，必须独立于行政机关，也就是要独立于各地各级医疗卫生行政部门，该委员会是按照地区设立的，而不是按照级别管辖层层设立的。依照法律规定，医事纠纷仲裁委员会只能在两类城市设立，一类是直辖市和省、自治区人民政府所在地的市，另一类是设区的市。

我国《仲裁法》第 10 条第 2 款规定："仲裁委员会由前款规定的市的人民政府组织有关部门和商会统一组建。"这里的有关部门是指哪些部门，全国人大法律委员会

主任委员薛驹在关于仲裁法(草案修改稿)修改意见的汇报中指出:“这里的有关部门,主要是指已经设立仲裁机构的一些部门。由于各地设立仲裁机构的情况不同,有关部门具体指哪些部门,宜由当地的人民政府来确定,在仲裁法中不作规定。”根据这一解释可以认为,由于医事纠纷仲裁委员会所涉及的案件都是医疗纠纷案件,这类案件在医事仲裁中要求具有较强的医学专业。因此,可以由设区的市一级以上人民政府组织有关部门统一组建为常设性的仲裁机构,在组建中,针对医事仲裁的特点,可以由当地的科学技术委员会和医疗卫生行政部门共同指导组建,待医事仲裁委员会成立后。上述行政机关应当逐渐与仲裁委员会脱钩,使医事纠纷仲裁委员会成为真正独立于行政机关的民间组织,避免行政机关对医事仲裁进行干涉。

二、医事纠纷仲裁委员会的设立条件

医事纠纷仲裁委员会应当依照我国仲裁法的规定条件而设立,我国《仲裁法》第11条规定,设立仲裁委员会应当具备下列四项条件:

(一)有自己的名称、住所和章程

医事纠纷仲裁委员会的名称应当由“医事纠纷仲裁委员会所在市的地名+医事纠纷仲裁委员会”构成,例如:天津市医事纠纷仲裁委员会、北京市医事纠纷仲裁委员会、上海市医事纠纷仲裁委员会等。

医事纠纷仲裁委员会的住所是指该仲裁办事机构所在地。

医事纠纷仲裁委员会一经成立,就具有了独立的法人资格,因此,也应当与其他社会团体法人组织一样,有自己的章程。医事仲裁章程由医事纠纷仲裁委员会依照仲裁法的规定,并结合医疗纠纷的特殊性统一制定。该章程应当包括医事纠纷仲裁委员会设立的宗旨、医事仲裁人员的组成及产生办法、医事仲裁的顾问团、办事机构、咨询服务机构、仲裁员的选聘、解聘及其纪律要求、仲裁委员会的经费和管理等。

(二)有必要的财产

作为处理医事纠纷案件的医事仲裁委员会来说,应当具有一定的维持仲裁工作运转的必要资金、办公用房及办公设备。这些经费主要来源于政府的资助,但是,随着医事仲裁事业的不断发展,医事纠纷仲裁委员会可以通过各种合法途径获取经费,做到自收自支。

(三)有该仲裁委员会的组成人员

医事纠纷仲裁委员会设主任1人,副主任2至4人和委员7至11人组成。主任、副主任和委员是该委员会组成人员。其中驻会专职委员1至2人,其他组成人员均为兼职。医事仲裁委员会设秘书长1人,秘书长可由驻会专职委员兼任。

医事纠纷仲裁委员会的组成人员应当由医学家、法学家、法医学家等具有医学、法学专业知识且曾经从事过医疗实践活动或司法裁判工作的人士担任。这些人员可以是仲裁员，也可以不是仲裁员，但其中医学专家、法学专家不得少于三分之二。仲裁委员会组成人员一般是按照该委员会的章程规定的办法产生，即由市级人民政府聘任，同时报中国仲裁协会备案。

（四）有聘任的仲裁员

我国《仲裁法》第 13 条规定："仲裁委员会应当从公道正派的人员中聘任仲裁员。"医事纠纷仲裁委员会的仲裁员应当具有良好的职业道德和对医患当事人高度负责的精神，能够忠实地履行自己的职责，忠诚地执行宪法和法律，只有选聘那些德才兼备的仲裁员，才能保证医事仲裁公正地进行。医事仲裁员一旦被仲裁委员会聘用，就要按照不同的专业设立仲裁员名册。在医事纠纷仲裁委员会工作的仲裁员不是专职仲裁员，而是兼职仲裁员。

三、医事纠纷仲裁委员会的职权

医事纠纷仲裁委员会一经产生，就应当按照其制定的章程履行自己的职责。鉴于医事仲裁的特殊性，医事纠纷仲裁委员会的职权应当包括：1. 审议医事仲裁委员会的工作方针、工作计划等重要事项，并作出相应的决议；2. 制定和修改医事仲裁委员会章程、仲裁规则、仲裁收费办法等有关文件；3. 决定解散医事仲裁委员会；4. 审议、通过年度工作报告和财务报告；5. 决定秘书长和医事仲裁顾问团组成人员人选；6. 医事仲裁委员会主任担任仲裁员时，决定主任的回避；7. 负责处理本委员会管辖范围内的医疗纠纷争议案件，决定受理医患当事人提交的仲裁申请；8. 受理仲裁申请后，在仲裁规则规定的期限内将仲裁规则和仲裁员名册送达申请人，并将仲裁申请书副本和仲裁规则、仲裁员名册送达被申请人；9. 决定聘任具有实践经验和专业水平的医学专家、法律专家和法医学专家担任兼职仲裁员。根据情况解聘或除名医事仲裁员，并对仲裁员进行管理；10. 组织重大医疗纠纷案件的研讨，并对仲裁案件开庭程序和仲裁员执行守则的情况进行监督；11. 决定在有条件的单位设置医事纠纷仲裁咨询服务机构；12. 对医事纠纷仲裁委员会组成人员、办事机构工作人员和仲裁员进行纪律监督；13. 决定经费的预算、决算和应列支费用的原则标准；14. 总结并组织交流办案经验，向医疗机构、卫生行政部门、司法机构提供有关处理医疗纠纷的建议。

第二节 仲裁协会

我国《仲裁法》第15条规定:“中国仲裁协会是社会团体法人。仲裁委员会是中国仲裁协会的会员。中国仲裁协会的章程由全国会员大会制定。”中国仲裁协会是仲裁委员会的自律性组织,根据章程对仲裁委员会及其组成人员、仲裁员的违纪行为进行监督。中国仲裁协会依照仲裁法和民事诉讼法的有关规定制定仲裁规则。

一、中国仲裁协会的性质

中国仲裁协会是全国性的社会团体法人,是仲裁委员会的自律性组织。作为社会团体法人,该协会有自己的组织章程,有承认该章程的会员,并向有关部门申请登记。各仲裁委员会是中国仲裁协会的法定会员,接受仲裁协会的业务指导和管理,并按规定交纳会费。中国仲裁协会的章程由全国会员大会制定。

二、中国仲裁协会的主要职责

中国仲裁协会作为仲裁委员会的自律组织,其主要职责应当是:指导、协调仲裁委员会的工作。中国仲裁协会根据仲裁法和民事诉讼法的有关规定制定仲裁规则以及其他仲裁规范性文件。同时,中国仲裁协会对仲裁委员会及其组成人员、仲裁员的违纪行为进行监督。

第三节 医事仲裁庭

医事仲裁庭是具体负责审理和裁决医患当事人提交的有关医事纠纷争议案件的民间组织,它往往在对医事纠纷案件进行审理并作出裁决后即告解散。如何组成医事纠纷仲裁庭、如何确定医事仲裁员、对仲裁员有哪些资格要求、仲裁员的回避与权限、仲裁员的职责有哪些等,都是医事仲裁庭在实施仲裁活动中的重要问题。

在解决医疗纠纷案件时,根据医事仲裁庭的组成人数以及医事纠纷的复杂程度,医事仲裁庭可分为独任制仲裁庭和合议制仲裁庭两种。独任制仲裁庭由一名仲裁员独自负责医疗纠纷案件的审理和裁决,合议制仲裁庭由三名以上仲裁员共同负责案件的审理,合议庭的裁决实行少数服从多数原则。在表决时,以多数票决定仲裁结果。在医事纠纷仲裁中,一般应主要按照意思自治原则,由医患当事人双方在仲裁法规定的范围内确定仲裁庭的组成人数,但对于仲裁庭的组成人员是单数还是双数,则不依当事人的意思而定,而是由国家的仲裁规则作出强制性规定。这一法理精神在我国《仲裁法》第 30 条中有所体现:“仲裁庭可以由 3 名仲裁员或者 1 名仲裁员组成。由 3 名仲裁员组成的,设首席仲裁员。”据此规定,我国处理医疗纠纷案件的仲裁庭可以设置为独任制仲裁庭与合议制仲裁庭两种。

(一)独任制仲裁庭

在国际仲裁实践中,许多大陆法系国家以及国际商事仲裁机构对于民商事案件的仲裁,大多按照当事人意思自治原则,由当事人协商确定独任制仲裁方式,即由一名仲裁员组成仲裁庭,独立负责案件的审理并作出裁决,例如:国际商会仲裁规则第 8 条(仲裁员人数)规定:“当事人没有约定仲裁员人数的,仲裁院将指定一名独任仲裁员审理案件,除非仲裁院认为争议应由三名仲裁员审理。”我国 1994 年《中国国际经济贸易仲裁委员会仲裁规则》第 25 条也规定:“双方当事人可以在仲裁委员会名册中共同指定或者共同委托仲裁委员会主席指定一名仲裁员作为独任仲裁员,成立仲裁庭,单独审理案件。如果双方当事人约定由一名独任仲裁员审理案件,但在被诉人收到仲裁通知之日起 20 天内未能就独任仲裁员的人选达成一致意见,则由仲裁委员会主席指定。”据此可以看出,在解决国际经济贸易纠纷案件中,独任制仲裁庭的组成方式应主要依当事人协议而产生,只有在双方当事人没有约定或约定不成的情况下,才由仲裁院或仲裁委员会强行指定。

对于我国民商事纠纷案件的仲裁来说,我国《仲裁法》第 31 条第二款和第 32 条规定:“当事人约定由一名仲裁员成立仲裁庭的,应当由当事人共同选定或者共同委托仲裁委员会主任指定仲裁员。”“当事人没有在仲裁规则规定的期限内约定仲裁庭的组成方式或者选定仲裁员的,由仲裁委员会主任指定。”由此看来,在医事纠纷案件仲裁处理方式上,完全可以借鉴国际经济贸易仲裁的实践经验并依据我国仲裁法的规定而实行独任制裁判,即由一名既具有深厚的医学知识又具有扎实的法律知识的优秀人才担任医疗纠纷案件的裁判工作。当然,在医事仲裁中选取独任制,也应当视医疗纠纷案件的难易程度以及当事人双方的选择意向来决定。

从实践上看,由独任仲裁员审理医事纠纷案件有着许多优越之处。首先,从经济价值上看,医患当事人双方共同选定一名仲裁员进行审理,可以节约一部分应当向仲裁庭交纳的仲裁费和案件处理费,比较经济实惠,因为支付一名仲裁员的费用比支付多名仲裁员的费用要少。其次,当医事仲裁员需要会见医患当事人或者需要听取当事人的证词时,一名仲裁员要比多名仲裁员简便易行,效率更高。再次,由一名仲裁员进行审理,直至作出裁决,避免了由多名仲裁员审理可能出现的耗费时间、意见相左、难以决断的不利局面。但是,往往在医事纠纷案件解决中,要想找到既懂医又懂法并且被医患双方当事人共同认可和信赖的仲裁员是比较困难的,因此,在医事纠纷仲裁中,由独任仲裁员组成仲裁庭的方式不会很普遍,更多的是采用合议制仲裁庭方式审理医疗纠纷案件。

(二)合议制仲裁员

根据我国仲裁法的规定，结合仲裁实践，由 3 名仲裁员组成仲裁庭审理案件是最普遍的方式。在医事纠纷案件仲裁中，由于医疗纠纷的复杂性和高度的专业技术性，往往由一名仲裁员进行审理会有一些困难。现实中的仲裁员多为懂法不懂医，这就要求在对医事纠纷案件进行仲裁时，要由医学家、法医学家和法学家共同组成仲裁庭进行审理。这些专家发挥各自优势，弥补相互间在法学或医学方面的不足，从而使医疗纠纷案件得以公正科学地解决。因此，由 3 名仲裁员组成医事仲裁庭是最恰当的方式。根据我国仲裁法的规定，在医事仲裁庭组成上，应当由医患双方当事人各自指定一名仲裁员，然后共同选定或共同委托仲裁委员会主任指定第三名仲裁员为首席仲裁员，并组成仲裁庭。虽然三人仲裁庭的费用要高于独任仲裁员，作出医事裁决的时间也要长于独任制仲裁员作出裁决所需要的时间，但它却增加了对医事纠纷案件审理的科学性、民主性和可信性，使当事人相信至少有一名自己选定的可信赖的仲裁员会听取其案情，并最终参与裁决，裁决也更容易被当事人所接受。

(三)医事仲裁庭的权利和义务

当医疗纠纷发生后，医患当事人双方愿意将所争议的案件提交医事仲裁机构仲裁时，仲裁庭作为公断人就担负起法律赋予的重要职责。在医疗纠纷案件仲裁过程中，医事仲裁庭从始至终起着指挥、调度、裁判作用，在整个案件的审理中处于主导地位。医事仲裁案件也同其他仲裁或诉讼案件一样，仲裁过程必须在医事仲裁庭的指挥、引导下依法按照仲裁程序有步骤地进行，对于仲裁庭来说，应当严格遵守仲裁规则，做到以事实为根据，以法律为准绳，在事实清楚、证据充分的基础上对医患当事人双方争议的焦点进行科学分析，作出对医患双方都具有约束力的公正裁决。

医事仲裁庭从性质上说属于民间组织，但在医事仲裁中也应当享有相应的权利并承担必要的义务。仲裁不同于诉讼，诉讼管辖权是基于法律的强制性规定而产生，法院的诉讼权利来源于诉讼法的直接规定。而仲裁的前提条件是医患双方当事人事前约定，即双方均愿意通过协议形式将医疗纠纷交由仲裁机构仲裁，因此，医事仲裁庭的权利是基于当事人之间的仲裁协议而产生，也就是医事仲裁庭应当行使的权利必须来源于医患双方的共同授权。医患当事人在协议中约定由仲裁庭解决的争议事项，仲裁庭只能尊重他们的意愿在其授权范围内行使仲裁权，而不能超出当事人的授权擅自仲裁。

当然，在医事仲裁中，仲裁庭直接介入医事争议解决的基础是医患当事人的协议授权，但是为了充分发挥医事仲裁庭在解决医疗纠纷中所应有的认定、调停、公断作用，保障医事仲裁的顺利进行，在医事仲裁规则中还应当确认仲裁庭的职权。对于医事仲裁庭来说，在处理医疗纠纷时，其主要职权是：1. 有权对医事仲裁协议的产生、有效性以及仲裁管辖权作出决定；2.有权决定开庭的时间；3.有权要求医患当事人提供证据，也可以主动收集证据，并对证据作出评判；4.有权向有名望的专家咨询医学或法律方面的问题；5.有权针对相关的专业技术问题指定鉴定人进行鉴定；6.医患当事人一方不出席庭审，有权根据另一方的申请作出缺席审理或裁决；7.有权裁定医患当事人双方向医事仲裁委员会应交的仲裁费用及费用的分担。

根据权利与义务相一致的原则，医事仲裁庭除享有一定的仲裁权利外，还应当正确、合法、及时、合理、公正地审理医疗纠纷案件，忠诚地履行必要的义务。一般而言医事仲裁庭的义务应当包括：1.开庭时，有义务核实医患当事人、代理人及有关人员的基本情况和到庭情况，宣布仲裁庭纪律；2.有义务宣告仲裁庭的组成人员、书记员名单，告知医患当事人的权利和义务；3.有义务询问医患当事人是否申请回避并宣布案由；4.有义务就医患当事人双方争议的事项作好开庭记录；5.医患当事人双方愿意调解并达成调解协议的，仲裁庭有义务制作医疗纠纷仲裁调解书；6.有义务为医患当事人提供翻译人员；8.有义务在医患当事人辩论终结时征询当事人的最后意见；8.医疗纠纷案件审理终结时，有义务就争议案件作出裁决并制作裁决书。

第四节　医事仲裁专家咨询委员会

根据仲裁委员会章程规定，在医事纠纷仲裁委员会内部要设立专家咨询委员会。专家咨询委员会由5至15名法学界、医学界知名专家组成。主要负责为医事纠纷仲裁委员会和仲裁庭遇到的重大疑难案件、仲裁程序和实体上的重大疑难问题提供咨询意见，组织医事仲裁员交流经验，研讨医事仲裁的理论和实际问题，对医事纠纷仲裁委员会的工作和发展提出建议等。专家咨询委员会设主任委员1人，由医事纠纷仲裁委员会委员兼任。

一、医事仲裁专家咨询委员会的工作任务和范围

（一）对医事仲裁中出现的重大医学难题或法律适用方面的重大问题进行研究并提出咨询意见

在医事仲裁实践中，由医事仲裁专家咨询委员会提出咨询意见的情况一般包括两种：

1.医事仲裁庭人员对有关的医学问题或法律适用问题产生重大分歧、意见不一，特别是对案件的定性出现不同看法而无法作出准确结论时，需要由专家提供参考意见。

2. 对于仲裁中出现的带有普遍性的实体问题，以避免以后就类似的案件作出不同的裁决，需要由专家进行指导。

对于上述问题，能够向医事仲裁专家咨询委员会提出咨询的主体应当是仲裁庭、仲裁委员会。医事仲裁专家委员会提出的咨询意见虽然具有权威性，但对于仲裁委员会或仲裁庭来说，这些咨询意见仅是一种借鉴和参考，并不对医事纠纷的最终解决具有当然的法律效力。同时，专家咨询委员会只能就有关的问题提供咨询报告，而不能借此来干涉仲裁委员会或仲裁庭的审理和裁决，仲裁庭也根据仲裁规则的规定以及医疗纠纷案件的具体情况决定是否采纳专家的意见，也就是说，在听取专家咨询委员会的咨询意见时，应始终保持仲裁庭审理医疗纠纷案件的独立性。

（二）组织医事仲裁员交流办案经验，并对仲裁员进行专业培训

由医事纠纷仲裁委员会秘书长或专家咨询委员会提议或提出方案，交仲裁委员会议决。对仲裁规则修订提出建设性意见，对仲裁委员会的工作和发展提出建议。

二、医事仲裁专家咨询委员会的工作方式

医事仲裁专家咨询委员会应当定期召开会议，一般以每半年召开一次会议为宜。会议召开前，由专家咨询委员会秘书长提前 10 天通知，将需要讨论的医学或法学问题的材料送交每位专家。如果遇有特殊情况需要召开临时会议，则由秘书长提前 15 天通知。会议地点可以选在医事仲裁委员会所在地，也可以选在外地召开。对于重大的疑难问题征询咨询意见，既可以通过会议形式，也可以采用口头方式或其他方式进行应当咨询。

医事仲裁专家咨询委员会所提供的咨询意见或作出的结论，应当体现出专家所具有的科学性、严谨性和权威性。专家咨询意见一旦形成，则应当以书面形式作出，也就是在专家咨询委员会得出最终结论后，对相关的医学或法学问题作出书面咨询意见，以会议纪要或专家意见书等形式发给医事仲裁庭、医事纠纷委员会以及专家咨询委员会委员。

三、医事仲裁专家委员会的保密义务

由于提交给专家咨询委员会的案件涉及患者的隐私以及医疗单位的名誉和医务人员的声望，也为了咨询委员会专家自身安全的需要，要求仲裁庭、仲裁委员会和专家咨询委员会的委员对于具体案件所提出的咨询意见或结论都负有保密的义务，任何人都不得向外界透露，专家咨询委员会的会议纪要以及咨询意见也不得公开引用。

第五节 医事仲裁员

医事仲裁员是指根据法律和仲裁规则的规定，对实施医疗行为而在医患双方当事人之间产生的医疗过错、侵权与人身损害赔偿纠纷进行公断的人。医事仲裁员在解决医疗纠纷案件时站在中立立场，充当裁判者角色，仲裁员的业务素质和判断能力直接影响着仲裁的结果。因此，仲裁员的产生、仲裁员的资格、仲裁员的回避、仲裁员的法律责任等都应当依法作出规定。

一、医事仲裁员的产生

我国《仲裁法》第 31 条规定："当事人约定由三名仲裁员组成仲裁庭的，应当各自选定或者各自委托仲裁委员会主任指定一名仲裁员，第三名仲裁员由当事人共同选定或者共同委托仲裁委员会主任指定。第三名仲裁员是首席仲裁员。""当事人约定由一名仲裁员成立仲裁庭的，应当由当事人共同选定或者共同委托仲裁委员会主任指定仲裁员。"第 32 条规定："当事人没有在仲裁规则规定的期限内约定仲裁庭的组成方式或者选定仲裁员的，由仲裁委员会主任指定。"根据我国法律规定以及其他国家仲裁员产生办法，并结合医事仲裁的自身特点和仲裁的实践，医事仲裁员应当主要是基于当事人的指定或仲裁机构的指定而产生。现将仲裁员产生的指定方法作一介绍。

（一）医患当事人双方协商指定仲裁员

医疗纠纷发生后，医患双方当事人通过协议共同指定仲裁庭组成人员是最常见的方式之一。但通过协议指定仲裁员的前提是医患双方当事人都一致同意他们的共同选择，同时被选择的人员也愿意接受当事人的指定。因为，医患当事人依据仲裁法的规定，有权通过协商在意思一致的基础上签定协议，共同约定将医事争议提交他们信赖的人进行仲裁，但这种共同指定的方式不能保证被他们共同选定的人都愿意担任本案的仲裁员，也不能保证这些仲裁员都具有驾驭医疗纠纷案件的能力而胜任本案的裁判工作。再者，由于仲裁员均为兼职性质，因此，如果被指定的人因为工作繁忙或身体健康等原因，就可能使当事人的指定落空。

此外，由于医疗纠纷涉及的案情带有较强的专业性，而且有些案件相当复杂，虽然主观上当事人希望由具有专业知识和审判经验的仲裁员进行公断，但客观上有时很难做到与当事人的要求完全一致。现有的仲裁规则虽赋予了双方当事人共同选择首席仲裁员和独任仲裁员的权利，但实践中双方当事人能够就此达成一致意见的情况可谓凤毛麟角。医患当事人双方在选定仲裁员上真正达成一致非常困难,无论是当事人双方共同选定的独任仲裁员,还是依据仲裁法的规定选定合议庭的第三名仲裁员,都必须在仲裁委员会提供的候选仲裁员名册上共同选定他们信任的仲裁员,才能保障仲裁庭能够顺利组建。

为了避免医患双方当事人在医疗纠纷发生后互相猜疑、互相排斥而无法达成一致,防止由仲裁委员会主任指定首席仲裁员和独任仲裁员在客观上产生暗箱操作的现象,保证医患当事人双方共同选择仲裁员权利的真正实现,使医疗纠纷案件通过仲裁方式得到及时解决,在协议选择仲裁员的机制上可以借鉴国外的一些经验。当医疗纠纷发生后,医患当事人可以各自推荐五至七名仲裁员作为首席仲裁员或者独任仲裁员的人选。推荐名单中如有一名重合,则为当事人共同选定的首席仲裁员或者独任仲裁员;推荐名单中如有一名以上相同,则由仲裁委员会主任根据案件具体情况在当事人共同推荐的人选中确定,确定的仲裁员仍为当事人共同选定的首席仲裁员或者独任仲裁员;如推荐名单中没有相同的人选,则由仲裁委员会主任指定首席仲裁员或者独任仲裁员。还可以采用另一种方法,即由仲裁委员会推荐 5～7 人的首席仲裁员名单或者独任仲裁员名单给双方当事人,由双方当事人于其中删除不宜担当首席或独任仲裁员的人选,然后由仲裁委员会主任在剩下的名单中指定。无论哪种方式,都能最大限度地实现当事人在选择仲裁员方面的意思自治,为双方当事人共同选定首席仲裁员和独任仲裁员提供更大的可能性。

(二)医事纠纷仲裁委员会指定仲裁员

医事纠纷仲裁委员会是随着我国医疗纠纷案件的不断上升而成立的民间公断团体。依据我国仲裁法的有关规定,医事纠纷仲裁委员会虽然不直接裁决医疗纠纷案件,但在案件的仲裁过程中,又起着重要的作用。作为处理医疗纠纷案件的常设性机构,医事纠纷仲裁委员会设主任一名。当医疗纠纷案件提交仲裁机构仲裁时,对于医患双方当事人没有在仲裁规则规定的期限内约定仲裁庭的组成方式或者选定仲裁员的,医事纠纷仲裁委员会主任有权在合适的人选中指定仲裁员。

我国《仲裁法》第 31 条对仲裁委员会指定仲裁员作了明确规定:“当事人约定由三名仲裁员组成仲裁庭的,应当各自选定或者各自委托仲裁委员会主任指定一名仲裁员,第三名仲裁员由当事人共同选定或者共同委托仲裁委员会主任指定。第三名仲裁员是首席仲裁员。”“当事人约定由一名仲裁员成立仲裁庭的,应当由当事人共同选定或者共同委托仲裁委员会主任指定仲裁员。”另外,我国《仲裁法》第 32 条还规定:“当事人没有在仲裁规则规定的期限内约定仲裁庭的组成方式或者选定仲裁员的,由仲裁委员会主任指定。”由此可见,由仲裁委员会主任指定仲裁员的情况主要包括:

第一，医患当事人双方共同商定由三名仲裁员组成合议庭审理医疗纠纷案件的，医事纠纷仲裁委员会主任可以应当事人各自的委托指定一名仲裁员。

第二，医患当事人双方选用合议制仲裁庭审理医疗纠纷案件的，首席仲裁员可以由医事纠纷仲裁委员会主任指定。

第三，医患当事人双方共同选用独任制仲裁庭审理医疗纠纷案件的，医事纠纷仲裁委员会主任可以接受医患当事人双方的共同委托指定独任制仲裁员。

第四，医患当事人双方在规定的期限内没能达成协议共同选定仲裁员的，医事纠纷仲裁委员会主任依照职权为他们指定仲裁员。

对于医疗纠纷案件来说，医事仲裁委员会主任依法指定仲裁员时，应当根据医疗纠纷案件的特点、案情的复杂程度、医学或法学上所涉及的难点等情况，指定那些具有丰富的医学临床经验和扎实的理论功底的医学硕士、博士学位的医学家、法医学家以及深谙法学理论和法律规范并具有多年审判经验、办案经验的离职法官、律师法学家等共同组成仲裁庭，只有将“法”与“医”有机结合，才能使医疗纠纷仲裁案件得到科学、公正地解决，使医事仲裁的信誉和声望得到提高。

一些国家或国际仲裁规则规定了另外的指定方法，这些方法很值得我国借鉴。也就是在合议制仲裁庭仲裁员的选任上，先由当事人双方各自指定一名仲裁员，然后再由被指定的两名仲裁员共同指定第三名仲裁员作为首席仲裁员。这种方法既有利于实现当事人的意思自治权，又有利于仲裁庭人员的密切配合，相互信任，提高办案效率。

（三）建立医事仲裁员名册制度

为了更加公正合理地组成仲裁庭，增加医患当事人对医事仲裁机构的信任，提高仲裁庭选任制度的透明度，也为了实现法律赋予医患当事人双方的知情同意权，应当在医事纠纷仲裁庭的组成环节上建立医事仲裁员名册制度。医事纠纷仲裁委员会设立医事仲裁员，医事仲裁员是从医学、法医学、法学等具有专门知识和实际经验的专家、学者中聘任。医事纠纷仲裁委员会把医事仲裁员的姓名、学历、专长、职称、临床或审判经验和阅历等汇编成册，以供医患当事人、医事纠纷仲裁委员会选择或指定。在医事仲裁员被选任前，可以对那些符合医事仲裁员条件的人员就有关仲裁规则、医事法规、职业道德等内容进行岗前培训并参加考试，考试合格者，可由国家司法部门颁发医事仲裁员资格证书，凡取得资格证书者，可以由医事纠纷仲裁委员会编入名册，以供医患当事人选择或仲裁机构指定。这样做的目的就是为了保证具有一支由高质量专业人士组成的仲裁员队伍，从而确保医事仲裁案件得到公正审理和裁决。

二、医事仲裁员的任职条件

医事仲裁员是对医事仲裁机构受理的医疗纠纷案件依法进行审理并作出公正裁决的人。为了有效地维护医患当事人双方的合法权益，及时公正地解决当事人的争议，在医事仲裁中，无论是在业务素质上还是在道德品行上，都应当对医事仲裁员的任职资格规定较为严格的条件。作为医事仲裁员除了应当具有完全行为能力外，还应当具有较高水平的医学专业、法学专业能力，最好由既懂医又懂法的“双料”人才担任仲裁员。

(一)医事仲裁员的法定任职条件

医事仲裁员是直接进入仲裁程序解决医疗纠纷的公断人，他们依法独立行使仲裁权。医患当事人提交的医疗纠纷能否得到公正合理的解决，与医事仲裁员的素质有着直接的关系。对于一名合格的仲裁员来说，其任职条件首先应当符合仲裁法规定的要求。

对于医事仲裁员的任职资格除了在工作阅历、专业特长以及职称学历等方面有着严格规定外，更重要的是仲裁员应当具有良好的职业道德素养。医事仲裁的信誉及权威取决于仲裁员仲裁的公正、裁决的质量和仲裁员的素质。英国著名哲学家培根曾经比喻说：“一次不公正的裁判，其恶果甚至超过十次犯罪，因为犯罪是无视法律——好比污染了水流，而不公正的裁判则是毁坏法律——好比污染了水源。”可见，医事仲裁员的公正裁判是仲裁事业生存发展的生命所在。在医事仲裁中，一名德能兼备的仲裁员除了应当具备的法定条件外，还应当做到：崇尚正义，恪守法律，坚持对所有仲裁当事人一律平等；尊重当事人的意愿，维护当事人的合法权益，坚持依法独立仲裁；秉持公心，明察公断，保证裁决公平合理；谨遵仲裁规则，充分发挥仲裁优势，保证仲裁活动简便快捷、成本低廉；诚实守信，廉洁勤勉，努力提供优质仲裁服务；以严格的纪律、不懈的努力、完善的措施，维护并实现仲裁公正。

(二)医事仲裁员的任职身份

1. 聘用外国人担任医事仲裁员

改革开放以来，随着社会主义市场经济体制的建立和发展，我国仲裁机构每年受理的国内仲裁和国际仲裁案件不断上升，特别是加入 WTO 以后，我国的仲裁业也面临着机遇和挑战，随着仲裁案件的不断增多，我国的国内仲裁必须与国际惯例接轨，实现仲裁的国际化。由于仲裁不受地域管辖的限制，当事人可以自由选择仲裁机构，因此，在医事仲裁案件中，能否聘用外国人担任我国仲裁机构的仲裁员便成为一个现实问题。根据国际上一些著名仲裁机构的惯例，有些仲裁案件可以聘请外国专家加入仲裁组织并参与审理。这一做法可以被我国医事仲裁机构所借鉴。目前在我国工作、学习、访问的外国人越来越多，他们在此期间与我国医疗机构在诊疗过程中发生的纠纷应当在我国医事仲裁部门进行仲裁。但是在涉外医事仲裁实践中，如果将外国仲裁员拒之门外闭门审理，难免使人对仲裁的公正性和独立性产生怀疑，不利于医事纠纷的解决，因此，无论是涉外医事仲裁还是国内医事仲裁，聘用外国人担任仲裁员既符合法理精神，也符合我国医事仲裁的实际需要。当然，选聘外国仲裁员必须有一些严格标准，针对医事仲裁的特殊性，在选聘时应当对外国仲裁员的医学专业知识、法律执业经验以及英语或汉语水平进行考核，最好选聘具有国际认证资格的医学专家、熟悉大陆法系仲裁制度特别是中国仲裁制度和医事法律制度的优秀人才承担仲裁工作。

2.聘用离职法官担任医事仲裁员

现任法官能否作为仲裁员参与医事仲裁案件的审理和裁决，对于这个问题，最高人民法院在答复全国人大代表询问时作出解释指出，根据《中华人民共和国法官法》、《中华人民共和国仲裁法》的有关规定，法官担任仲裁员，从事案件的仲裁工作，不符合有关法律规定，超出了人民法院和法官的职权范围，不利于依法公正保护诉讼当事人的合法权益。因此，法官不得担任仲裁员。可见，现任法官不允许从事仲裁工作是强行性规定。但是，对于曾经从事过法官工作的离职法官是否可以担任仲裁员，我国《仲裁法》却没有明确规定，这就意味着离职法官担任仲裁员法律是不加限制的，因而在医事仲裁中，聘用具有丰富审判实践经验又深谙仲裁法律制度和实体法律规范的离职法官担任仲裁员，能够保证医事仲裁的可信度和权威性，有利于医事仲裁人才的资源配置和优化组合，实现人尽其才，才尽其用。

3.聘用医学家、法医学家担任医事仲裁员

医事仲裁不同于其他仲裁，医事仲裁案件所涉及的问题主要是医疗专业问题。医疗专业具有特殊性和风险性，相当多的医疗纠纷是由于医疗过程和结果同患者的期望不符引起的。由于医学专业的高度技术性，造成医疗纠纷发生后医疗单位与患者及其家属之间难以沟通，由此产生分歧与争议就在所难免。医患双方一旦将其争议提交给他们共同选择的仲裁机构寻求解决，显然又对仲裁部门提出了严峻挑战。面对诸多的医事仲裁案件，医事仲裁机构必须将医学与法学两个专业结合起来进行审理才能作出正确的公断结论。从这个意义上说，医事仲裁机构对医事仲裁员的选聘有着更为严格的条件，应当聘用那些具有副高级以上职称或硕士以上学历、曾经从事过医疗临床工作并在医疗纠纷处理方面具有丰富的实践经验和相当的理论基础的医学家，或者具有医学和法学教育与实践背景的法医学家共同担任医事仲裁员。当然，最理想的是由既懂医又懂法的人担任仲裁员，因为这些专家既能从法律的角度思考医疗行业中出现的各种纠纷，也能从医学角度思考如何在医事仲裁中适用医事法律规范，从而使医疗纠纷在“医”与“法”的双重作用下得到圆满解决。

4.聘用具有司法实践经验的律师担任医事仲裁员

目前,在我国各类仲裁实践中,大部分仲裁案件是由律师担任仲裁员进行审理的。律师作为专业的法律工作者,对医疗纠纷的依法解决具有丰富的专业知识和实践经验。在医事仲裁中,如果选聘一些具有一定的医学法律专业特长且品行良好的律师担任医事仲裁员,一方面会扩大现有的医事仲裁资源,另一方面会提高医事仲裁的办案效率。律师参与医疗纠纷的仲裁,有着较大的优势。因为在从事律师工作的人员中,有相当数量的律师常年介入各种案件的代理、调解、咨询等服务性工作,他们通晓法律,见多识广,熟悉诉讼程序和证据规则,司法实践经验比较丰富。由他们担任兼职医事仲裁员更能把握好程序与法律之间的关系,维护医患当事人双方的权利。

另外,从各国立法和实践中也可以看出,大多数国家的仲裁法都没有对律师担任仲裁员作出资格上的限制,也就是说,律师在一般条件下是可以从事仲裁工作的。例如:韩国《仲裁法》第五条规定:“具有下列情形之一的人不得担任仲裁员:1.无行为能力或限制行为能力的人;2.尚未复权的破产人;3.被处以监禁以上刑罚且该处罚执行完毕或不执行该刑罚的决定作出后不满三年的人……”法国的《律师法》中对律师职务的规定是:“律师除了这些职务外(根据上文即拥有垄断‘辩论’的权限),虽然没有其他具有排他性的垄断权,但可以对委托人解答法律上的询问和提出建议,而且还可以作为审判前的‘审判官’来充当判断人,也就是说,他可以根据与当事人之间的事先约定,或在发生纠纷后的协议,接受提名充当解决纠纷的仲裁人。”由此可以看出,在我国医事仲裁中吸纳律师担任医事仲裁员是可以接受且是简便易行的,这一精神体现在我国《仲裁法》第13条的规定中即律师有权担任仲裁员。

三、医事仲裁员的回避

(一)回避的内涵与意义

仲裁员的回避是指承办医事纠纷案件的仲裁员如果出现法律规定的情形,与本案存在利害关系,可能影响对案件公正裁决时,依法应当自行申请回避退出仲裁,或者由当事人申请并经仲裁委员会主任决定退出仲裁。仲裁员回避制度是保障公正仲裁、维护仲裁信誉的一项重要制度,医事仲裁员是医疗纠纷案件审理的核心和关键。实行仲裁员回避制度,就是为了保证医疗纠纷案件获得公正审理和裁决。医事仲裁裁决关系到医患当事人双方的人身利益、财产利益和声望名誉,因此,要使医患当事人双方的争议得到公正解决,必须要由公正无私、清明廉洁的医事仲裁员来审理,如果医事仲裁员确有法律规定的回避情形,而仲裁员却不予回避仍然参加该案的审理和裁决,则势必会导致仲裁裁决缺乏公正性。要求医事仲裁员回避,实际上是对医患当事人私权利进行司法保护的重要措施，它对于解除医患双方可能产生的种种怀疑和顾虑，维护医疗单位和患者本人的合法权益，提高医事仲裁机构的信誉具有重要意义。

(二)回避的法定情形

我国《仲裁法》第34条明确规定了仲裁员回避的事由：

1.是本案当事人或者当事人、代理人的近亲属

在医事仲裁案件中，仲裁员应当回避的情形有两种：第一，担任本案的医事仲裁员是当事人。由于我国的仲裁员大多属于兼职性质，因此仲裁员成为本案的当事人有两种可能，一种情况是，该仲裁员本人是医患当事人中的患者；另一种情况是，该仲裁员本人可能是仲裁员名册中的某医疗单位的医学专家，而该医疗单位恰好又是医患当事人之一。第二，担任本案的医事仲裁员与本案的当事人、代理人是近亲属关系。依据我国关于民法通则解释意见的规定，近亲属应当包括配偶、父母、子女、兄弟姐妹、祖父母、外祖父母、孙子女和外孙子女。

2.与本案有利害关系

与本案有利害关系是指医事仲裁员与医疗纠纷案件的处理结果有法律上的利害关系，直接或间接涉及仲裁员的利益，可能影响到医患当事人双方的利益。建立仲裁员回避制度的主要目的在于防止偏私，保障公正。

3.与本案当事人、代理人有其他关系，可能影响公正仲裁的

医事仲裁案件的仲裁员与医患双方当事人中的任何一方存在上述关系以外的其他社会关系，都应当回避。所谓其他社会关系应当包括：对于承办的医疗纠纷案件事先提供过咨询的；与医患当事人、代理人在同一单位工作的；是现任医患当事人的法律顾问或代理人的，或者曾经担任当事人的法律顾问且离任不满两年的；因介绍案件收受好处的等。在医事仲裁中，这些关系的存在足以对案件的公正裁决产生影响，因此只要这些关系存在仲裁员就应当回避。

4.私自会见当事人、代理人，或者接受当事人、代理人的请客送礼的

在医事仲裁案件受理前或受理后，医事仲裁员私自会见医患当事人及其代理人，很容易产生先入为主的印象，仲裁员主观上有可能掺杂着非理性的认识，在医事裁决中出现偏袒一方当事人的不公正情况。医事仲裁员经国家法律授权享有对案件的裁判权，他们代表国家适用法律，解决纠纷，在整个仲裁过程中处于主导地位。在仲裁实践中确有少数仲裁员利用国家赋予他的权力办“关系案”“人情案”和“金钱案”，如果仲裁员接受当事人、代理人的请客、送礼，在裁决中就可能徇情裁决，从而导致社会公众对仲裁的公正和权威产生怀疑，极大地损害了当事人的合法权益和仲裁机构的良好形象及信誉，因此有这种情况的仲裁员必须回避，情节严重的还要追

究法律责任。

（三）回避的方式、程序和时限

依据我国《仲裁法》的规定，医事仲裁员回避的方式可以是自行回避，也可以是申请回避。

1. 自行回避

自行回避是指医事仲裁员遇有法律规定的回避情形，应当自觉主动地提出回避而不介入本案的审理和裁决。医事仲裁员的回避应当向医事纠纷仲裁委员会提出，是否回避，由医事纠纷仲裁委员会主任决定；医事纠纷仲裁委员会主任担任仲裁员时，由医事纠纷仲裁委员会集体决定。

在医事仲裁中，与该医疗纠纷案有关的人员如书记员、翻译人员、鉴定人、勘验人，如果也存在法定回避的情形，也应当向医事仲裁庭提出自行回避。是否回避，应当由首席仲裁员或者独任制仲裁员作出决定。

2. 申请回避

在医事仲裁中，如果医患当事人认为医事仲裁员、书记员、翻译人员、鉴定人、勘验人存在仲裁法规定的回避情形的，则有权按照法定程序提出申请，要求他们回避。医患当事人对仲裁员的公正性和独立性有正当理由的怀疑时，可以向医事纠纷仲裁委员会提出要求该仲裁员回避的请求，但应说明提出回避请求所依据的具体事实和理由，并举证。从法定的时限看，当事人回避的申请，应当在仲裁庭首次开庭前提出，回避的事由是在首次开庭后知道的，可以在最后一次开庭终结前提出。至于申请回避的形式，我国仲裁法规定出两种可供选择的形式即书面形式和口头形式。如果医患当事人共同约定实行不开庭审理，则回避的申请应当在当事人双方签订协议前提出。如果回避的事由是在协议签订前或签订后知道的，则当事人可以在该案件作出裁决前提出回避申请。

医患当事人的回避申请，应当向医事纠纷仲裁委员会提出，被涉嫌要求回避的仲裁员是否回避，由医事纠纷仲裁委员会主任作出决定。仲裁委员会主任担任仲裁员时，则回避的申请由医事纠纷仲裁委员会集体作出决定。

（四）回避的法律后果

医事仲裁案件中的回避一旦成立，就会导致医事仲裁庭人员进行重新调整，由那些与该医疗纠纷无任何法定回避情形的仲裁员担任本案的审理。我国《仲裁法》第 37 条规定了回避的后果，仲裁员因回避或者其他原因不能履行职责的，应当依照本法规定重新选定或者指定仲裁员。因回避而重新选定或者指定仲裁员后，当事人可以请求已进行的仲裁程序重新进行，是否准许，由仲裁庭决定；仲裁庭也可以自行决定已进行的仲裁程序是否重新进行。如果医事仲裁庭的组成人员有违反仲裁法规定的私自会见当事人、代理人,或者接受当事人、代理人的请客送礼的情节,或者仲裁员在仲裁该案时有索贿受贿、徇私舞弊、枉法裁决行为的,仲裁员应当依法承担法律责任,医事纠纷仲裁委员会应当将其除名。

思考题

1. 医事纠纷仲裁委员会的设立条件是什么?
2. 简述医事纠纷仲裁委员会的职权。
3. 简述医事仲裁庭的组成方式。
4. 简述医事仲裁专家咨询委员会的工作任务和范围。

第十四章　医事仲裁程序

内容提要

医事仲裁程序是医事仲裁制度的核心，医患纠纷案件的审理必须在医事仲裁程序中进行。鉴于医疗行为的特点和医患纠纷案件的特点，医事仲裁程序的建构既要遵循仲裁程序制度的基本规律，又要体现出自身的特色。整个医事仲裁程序的设计，仍然具有严格的阶段性与连贯性，即：通过医患一方申请和仲裁机构受理开始医事仲裁程序；经过遵循法定步骤和程序的医事仲裁庭审理，医事仲裁庭作出最终裁决；通过医患一方对医事仲裁裁决申请撤销，人民法院行使对医事仲裁的司法监督权；医事仲裁裁决中所确定的医患双方之间的权利义务借助医事仲裁裁决的履行或执行得到实现。

第一节　医事仲裁的申请和受理

一、医事仲裁申请

（一）医事仲裁申请的概念

医事仲裁申请，是指医患双方在诊疗护理过程中发生医患纠纷，而根据双方事前或事后达成的仲裁协议或者根据法律的强制性规定[①]，提请仲裁协议中选定的仲裁委员会通过仲裁方式解决医患纠纷的行为。

医疗纠纷发生于医疗行为，而医疗行为具有高科技性、高风险性、社会福利性与职务性的特点。同时，现阶段，我国处于社会转型期，医患纠纷发生率较高，目前已严重影响到和谐医患关系的构建，且在部分地方已影响到了正常的医疗秩序。笔者

①对于医事仲裁，在具体制度设计上有两种模式，一是建立类似于劳动争议仲裁制度的强制性医事仲裁制度，二是将医疗纠纷纳入现行《中华人民共和国仲裁法》（以下简称《仲裁法》）的调整范围，利用现有的仲裁机构来解决医疗纠纷。参见张海滨：《论医疗纠纷的代替性解决机制》，《法律与医学杂志》2003 年第 1 期。

主张，依据仲裁制度本身固有的特点，医事仲裁要体现当事人自治、快捷高效、专业性、保密性与和谐性等特点[①]，理应根据《仲裁法》的规定，仲裁协议约定医患纠纷发生后，医患双方中的任何一方都可以根据双方之间订立的仲裁协议，向仲裁协议约定的仲裁机构提出仲裁申请。显然，医患双方依据仲裁协议申请医事仲裁是医事仲裁程序启动的前提。

(二)申请医事仲裁的条件

根据《仲裁法》第21条规定，当事人申请仲裁应当要求有仲裁协议、需要提出仲裁请求并陈述相关的事实于理由等。尽管医事仲裁具有自身的特点，但申请的条件也应包括以下方面：

1. 有医事仲裁协议。医事仲裁的本质也在于医患双方的自愿，而医事仲裁协议正是医患双方自愿将其发生的医患纠纷提交仲裁解决的合意。医患双方订立医事仲裁协议的目的就在于授权仲裁庭以仲裁方式解决医患纠纷，而排除了人民法院的管辖权。无疑，有医事仲裁协议是医患双方申请医事仲裁的前提条件，若没有医事仲裁协议，医患双方中的任何一方向仲裁机构申请仲裁，其均不得受理。至于医患双方的医事仲裁协议的形式可以灵活多样，只要体现合意就行。

2. 有具体的仲裁请求和事实、理由。所谓医事仲裁请求，是指申请人通过仲裁机构向对方当事人提出的具体请求，也即是申请人请求仲裁机构通过医事仲裁方式所要解决的具体问题以及所要达到的目的。医事仲裁的请求应当具体明确，既不能含糊其辞，也不能无具体的赔偿数额。所谓事实、理由，是指申请人提出的仲裁请求所依据的医患纠纷发生事实以及相应的理由。“事实是一种客观情况，主要指有关纠纷发生的过程；而理由是申请人的一种主观认识，即申请人对基于纠纷提出请求所依据的事实以及所适用的法律作出的一种理解。”[②]不过，申请人的请求是否合理、事实是否真实、理由是否成立，需要医事仲裁庭依据法定程序予以判断。

3. 属于仲裁机构的受理范围。即请求必须是医患双方在医事仲裁协议中所约定的，且属于《仲裁法》所规定的允许仲裁的事项。医患纠纷主要有医患合同纠纷和医患侵权纠纷。医患合同纠纷理应属于《仲裁法》第2条规定的“平等主体之间的公民、法人和其他组织之间发生的合同纠纷和其他财产权益纠纷”。一般对于医患侵权纠纷具有争议。笔者认为，虽然医患侵权纠纷是涉及人身权损害的非直接财产权益纠纷，但其争议的主要内容一般是经济赔偿，患方有权处分，且《仲裁法》第3条所排除的是与身份关系有关的纠纷，而非人身权被侵害的相关纠纷。显然，一般的医

①沈健．试论建立我国医疗事故纠纷的仲裁机制．政法论坛(中国政法大学学报)，2004年第3期。

②宋朝武主编．仲裁法学．北京：中国政法大学出版社，2006年，第108页。

患纠纷均属于《仲裁法》所规定的允许仲裁范围,也理应都属于仲裁机构的受理范围。

(三)医事仲裁申请的形式

当事人申请医事仲裁,除应具备上述申请医事仲裁的条件外,还应当符合《仲裁法》第22条规定的形式要件,即申请医事仲裁理应向仲裁机构递交医事仲裁协议、医事仲裁申请书及副本。申请医事仲裁需要采取书面形式,既便于被申请人进行针对性答辩,又便于医事仲裁庭行使仲裁权对医患纠纷作出仲裁裁决。

同时,根据《仲裁法》第23条规定,医事仲裁申请书应记载以下内容:

1.当事人基本情况。具体包括申请人和被申请人的姓名、性别、年龄、职业、工作单位和住址;对于医方,则应当写明名称、住所以及法定代表人或主要负责人的姓名、性别、职务。若申请人有代理人的,应在申请人的基本情况之后写明代理人的基本情况,并出具对委托代理人的授权委托书。

2.仲裁请求所依据的事实和理由。医事仲裁的请求部分理应明确具体,多项请求的应一一列明。其中事实与理由部分是医事仲裁申请书的核心部分,既是支持仲裁请求的依据,也是医事仲裁庭查明争议事实的重要依据。具体写作中,应注意重点突出事实部分,理由部分要在事实部分的基础上注重对法律的应用,做到有理有据。

3.证据和证据来源、证人姓名和住所。根据《仲裁法》第43条规定,医事仲裁申请人同样要对自己的主张提出证据加以证明。这就要求医事仲裁申请人要在申请书中提供仲裁请求所依据的证据。同时,申请人还要提供证据来源,以便医事仲裁庭查明证据的真实性与合法性。若提供的证据属于证人证言的,还应提供证人的姓名与住所,便于医事仲裁庭通知证人出庭作证。

此外,医事仲裁申请书还要写明仲裁机构的名称、提交申请书的日期以及申请人的签名或者盖章。申请人提交仲裁申请书应当按照对方当事人的人数和组成医事仲裁庭的仲裁员人数,备具副本。

(四)医事仲裁时效

1.医事仲裁时效的概念

医事仲裁时效是指申请人向仲裁机构请求以仲裁方式解决医患纠纷的法定期间。也即是申请人在医事仲裁时效期间内如果不向仲裁机构请求仲裁,就丧失了通过仲裁解决医患纠纷,保护其合法权益的权利。

《仲裁法》第74条规定:"法律对仲裁时效有规定的,适用该规定;法律对仲裁时效没有规定的,适用对诉讼时效的规定。"根据我国法律规定,仲裁时效有普通仲裁时效与特殊仲裁时效之分。医事仲裁中一般只有普通仲裁时效,即从知道或者应当知道权利被侵害时起计算;但是,从权利被侵害之日起超过 20 年的,则不予保护。医事合同纠纷的仲裁时效一般为 2 年,医事侵权纠纷的仲裁时效则只有 1 年。

2. 医事仲裁时效期间的计算

按照法律规定,仲裁时效期间的计算,自知道或应当知道权利被侵害时开始计算。在仲裁时效期间的最后 6 个月内,医患双方因不可抗力或者其他障碍不能行使请求权的,仲裁时效中止从中止时效的原因消除之日起,仲裁时效期间继续计算。在仲裁时效进行中,因请求、承认或者申请仲裁、提起诉讼,引起仲裁时效中断。从仲裁时效中断时起,仲裁时效期间重新计算。医患双方有特殊情况的,在仲裁时效期间没有行使权利,可以请求仲裁机构延长仲裁时效期间。至于是否延长,则由仲裁机构决定。

二、医事仲裁受理

(一)医事仲裁受理的概念

医事仲裁受理,是指仲裁机构对申请人提出的医事仲裁申请经过审查,认为符合法律规定的申请仲裁条件,而决定立案审理的行为。

申请人向仲裁机构提出医事仲裁申请后,并不意味着仲裁程序的启动,只有申请人的仲裁申请经过仲裁机构审查,认为符合条件并由仲裁机构发出仲裁通知后,仲裁程序才能启动。医患双方任何一方申请仲裁的行为只是仲裁机构受理争议案件的前提,"而仲裁受理是仲裁申请的进行发展,仅有仲裁申请而没有受理,仲裁程序是无法进入实质性阶段的。"①实际上医事仲裁程序的开始正是申请人申请仲裁行为和仲裁机构受理行为结合的结果。

(二)对医事仲裁的审查

仲裁机构对医事仲裁申请的审查主要从以下方面进行:

1. 实质审查,即审查申请人申请仲裁是否符合法律规定的当事人申请仲裁的条件。即医患是否存在仲裁协议;医事仲裁申请书是否有具体的仲裁请求和事实、理由。审查一般仅仅限于形式上的审查,对于一些较复杂或者难以把握和认定的问题,应当朝着有利于以仲裁方式解决医患纠纷的方面解释,并尽可能通过医事仲裁方式解决。

2. 形式审查,审查仲裁申请书的内容是否完整、明确,申请手续是否齐备。即审查医事仲裁申请书是否具备《仲裁法》第 23 条规定的内容,是否向仲裁机构提供了所要求的仲裁申请书及其副本和必要的证据等。

---

①杨秀清,史飚. 仲裁法学. 厦门:厦门大学出版社,2007 年,第 133 页。

(三)审查后的处理

仲裁机构经过审查,对符合仲裁申请条件的予以受理,不符合条件的不予受理。《仲裁法》第 24 条对此予以明确规定。仲裁机构收到医事仲裁申请书之日起 5 日内,经审查认为符合受理条件的,应当受理,并通知医患双方;认为不符合受理条件的,应当书面通知申请人不予受理,并说明不予受理的理由。若仲裁机构在审查中发现医事仲裁申请书有欠缺,应当让申请人予以完备;若认为仲裁协议需要补充的,也应当让申请人补充协议。申请人弥补医事申请书的欠缺或者补充仲裁协议后,仲裁机构自其递交完备的医事仲裁申请书或者补充仲裁协议之日起 5 日内予以受理。

(四)受理的法律后果

申请人申请仲裁和仲裁机构经审查对该医患纠纷予以受理后,会产生以下法律后果:

1. 仲裁机构受理申请人的医事仲裁申请后,仲裁程序开始启动,医患双方取得了仲裁当事人资格,各自依法享有仲裁法及仲裁规则中所规定的权利,并承担相应的义务。

2. 医患纠纷受理后,医事仲裁庭取得了对该医患纠纷的仲裁权。即依据《仲裁法》和仲裁规则规定产生的医事仲裁庭获得了对该医患纠纷进行审查并作出最终裁决的权力。医患双方任何一方均不得就同一纠纷向人民法院提起诉讼或者向其他仲裁机构申请仲裁。

(五)受理后程序

仲裁机构受理了申请人的医事仲裁申请后,为保证医事仲裁活动的顺利进行,理应依照《仲裁法》和仲裁规则的规定进行以下准备程序:

1. 根据《仲裁法》第 25 条第 1 款的规定,仲裁机构受理医事仲裁申请后,应在医事仲裁规则规定的期限内将医事仲裁规则和医事仲裁员名册送达申请人,并将仲裁申请书副本和医事仲裁规则、医事仲裁员名册送达被申请人。

2. 被申请人收到医事仲裁申请书副本后,应在医事仲裁规则规定的期限内向仲裁机构提交答辩书。仲裁答辩书是医事仲裁被申请人为维护自身合法权益而就仲裁申请的事实和法律问题作出答复和辩护的法律文书。仲裁机构收到被申请人的答辩书后,应在医事仲裁规则规定的期限内将答辩书副本送达申请人。被申请人未提交答辩书的,不影响医事仲裁程序的进行。

第二节 医事仲裁审理和裁决

一、医事仲裁审理概述

(一)医事仲裁审理的概念

医事仲裁审理是医事仲裁庭按照医事仲裁规则规定的方式和程序，按照医患双方约定的方式和程序，收集和审查证据，询问证人、鉴定人，并对整个争议事项的实质性问题进行全面审查的仲裁活动。作为整个医事仲裁程序的中心环节，"仲裁审理的制度功能在于查明事实，分清是非，为裁决的作出进行基础性准备"[①]，从而保证医患纠纷的顺利解决。

(二)医事仲裁审理的原则

医事仲裁审理作为医事仲裁程序的核心阶段，有着与其他医患纠纷解决机制不同的特殊要求：

1.不公开原则。医事仲裁活动一般遵循不公开原则，即医事仲裁庭在开庭审理、处理医患纠纷时，只允许医患双方、代理人、证人和有关专家、鉴定人员、翻译人员及本案的仲裁人员参加，其他与本案无关的人员均不得参加开庭审理或者旁听。如此有利于维护医患双方的合法权益，缓解社会矛盾，使患者或家属的隐私能够得到有力保护。对于医方而言，能够使社会声誉得到一定保护，使纠纷责任人承担较少的社会压力，利于医疗工作的持续开展。

2.开庭审理与书面审理相结合原则。即医事仲裁庭处理案件时，既可以开庭进行审理，也可以根据仲裁申请书、答辩书以及其他材料进行审理并作出裁决。开庭审理与书面审理各有短长。开庭审理便于医患双方当庭出示证据、质证和进行口头辩论，有利于医事仲裁庭弄清案情，但可能增加医患双方的时间成本和费用成本。书面审理虽有利于节约医患双方的仲裁成本，但可能造成医事仲裁庭并没有充分了解案情，所作裁判的准确率有可能大打折扣。在具体医患纠纷仲裁中，由医事仲裁庭根据实际情况自行决定审理方式。

3.调解原则。医患合同纠纷与医患侵权纠纷都具有很大的调解空间，特别是医患侵权纠纷，多因为医患之间信息不对称引起，通过医事仲裁庭的调解，能够给患方提供医学专业知识的普及，缓和医患双方对立情绪，进而达成调解协议，制作成具有

①宋朝武.仲裁法学.北京：中国政法大学出版社，2006年，第127页。

法律效力的调解书。同时调解结案能够节约仲裁成本，更有利于保护患方利益，构建和谐的医患关系。笔者认为，医事仲裁审理中可以设立调解前置程序，即医事仲裁庭在审理医患纠纷时，应当首先进行调解，调解不成再进行仲裁裁决。不过要注意的是，调解中仍然要注意尊重医患双方的意愿，不能强制调解。

二、医事仲裁审理的方式

与诉讼通常具有的严格的甚至繁琐的程序性要求不同，仲裁审理方式多种多样，一般没有固定的程式。仲裁审理的方式大致有开庭审理和书面审理两类。《仲裁法》第39条对此进行了规定，同时，“基于和国际主流做法接轨的考虑，《仲裁法》还赋予了当事人对两种审理方式的选择权，未做约定时则按口头审理的方式进行。”①医事仲裁审理同样具有这两种方式，也理应赋予医患双方选择权。

（一）开庭审理

根据《仲裁法》第39条规定，并结合医患纠纷的特点，开庭审理是医事仲裁审理的主要方式。所谓开庭审理，是指在医事仲裁庭的主持下，在医患双方和其他仲裁参与人的参加下，按照法定程序或医患双方约定的程序进行审理并作出裁决的方式。

仲裁医患纠纷的开庭审理时间确定后，医事仲裁庭按照医事仲裁规则规定的期限，将开庭日期书面通知医患双方及其代理人，医患双方或其代理人在医事仲裁庭的主持下，对医患纠纷进行举证、质证和辩论，并提出对医患纠纷的处理意见。开庭审理的主要步骤包括：

1.庭审前的准备。该阶段主要由书记员来完成，包括宣布庭审纪律，查明相关人员到庭情况等。

2.开庭审理。该阶段主要由首席仲裁员完成，包括核对医患双方身份及代理人权限，宣布医事仲裁庭组成人员，告知医患双方的仲裁权利等。

3.庭审调查。该阶段是医患双方对案情的陈述、举证和质证的过程，旨在查明医患纠纷的事实真相。

4.庭审辩论。即医患双方在仲裁过程中，根据医事仲裁庭调查查明的事实和证据，有权提出自己的看法，陈述自己的意见，进行言词辩论。该阶段的主要任务是通过医患双方及其代理人的口头辩论，达到查明事实、分清是非的目的。

5.仲裁庭评议。医事仲裁庭在庭审的基础上对案件进行评议，合议庭评议案件实行少数服从多数的原则，形不成多数，以首席仲裁员的意见作出裁决。

---

①杨秀清，史飚.仲裁法学.厦门：厦门大学出版社，2008年，第145页。

6. 裁决。医事仲裁庭评议案件后，可以当庭作出仲裁裁决，也可以另定日期作出裁决。

对于医患纠纷，理应按照国际通行的做法，除了医患双方同意公开审理外，医事仲裁庭应当不公开进行。这主要是对医患双方的保护和便于化解矛盾，有利于构建和谐的医患关系。

(二)不开庭审理

所谓不开庭审理，是指医患双方以及其他仲裁参与人无须到庭参加审理，由医事仲裁庭根据申请人的医事仲裁申请书、答辩书以及其他书面证据材料，对医患纠纷的事实情况进行审理的一种仲裁审理方式。

《仲裁法》第 39 条规定："仲裁应当开庭进行。当事人协议不开庭的，仲裁庭可以根据仲裁申请书、答辩书以及其他材料作出裁决。"同样，在医事仲裁中不开庭审理的前提是：须有医患双方的协议选择，否则医事仲裁庭不能进行不开庭审理。对于那些争议不大、案情相对简单的案件，不开庭审理"显然更为符合仲裁制度的'经济性'理念，可以有效节约时间和费用。"[①] 在进行不开庭审理时，医患双方必须在医事仲裁庭规定的期限内提交不开庭审理所必须的文件。如需延长期限，医患双方可以向医事仲裁庭提出申请。

假使医事仲裁庭在进行不开庭审理的过程中，发现某些关键问题仅凭医患双方提供的书面材料不足以作出认定时，不开庭审理可否转为开庭审理。尽管《仲裁法》对此没有明文规定，但笔者认为，从法理上和诉讼法理论分析是可以的。

三、医事仲裁审理中特殊情形的处理

(一)撤回医事仲裁申请

撤回医事仲裁申请，是指仲裁机构受理申请人的医事仲裁申请后，在医事仲裁庭作出仲裁裁决之前，申请人撤回自己的医事仲裁申请，不再要求医事仲裁庭审理医患纠纷而结束医事仲裁程序的行为。

"根据《仲裁法》的相关规定，当事人在仲裁程序中可以行使处分权。"[②] 申请人依据医事仲裁协议提出医事仲裁申请是医患双方的一项权利。同样，医事仲裁程序基于申请人的申请与仲裁机构的受理行为而开始后，申请人也可以行使其处分权，通过提出撤回医事仲裁申请而让医事仲裁程序结束。根据《仲裁法》规定，撤回医事仲裁申请包括两种情形：一是申请撤回医事仲裁申请，即在仲裁机构受理后，申请人主

①杨秀清，史飚. 仲裁法学. 厦门：厦门大学出版社，2008 年，第 147 页。

②宋朝武. 仲裁法学. 北京：中国政法大学出版社，2006 年，第 131 页。

动撤回医事仲裁请求的情形;二是按撤回仲裁申请处理,即仲裁机构受理后,基于申请人的某种行为,医事仲裁庭推定其有撤回仲裁申请的意思,从而视为撤回仲裁申请的情形。

1.申请撤回仲裁申请的条件

(1)须由有权提出人员提出,即申请人、申请人的法定代理人和经其特别授权的委托代理人。

(2)须采取书面形式。尽管《仲裁法》对于撤回仲裁申请的形式未予明确规定,但一般认为应采取书面形式,以便医事仲裁庭审查申请人提出的撤回仲裁申请是否符合相应条件。

(3)时间须在仲裁机构受理医患纠纷后、医事仲裁庭尚未作出仲裁裁决或调解之前。

(4)须申请人自愿,因为是其处分权的独立自愿行使。

2.按撤回仲裁申请处理

按撤回仲裁申请处理与申请人申请撤回仲裁申请具有同等的法律效力。《仲裁法》第 42 条第 1 款规定:“申请人经书面通知,无正当理由不到庭或者未经仲裁庭许可中途退庭的,可以视为撤回仲裁申请。”同样,在医事仲裁审理中,出现以下情形,可以按撤回仲裁申请处理:

(1)申请人经书面通知,无正当理由不到庭。申请人根据医事仲裁庭的开庭通知按时参加医患纠纷的开庭审理,既是其权利,也是其义务。若申请人在无正当理由的情况下不到庭,不积极行使自己的权利,将带来消极处分的后果,即医事仲裁庭视为申请人撤回仲裁申请。

(2)申请人未经医事仲裁庭许可中途退庭。申请人根据医事仲裁庭的书面通知参与仲裁开庭审理过程,既是申请人维护自身合法权益的一项权利,也是保证仲裁审理秩序的需要。若申请人未经医事仲裁庭许可中途退庭,医事仲裁庭即可视为撤回仲裁申请。

此外,根据仲裁实践的情况,申请人的法定代理人经书面通知,无正当理由不到庭或者未经医事仲裁庭许可中途退庭的,医事仲裁庭可以视为撤回仲裁申请。

(二)缺席裁决

缺席裁决是对席裁决的对称,是指由于出现法律规定的情况,医事仲裁庭仅就到庭的医患一方进行调查,审查核实证据,听取意见,并对未到庭的医患另一方提供的书面材料进行审查后,作出仲裁裁决的医事仲裁活动。

在医事仲裁审理的过程中,有时可能会发生被申请人无正当理由不到庭或者未经医事仲裁庭许可中途退庭的情形,为保证医事仲裁审理的顺利进行,医事仲裁庭可以缺席审理并作出缺席判决。规定此制度,也充分体现了法律对医患双方权利的平等保护。

《仲裁法》第42条第2款规定:"被申请人经书面通知,无正当理由不到庭或者未经仲裁庭许可而中途退庭的,可以缺席判决。"同样,因为缺席判决会涉及被申请人的实体权利,医事仲裁审理中也须具备法定情形时,医事仲裁庭才可以缺席裁决:

1.被申请人经书面通知,无正当理由不到庭的。

2.被申请人未经医事仲裁庭许可而中途退庭的。

此外,结合仲裁法的其它有关规定以及医事仲裁实践中的具体情况,医事仲裁庭在下列情形中也可以作出缺席裁决:

1.申请人经书面通知,无正当理由不到庭或者未经仲裁庭许可中途退庭,被申请人提出反诉的。根据《仲裁法》第42条第1款规定,在申请人无正当理由不到庭或者未经仲裁庭许可中途退庭的情形下,医事仲裁庭可以依照仲裁法的规定视为撤回仲裁申请;但是,在被申请人提出反请求的,申请人就成了被申请人。此时医事仲裁庭缺席裁决的,实际上是被申请人提出的反请求部分;而对于仲裁请求部分,因申请人无正当理由不到庭则视为撤回医事仲裁申请。

2.被申请人的法定代理人经书面通知,无正当理由不到庭或者未经医事仲裁庭许可中途退庭。

至于在不开庭审理中出现被申请人"不应诉",即不提交答辩和相应的证据材料时,医事仲裁庭能否根据医患一方提供的书面材料作出裁决,《仲裁法》并未对此作出规定。笔者认为,此种情况下,医事仲裁庭也可缺席裁决。

(三)延期开庭审理

延期开庭审理,是指医事仲裁庭确定开庭审理的日期之后或者在开庭审理的过程中,因为出现法定事由,导致仲裁程序无法进行下去,医事仲裁庭依据医患一方的请求,将开庭审理推延到另一日期进行的行为。

《仲裁法》第41条规定:"仲裁委员会应当在仲裁规则规定的期限内将开庭日期通知双方当事人。当事人有正当理由的,可以在仲裁规则规定的期限内请求延期开庭。是否延期,由仲裁庭决定。"无疑,根据《仲裁法》及其相关规定,以及医事仲裁实践的具体情况,医患一方或者双方可以在下列情况下请求延期开庭审理:

1.医患一方或双方有正当理由不能到庭。在医事仲裁实践中,若医患双方或一方遇到不可预见、不可避免和无法克服的事由导致其无法参加审理活动时,为维护其合法权利,允许其向医事仲裁庭提出延期开庭的请求。是否准许,由医事仲裁庭决定。

2.医患一方在仲裁审理过程中临时提出回避申请的。提出回避请求是医患双方在医事仲裁中的重要权利。根据《仲裁法》第35条规定，医患一方提出回避申请，应当说明理由并在首次开庭终结前提出，也即是因医患一方得知仲裁员及其其他人员需要回避的事由的时间不同，其提出回避的时间也就不同。若医患一方在开庭审理过程中得知并提出回避申请，一旦仲裁机构同意其回避申请，就意味着需要重新选定相应的仲裁员组成医事仲裁庭。显然，医患一方临时提出回避申请就可能引起延期开庭。

3. 需要调取新的证据或者需要重新鉴定、勘验的。在医事仲裁审理过程中，若医患一方发现为了认定医患纠纷事实真相，需要进一步调取新的证据，或者医患一方对鉴定结论、勘验笔录申请重新鉴定、勘验的请求获得医事仲裁庭的准许，其即可申请延期开庭。

四、医事仲裁的调解与和解

(一)医事仲裁中的调解

1. 调解的概述

医事仲裁中的调解，是指在医事仲裁程序中，根据医患双方的申请或者医事仲裁庭的自行决定，在医事仲裁庭的主持下，医患双方就医患纠纷中的实体权利与义务自愿协商，达成协议，解决医患纠纷的活动及方式。其特点是：

(1)是在医事仲裁庭的主持下进行的。调解是第三方主持的活动，即医患双方在医事仲裁庭的主持下，对医患纠纷进行协商的活动。

(2)是在医患双方平等自愿的基础上，以友好协商的方式解决医患纠纷的活动。调解解决医患纠纷的基础是医患双方的处分权，理应体现医患双方以友好协商的方式解决医患纠纷，而非由医事仲裁庭行使仲裁权作出的仲裁裁决。

(3)作为争议解决方式，调解与仲裁具有同等的法律效力。在医事仲裁程序中，基于医患双方达成的调解协议做成的调解书或者仲裁裁决，与医事仲裁庭对医患纠纷经过审理后，行使仲裁权作出的仲裁裁决，具有完全相同的法律效力，即都具有对医患纠纷中的实体权利义务关系的确认效力和强制执行效力。

2. 医事仲裁调解的意义

医事仲裁调解是否应当作为仲裁过程中的必经程序，争议较大。鉴于调解有利于医患纠纷的迅速、友好解决，有利于医患双方自愿履行调解书，有利于增强医患双方的法治观念，减少医患纠纷的发生，有利于构建和谐的医患关系，调解应作为医事仲裁审理过程中的必经程序，也即是作为一种庭审前置程序。

3. 医事仲裁调解的程序

根据《仲裁法》的有关规定以及医事仲裁实践的具体情况分析，医事仲裁调解应按照以下程序进行：

(1)调解的开始。《仲裁法》第51条第1款规定：仲裁庭在作出裁决前，可以先行调解。当事人自愿调解的，仲裁庭应当调解。调解不成的，应当及时作出裁决。根据该条规定，医事仲裁调解的开始可分为两种情形：一是医事仲裁庭依据仲裁权自行决定对医患纠纷进行调解；二是医患双方可以行使处分权，申请医事仲裁庭对医患纠纷以调解方式解决，且仲裁庭应当进行调解。

(2)调解的进行。在医事仲裁庭主持调解时，医患双方及其代理人都应当参与调解活动。若医事仲裁庭采取独任制仲裁庭的形式，则仲裁调解由独任仲裁员主持；若采取合议制仲裁庭的形式，则仲裁调解既可以由合议庭全体成员主持，也可以由其中1名仲裁员以医事仲裁庭的名义单独主持。不过，不论采取何种方式进行调解，调解的进行都应尊重医患双方的意愿。调解不成的，医事仲裁庭应当及时作出仲裁裁决，以尽快解决医患纠纷。

(3)调解的结束。一般调解的结束有两种情况：一是因医患双方达成调解协议而结束。此时，根据《仲裁法》第51条第2款的规定，医事仲裁庭应当制作调解书或者根据协议的结果制作裁决书。二是因医患双方未达成调解协议而结束。根据《仲裁法》第51条第1款规定，调解不成的，医事仲裁庭应当及时作出裁决。

4. 医事仲裁调解书

医事仲裁调解书，是指医事仲裁庭制作的、记载医患双方就医患纠纷中的实体权利义务关系所达成的调解协议内容的法律文书。调解书不同于调解协议，是医事仲裁庭制作的，具有法律效力的法律文书。

医事仲裁调解书的制作有严格要求。《仲裁法》第52条规定："调解书应当写明仲裁申请和当事人协议的结果。调解书由仲裁员签名，加盖仲裁委员会印章，送达双方当事人。"显然，医事仲裁调解书一般应包括以下内容：一是首部，主要写明医事仲裁调解书的标题、案件编号及年号、医患双方及其代理人的基本情况。二是正文，是调解书的核心部分，应当写明医事仲裁请求、医患双方争议的主要事实、医患双方达成协议的内容以及仲裁费用的承担等。三是尾部，主要写明调解书份数，由仲裁员签名，其中合议庭主持调解的，依次由首席仲裁员和2名仲裁员签名，并加盖仲裁机构印章。此外，还应记载医事仲裁调解书制作的时间。

医事仲裁调解书与医事仲裁裁决书具有同等的法律效力，表现为：既是对医患双方在医患纠纷中的实体权利义务关系具有终局的确认效力，也具有强制执行的效力。

(二)医事仲裁中的和解

1. 和解的概述

医事仲裁中的和解，是指在仲裁机构受理医患纠纷后，医事仲裁庭作出仲裁裁决之前，医患双方通过自愿平等协商，达成和解协议，以解决医患纠纷，终结医事仲裁程序的活动。医事仲裁和解制度，充分体现了医患双方对自己的实体权利以及程序性权利予以处分的本质，具有以下特征：

(1)是医患双方的自愿行为，不需要任何第三方的参与。医事仲裁的开始并不意味着医患纠纷只能通过医事仲裁庭来解决。医患双方完全可以基于双方的自愿行为，在没有任何第三方参与的情况下，通过和解解决医患纠纷。

(2)需要医患双方达成和解协议。医事仲裁和解表现为医患双方自愿平等协商的行为，但和解的目的实现需要医患双方达成和解协议。

(3)时间须在仲裁机构受理医患纠纷之后，医事仲裁庭作出裁决之前。

2. 和解的处理及效力

《仲裁法》第49条规定："当事人申请仲裁后，可以自行和解。达成和解协议的，可以请求仲裁庭根据和解协议作出裁决书，也可以撤回仲裁申请。"无疑，医患双方达成和解协议后，可以作出两种处理：

(1)请求医事仲裁庭根据和解协议作出裁决。该依据和解协议作出的裁决书与医事仲裁庭经过审理、行使仲裁权对医患纠纷作出的裁决书，具有同等法律效力。具体表现为：首先，对医患双方的医患纠纷作出了终局仲裁，基于同一事实与理由的医患纠纷，医患双方既不能再向仲裁机构申请仲裁，也不得向人民法院提起诉讼。且非经法定撤销程序，任何机构都不得改变其内容。其次，具有强制执行力即"义务人不履行该裁决书确定的实体义务，权利人可以该裁决书为依据向人民法院申请强制执行，从而实现自己的合法权益。"①

(2)撤回医事仲裁申请。在医事仲裁过程中，医患双方经过自愿协商达成和解协议后，也可以不经过医事仲裁庭依据该和解协议作出裁决书，而撤回仲裁申请。一旦医事仲裁庭对撤回仲裁申请经过审查，准许医患双方撤回仲裁申请，既意味着医事仲裁庭无需再对医患纠纷进行审理并作出裁决，又意味着医患双方再达成和解协议后，通过撤回申请的方式终结了医事仲裁程序。不过，此和解协议尽管重新确定了医患双方的实体权利义务关系，但这种确定并未获得法律效力，即义务一方不履行和解协议所确定的实体义务时，权利人不能依据该和解协议，向有管辖权的人民法院申请强制执行。但是医患一方撤回仲裁申请后反悔的，根据《仲裁法》第50条的规定，医患双方可以根据仲裁协议申请医事仲裁。

①宋朝武. 仲裁法学. 北京：中国政法大学出版社，2006年，第140页。

五、医事仲裁裁决

(一)医事仲裁裁决概述

医事仲裁裁决是指医事仲裁庭对医患双方发生的医患纠纷在审理过程中或进行审理后,在已查明事实和认定证据的基础上,所作出的权威性的书面决定。由于仲裁实行“一裁终局”制度,医事仲裁一经作出,医患任何一方都不得再就同一医患纠纷另行申请仲裁,或者向人民法院提起诉讼。因此,医事仲裁裁决一旦作出,医事仲裁程序即告终结,标志着医患双方的医患纠纷已经处理完毕,医事仲裁庭解散。

与人民法院对医患纠纷的判决比较,医事仲裁裁决具有以下特点:

1.依据不同。人民法院判决必须依据法律作出,否则是适用法律失误会导致判决无效。而医事仲裁庭和仲裁员可以按仲裁规则或医患双方约定,根据公平合理原则、医疗规范作出仲裁裁决。

2.方式不同。在民事诉讼中,判决坚持少数服从多数原则,但若无法形成多数意见时,不能以审判长的意见作出判决,必须报审判委员会讨论决定。而在医事仲裁程序中,若医事仲裁庭由 3 名仲裁员组成,在不能形成多数意见时,以首席仲裁员的意见作出仲裁裁决。

3.签名不同。在仲裁程序中,对裁决持不同意见的仲裁员可以在裁决书上签名,也可以拒绝在裁决书上签名。而在民事诉讼程序中,即使某些审判员对判决结果持不同意见,也必须在判决书上签名。此外,判决书必须由人民法院院长签发,才具有法律效力;而仲裁裁决无须仲裁机构主任签发。

4.公开程度不同。在仲裁程序中,除医患双方约定可以公开外,仲裁裁决对外一律保密。而人民法院审理案件原则上公开进行,即使依法定情况不公开审理的医患纠纷,宣判也要对外公开。

(二)医事仲裁裁决的类型

1.中间裁决、部分裁决和最终裁决

根据医事仲裁裁决的内容、效力和时间的不同,医事仲裁裁决可以划分为中间裁决、部分裁决和最终裁决。

中间裁决是指在医事仲裁过程中对部分审理清楚的争议事项,医事仲裁庭未进一步审理和作出最终裁决所作出的一种暂时性裁决。其一般是对有关程序事项作出的一种裁决,不具有终局裁决的地位,也不能被人民法院强制执行。在医事仲裁中,中间裁决通常适用于需要技术鉴定、预付医疗费用等情形。

部分裁决是指医事仲裁庭在审理过程中,为了及时保护医患一方的合法权益或有利于继续审理其他问题,对已审理清楚的部分实体性争议所作出的裁决。《仲裁法》第55条规定:“仲裁庭仲裁纠纷时,其中一部分事实已经清楚,可以就该部分先行裁决。”部分裁决必须具备最终裁决的所有形式要件,且对其处理的部分实体争议而言,相应的仲裁程序即告终结,部分裁决所处理的相关部分争议已获得终局性裁决,具有强制执行力。

最终裁决是指医事仲裁庭对医患纠纷审理终结后,对医患双方的所有仲裁请求(包括本请求和反请求)或部分裁决后存留下来的其他请求所作出的最后裁决。最终裁决具有以下特征:终结性,即一经作出,这个医事仲裁程序即告终结;强制性,即医患一方若不自动履行裁决,医患另一方有权向法院申请强制执行;排除性,即医患双方即丧失了就同一医患纠纷重新要求仲裁或起诉的权利,仲裁机构和法院也无权再就该医患纠纷进行仲裁和诉讼。

2.合意裁决与非合意裁决

根据仲裁裁决的作出是否反映了医患双方的合意为依据,将医事仲裁裁决分为合意裁决和非合意裁决。

合意裁决,是指医事仲裁庭根据医患双方达成的和解协议或者调解协议所作出的裁决,表现形式为裁决书或调解书。除此之外的其他裁决形式均为非合意裁决。须注意的是,合意裁决所依据的和解协议和调解协议的合法性须经医事仲裁庭审查,“故其内容并不完全等同于和解协议或调解协议。”[①]合意裁决能够最大限度地缓和医患双方冲突与对立情绪,也有利于裁决地自觉履行。“正因为如此,许多国家的仲裁法和国内仲裁机构的仲裁规则中均承认合意裁决。”[②]

3.对席裁决与缺席裁决

以医患双方及其代理人是否到庭行使辩论权为标准,将医事仲裁裁决划分为对席裁决和缺席裁决。

对席裁决,是指医事仲裁庭在医患双方或其代理人均按时出庭行使辩论权的基础上对医患纠纷经过审理后作出的裁决。缺席裁决,是指医患一方经合法通知而无正当理由不到庭的情形下,或采取不开庭审理时,被申请人拒不提交答辩书和相关材料的情况下,医事仲裁庭在仲裁过程中或者审理终结后作出的仲裁裁决。对于缺席裁决,为了减少被撤销或不予执行的危险,应注意两个方面:一是程序上是否尽到了通知义务,即告知缺席医患一方行使相关的仲裁程序权利;二是认定医患纠纷事实所依据的主要证据是否真实、充分。

4.载明事实和理由的裁决与不载明事实和理由的裁决

以裁决内容是否写明事实和理由为标准,将医事仲裁分为载明事实和理由的裁

①宋朝武.仲裁法学.北京:中国政法大学出版社,2006年,第145页。

②张斌生主编.仲裁法新论.厦门:厦门大学出版社,2002年,第320页。

决与不载明事实和理由的裁决。

医事仲裁裁决中写明医患纠纷受理情况、仲裁请求、裁决理由、裁决结果、裁决费用负担和裁决日期的，为载明事实和理由的裁决。根据《仲裁法》第 54 条的规定，医事仲裁庭应在仲裁裁决中写明仲裁请求、争议事实、裁决理由、裁决结果、仲裁费用的负担和裁决日期。医患双方协议不愿写明争议事实和理由的，可以不写。显然，不载明事实和理由的裁决仅限于在医患双方同意的前提下才能作出。

5. 补充裁决与被补充裁决

以仲裁裁决之间是否存在补充与被补充关系为标准，将医事仲裁划分为补充裁决和被补充裁决。

在医事仲裁中，一般医事仲裁庭所作出的是终局裁决，不存在制作补充裁决的情形。但下列情形必须作出补充裁决：一是由于案情复杂，仲裁员对医患双方的仲裁请求或反请求事项漏裁；二是裁决理由模棱两可或表述不清，医患双方要求医事仲裁庭予以解释。

(三)医事仲裁裁决的作出

1. 作出裁决的主体

作出医事仲裁裁决的主体是医事仲裁庭，而非仲裁机构。由于组成医事仲裁庭的方式不同，裁决作出的具体方式有所不同。在独任医事仲裁庭仲裁的情形下，不存在任何分歧，裁决结果应以独任仲裁员的意见为准。

在 3 名仲裁员组成合议制医事仲裁庭时，作出裁决的方式有以下三种：

(1)按照 3 名仲裁员的一致意见作出仲裁裁决。

(2)若 3 名仲裁员无法形成一致意见时，采用少数服从多数的原则作出裁决。《仲裁法》第 53 条对此作出了规定。

(3)医事仲裁庭无法形成多数意见时，依首席仲裁员的意见作出仲裁裁决。《仲裁法》对此作了明确规定。

2. 作出裁决的时限

作出裁决的时限，是指从组成医事仲裁庭到医事仲裁庭作出最终裁决的整个期间。“规定仲裁时限，目的在于督促仲裁庭在合理期限内审结案件，尽快解决争议，明确双方当事人的权利义务关系，避免因审理案件时间过长导致当事人承担不应有的损失。”[①]鉴于《仲裁法》对仲裁时限未作出具体规定，关于裁决作出时限的问题，“应以各仲裁机构的仲裁规则为依据。”[②]考虑到医事仲裁的实际情况，在医事仲裁规

①杨秀清，史飚. 仲裁法学. 厦门：厦门大学出版社，2007 年，第 163 页。

②宋朝武. 仲裁法学. 北京：中国政法大学出版社，2006 年，第 148 页。

则中确定的裁决时限要体现出医患纠纷的特点，既不能过长，也不能过短。笔者认为，医事仲裁裁决时限可以确定在6～9个月。

3.作出裁决的格式

《仲裁法》第54条规定："……裁决书由仲裁员签名，加盖仲裁委员会印章。对裁决持不同意见的仲裁员，可以签名，也可以不签名。"可见，《仲裁法》对医事仲裁庭作出的仲裁裁决的格式要求有三：其一，应为书面形式；其二，应经参与裁决的仲裁员签名；其三，以仲裁机构名义作出。此外，《仲裁法》第54条的规定，医事裁决书应写明：(1)仲裁请求，即申请人要求医事仲裁庭解决什么问题；(2)争议事实，即医患纠纷的发生过程和具体内容；(3)裁决理由，即医事仲裁庭支持或驳回仲裁请求的事实和法律依据等；(4)裁决结果，即医患双方在该案件中的具体责任；(5)仲裁费用的负担；(6)裁决日期。其中，"争议事实"和"裁决理由"两项，根据《仲裁法》的规定允许医患双方协商同意后不必在裁决书中写明。同时，下列内容也是裁决书必不可少的：(1)仲裁机构的名称、"裁决书"字样及编号；(2)医患双方的详细情况；(3)仲裁代理人的情况；(4)关于仲裁程序的说明，其中包括医患纠纷的受理、组庭、法律文书送达等。

4.裁决书的补正

医事仲裁裁决的作出过程中，因为人为或客观因素影响，一些裁决书不可避免出现"瑕疵"，必须予以完善补救。其补救完善有"裁决的补正"和"裁决的补充"之分。其中裁决的补正，仅限于对医事仲裁裁决书中有关因书写、打印、计算上的错误而请求仲裁庭予以补正，其他方面的问题不许作任何变更；裁决的补充，是指在仲裁裁决中存在漏裁仲裁请求现象时，对这些漏裁事项所作出的补充或追加，补充裁决构成原裁决书的一部分。

《仲裁法》只规定了"补正裁决"。补正裁决应由医患双方在医事仲裁庭作出裁决后的一定期限内提出申请，也可以由医事仲裁庭在自行发现错误后自行纠错、补正。

5.仲裁裁决的效力

根据《仲裁法》第57条的规定，医事仲裁裁决一经作出，与人民法院的生效判决一样，就具有医患纠纷解决的终局性和仲裁裁决的执行性。

(1)医患纠纷解决的终局性

《仲裁法》第9条规定："仲裁实行一裁终局制度。裁决作出后，当事人就同一纠纷再申请仲裁或者向人民法院起诉的，仲裁委员会或人民法院不予受理。"这一规定表明，医事仲裁裁决一经作出，对医患双方和仲裁机构、人民法院都产生约束力。医事仲裁之所以具有终局性，主要原因有：①医患双方合意。医患双方选择以仲裁方式解决医患纠纷，就意味着医患双方已经将医患纠纷的裁判权交与了医事仲裁庭，并自愿接受裁决结果。②国家法律规定。国家以法律形式确立协议仲裁制度,并赋予裁决结果以强制执行力。

(2)仲裁裁决的执行性

医事仲裁裁决的终局性没有解决如何使仲裁裁决的法律效力得以实现的问题。因此,应赋予医事仲裁裁决强制执行力,即医患一方如不履行仲裁裁决,医患另一方有权向法院申请强制执行,法院作出强制执行的裁定后,即可采取强制措施,保证仲裁裁决得以执行。医事仲裁裁决的实现途径有二:一是医患双方自觉履行;二是医患一方申请人民法院强制执行。无疑,医事仲裁裁决的执行力体现为作为履行根据的效力和作为强制执行根据的效力两个方面。

第三节 医事仲裁裁决的申请撤销和执行

一、医事仲裁裁决的申请撤销概述

(一)撤销医事仲裁裁决概念

所谓撤销医事仲裁裁决,是指对于符合法律规定情形的医事仲裁裁决,经医患双方提出申请,管辖法院再审查核实后裁定撤销医事仲裁裁决的行为。从该概念可以看出撤销医事仲裁裁决包含这样几方面的内涵:

1.撤销医事仲裁裁决是管辖法院的行为,仲裁机构无权撤销已经作出的裁决。根据《仲裁法》的相关规定,有关撤销医事仲裁裁决的法院,是仲裁结果所在地的中级人民法院。

2.医患双方提出撤销仲裁的申请,是人民法院对医事仲裁行使司法监督权的前提条件。根据《仲裁法》的相关规定,人民法院行使司法监督权是通过撤销医事仲裁裁决和不予执行医事仲裁裁决来实施的。

3.法院撤销医事仲裁的权力是有限的,也即是,医事仲裁裁决具备法定可予撤销的事由,且依法不能补救,才可被宣告撤销。

4.对于医患双方提出的申请,法院必须审查并核实其理由,只有符合法定情形,才能宣告撤销医事仲裁裁决。

(二)设置医事仲裁裁决申请撤销程序的意义

根据《仲裁法》的规定,医事仲裁裁决也实行一裁终局的制度,充分体现了尊重医事仲裁裁决效益的原则。但是,由于各种因素的影响,很难保证所有医事仲裁裁决不出现不同程度的偏差或错误。鉴于此,《仲裁法》中设置了申请撤销仲裁裁决的程序，"这一仲裁的司法监督机制，对于确保仲裁裁决的合法性和公正性，具有非常重要的意义。"[①]综观医事仲裁裁决的申请撤销，有着这样几方面的意义：

第一，有利于维护医患双方的合法权益。在医事仲裁中，并不排除仲裁员滥用仲裁权，甚至作出偏向医患一方的裁决，也就相应地侵犯了医患另一方的合法权益。实施医事仲裁申请撤销程序，既确立了人民法院对医事仲裁的监督权，又为医患双方提供了一条有效的主动寻求救济的途径。

第二，督促仲裁员公正仲裁。仲裁员不公正裁决的后果是经医患双方申请而撤销其作出的裁决，会使仲裁员在社会声誉和公正形象上受到极大的影响，必然会减少其被再次选定为仲裁员的机会，甚至受到法律追究。

第三，有利于完善医事仲裁制度。"仲裁作为一种制度化的诉讼外执法方式，各国都不会对其放任自流。"[②]根据《仲裁法》的规定，建立医事仲裁申请撤销程序，对于处于探索中的医事仲裁制度是极大的完善。

二、医事仲裁裁决申请撤销的条件与理由

(一)申请的条件

医患双方对已生效的医事仲裁裁决提出撤销申请的目的在于通过司法审查，由法院撤销对自己不利的医事仲裁裁决，从而使自己从中获益。但实践中也有不少医患一方滥用此项权利阻止医事仲裁裁决的效力和执行。因此很有必要对医患一方提出撤销的理由和根据详加列举规定，来有效防范滥用申请撤销权利。根据《仲裁法》的相关规定，医事仲裁裁决的申请撤销应具备以下几方面的条件：

1.提出撤销申请的主体只能是本仲裁中的医患双方。在医事仲裁中，仲裁中的医患纠纷的医患双方与仲裁结果有着直接的利害关系，最为了解自己的合法权益是否受到了不公正仲裁裁决的侵犯。无疑，有权提出撤销申请的主体仅限于医事仲裁申请人和医事仲裁被申请人。

2.必须在法定的期限内提出申请。对于医患双方申请撤销的权利行使不附设条件的话，生效医事仲裁裁决所确定的民事权利义务关系则可能因医患一方长期不行使而处于随时都会被改变的不确定状态。《仲裁法》第 59 条规定："当事人申请撤销裁决的，应当自收到裁决书之日起 6 个月内提出。"同样，医事仲裁裁决的撤销申请法定期限也理应为 6 个月。

3.必须向有管辖权的人民法院提出申请。《仲裁法》第 58 条规定，当事人申请

①黄进，宋连斌，徐前权.仲裁法学.北京：中国政法大学出版社，2007 年，第 152 页。

②同上。

撤销仲裁裁决，可以向仲裁委员会所在地的中级人民法院提出。可见，对申请撤销医事仲裁裁决案件依法具有管辖权的是仲裁机构所在地的中级人民法院。

4.必须有证据证明仲裁裁决有法定应予撤销的情形。基于对医事仲裁裁决的尊重，以及防止医患一方滥用申请撤销权利，依据《仲裁法》的相关规定，申请撤销一方要基于该裁决具有《仲裁法》或《民事诉讼法》规定的法定情形之一，且必须履行举证责任，提供充分的证据予以证明自己的主张。

(二)申请的理由

根据《仲裁法》的规定，作为一般不具有涉外因素的医事仲裁中，具有下列情形之一的，人民法院应当裁定撤销医事仲裁裁决：

1.没有医事仲裁协议。仲裁协议是医事仲裁程序得以开始和进行的前提和基础。没有仲裁协议而申请医事仲裁，仲裁机构不予受理，也就对医患纠纷不能作出裁决；如果仲裁机构对该医患纠纷予以受理并作出裁定，则违反了医患双方的自愿原则，所作出的裁决是违法裁决，医患任何一方有权申请，法院也有权裁定撤销此项裁决。

2.仲裁机构无权仲裁。“仲裁权来源于法律的规定和当事人的约定，仲裁委员会对其无权仲裁的事项所发出的裁决书，当事人可以要求法院予以撤销。”[①]在医事仲裁裁决中，所谓无权仲裁的事项，包括下列四种情况：①医事仲裁庭所裁决的事项，是没有可仲裁性的事项。比如，医事仲裁庭就对医方的行政处罚或行政处分作出的裁决。②医事仲裁庭所裁决的事项，虽然具有可仲裁性，却是仲裁协议范围之外的事项。③医事仲裁庭所裁决的事项，虽然具有可仲裁性，也在仲裁协议范围之内，但超出了医患双方请求的范围。④医事仲裁庭所裁决的事项，虽然具有可仲裁性，也在仲裁协议范围之内，也属于医患双方请求的范围，但超出了仲裁机构的受案范围。

3.仲裁违反正当程序。仲裁中，仲裁委员会和仲裁庭在各行其能时，必须严守程序公正或正当程序原则，否则仲裁庭所作裁决，当事人有权申请法院予以撤销。根据《仲裁法》的规定，医事仲裁违反正当程序主要包括两种情形：第一，医事仲裁庭的组成违反法定程序，没有尊重医患双方的选定权利。第二，医事仲裁程序违反法定程序。主要表现为：①仲裁员有应当回避的法定情形而没有回避；②没有将仲裁庭的组成情况、仲裁开庭时间、地点等事项书面通知医患双方；③没有医患双方不开庭审理的协议而进行书面审理；医患双方在开庭时未能陈述、辩论的；④证据未经出示和质证即采纳等情况。

---

①黄进，宋连斌，徐前权．仲裁法学．北京：中国政法大学出版社，2007年，第158页。

4. 裁决所依据的证据本身是伪造的。证据是能够证明案件真实性的客观事实，要证明案件的真实性，证据本身要求真实。若医事仲裁庭没有发现医患一方提供的证据是伪造的，并以此为依据作出仲裁裁决，该裁决应予以撤销。

5. 医患另一方隐瞒了足以影响公正裁决的证据的。证据是医事仲裁庭认定事实和作出裁决的依据，若被隐瞒的证据足以影响公正裁决，则该裁决应予以撤销。

6. 仲裁员在仲裁时有索贿受贿、徇私舞弊、枉法裁决行为的。"仲裁员是争议的直接裁判者，仲裁裁决的公正归根结底与仲裁员能否公正、独立地裁判有着重要的关系。"①若仲裁员在医事仲裁中有索贿受贿、徇私舞弊、枉法裁判行为，则可偏袒与其有不正当关系的医患一方，而损害另一方的合法权益。从而无法保证医事仲裁裁决的公正性。

三、医事仲裁裁决申请撤销的法律后果

人民法院在受理医患一方提出的撤销医事仲裁裁决申请后，必须组成合议庭对申请和医事仲裁裁决进行审查。经审查，人民法院可以根据不同的情况作出不同的处理。

（一）撤销仲裁裁决

人民法院在受理医患一方提出的撤销医事仲裁裁决的申请后，经合议庭审查核实，并询问医患双方，认定申请人提出的申请符合撤销仲裁裁决的条件和理由，即应在受理撤销裁决申请之日起 2 个月内裁定撤销该仲裁裁决。

1. 撤销医事仲裁裁决的程序

撤销仲裁裁决应当符合法律规定的程序。根据《仲裁法》的规定，撤销医事仲裁同样要遵循以下程序：首先，受理法院必须组成合议庭进行审查，并询问医患双方。其次，经审查必须具有法定的撤销仲裁裁决理由，不能以法定事由之外的理由撤销仲裁裁决。再其次，法院应在受理撤销裁决申请之日起 2 个月内裁定撤销该仲裁裁决。

2. 撤销医事仲裁裁决的具体情形

撤销医事仲裁裁决的具体情形，包括以下两种：

一是撤销全部仲裁裁决，即将医事仲裁裁决作为一个整体予以撤销，仲裁裁决无效。常见于仲裁医患纠纷中有没有仲裁协议、仲裁员有索贿受贿情形、仲裁裁决事项超出仲裁协议范围且超裁部分与其他裁决事项无法分开等情形。

二是撤销部分仲裁裁决，即仅就医事仲裁裁决的一部分予以撤销，其他部分仍

---

①宋朝武主编. 仲裁法学. 北京：中国政法大学出版社，2006 年，第 215 页。

然有效。根据相关法律规定,撤销部分医事仲裁裁决的前提条件是:第一,部分裁决具有被撤销的事由;第二,具有被撤销事由部分的裁决与其他部分可以分开。

3.撤销医事仲裁裁决的效力

人民法院裁定撤销医事仲裁裁决,会产生一定的法律效力。具体表现为:对于人民法院依法作出的撤销医事仲裁裁决的裁定,医患双方均不能上诉,不得申请再审,检察院也不能通过抗诉启动再审程序;医事仲裁裁决被人民法院一方撤销后,医患双方可以重新寻求解决医患纠纷的方法,既可以根据双方重新达成的仲裁协议申请仲裁,也可以向人民法院起诉。

(二)驳回撤销医事仲裁裁决的申请

医患一方向人民法院提出撤销医事仲裁裁决的申请后,人民法院经过审查未发现医事仲裁裁决具有法定可被撤销的理由时,应在受理撤销医事仲裁裁决申请之日起 2 个月内作出驳回申请的裁定。

对人民法院依法作出的驳回医患一方申请的裁定,医患双方无权上诉,不能申请再审,检察院也不得抗诉。同时,医患双方必须按照医事仲裁裁决所确定的权利义务自动履行。若不自动履行医事仲裁裁决,权利方可以向人民法院申请强制执行。

(三)通知医事仲裁庭重新仲裁

《仲裁法》第 61 条规定:“人民法院受理撤销裁决申请后,认为可以由仲裁庭重新仲裁的,通知仲裁庭在一定期限内重新仲裁,并裁定中止撤销程序。仲裁庭拒绝重新仲裁的,人民法院应当裁定回复撤销程序。”显然,通知医事仲裁庭重新仲裁是法院监督的一种方式,适用于医事仲裁裁决可撤销的情形,且是通过在法院所确定的范围内重新仲裁,来弥补原仲裁裁决过程中产生的不公正因素,消除仲裁裁决中的瑕疵。可以说,重新仲裁给医事仲裁庭提供了一个更正医事仲裁裁决的机会,减少了仲裁裁决最终被法院撤销的可能性,以保证医事仲裁的独立性和公正性;重新仲裁是对医事仲裁程序缺陷的补救,而非对实体问题的重新审理。

根据 2006 年最高人民法院发布的关于《仲裁法解释》和其他一些司法解释对《仲裁法》的规定进行了细化,对医事仲裁重新仲裁制度的适用起到了一定的指引作用。重新仲裁的实施主体是原医事仲裁庭,而无须另行组成。适用重新仲裁的情形主要有:①医事仲裁裁决所依据的证据是伪造的;②医患另一方隐瞒了足以影响公正裁决的证据的。

对于重新仲裁的通知是否采纳,决定权在医事仲裁庭。其可以决定重新仲裁,也可以拒绝重新仲裁。医事仲裁庭在人民法院指定的期限内开始重新仲裁的,人民法院应当裁定终结撤销程序;未开始重新仲裁的,人民法院应当裁定恢复撤销程序,进而决定是否撤销医事仲裁裁决。根据《仲裁法解释》第22条、第23条的规定，医患双方对重新仲裁裁决不服的，可以在重新仲裁裁决书送达之日起6个月内依据《仲裁法》第58条的规定向人民法院申请撤销。

四、医事仲裁裁决履行与执行

(一)医事仲裁裁决履行与执行概述

1.医事仲裁裁决的履行

医事仲裁裁决的履行是指医患双方自觉实现医事仲裁裁决书中所确定的权利义务的行为。根据《仲裁法》的规定，医事仲裁裁决书自最初之日起发生法律效力，医患双方应自觉履行；医事仲裁调解书与医事仲裁裁决书具有同等法律效力，调解书经医患双方签收，即应自觉履行。在医事仲裁实践中，医患双方自觉履行仲裁裁决，主要依赖于仲裁权取得和行使的公正性、医患双方对仲裁裁决所依据的事实与理由的认可程度、医患双方对自身利益的满足程度等条件①。

2.医事仲裁裁决的执行

在实践中，由于种种原因，医患双方不自觉履行医事仲裁裁决的情形较为普遍，在此情况下，医患另一方即可请求法院强制执行仲裁裁决。所谓医事仲裁裁决的执行就是人民法院经医患一方申请，采取强制措施将仲裁裁决书中的内容付诸实现的行为和程序。综观医事仲裁裁决的执行，具有这样几方面的特点：(1)执行机构的特定性，即必须统一由人民法院执行；(2)执行根据的有效性，即存在一方应当由执行机构强制实现的医事仲裁裁决书；(3)执行手段的强制性，即执行机构可以不经义务人同意，强制其履行裁决书中的义务，义务人必须服从；(4)执行程序的法定性，即执行机关对医事仲裁裁决的执行，必须按照法律规定的程序和方式进行。

(二)医事仲裁裁决执行的条件

根据《仲裁法》第62条规定："当事人应当履行裁决。一方当事人不履行的，另一方当事人可以依照民事诉讼法的有关规定向人民法院申请执行，受申请的人民法院应当执行。"无疑，医事仲裁裁决执行一般包括以下条件：

1.仲裁裁决书未有效执行依据。能够作为执行依据的医事仲裁裁决书必须有有效的执行根据，比如裁决书必须是以法定仲裁程序作出的，必须具有给付的内容，必须是生效的裁决书。

2.执行当事人适格。执行的目的是实现仲裁裁决书中所确定的权利义务关系，因此，医事仲裁裁决书中的权利享有者和义务承担者才是适格的执行当事人。

---

①乔欣著.仲裁法学.北京：清华大学出版社，2008年，第165页。

3. 义务人拒绝履行义务。义务人拒绝履行义务是启动执行程序的前提条件。义务人拒绝履行仲裁裁决书中的义务包括这样几层含义:(1)义务人没有履行义务;(2)义务人没有在有效仲裁裁决书所确定的期限内履行义务;(3)义务人没有履行义务,既包括全部没有履行义务,也包括部分没有履行义务。

4. 符合执行时效的规定。《民事诉讼法》第 219 条规定:"申请执行的期限,双方或一方当事人是公民的为一年,双方是法人或者其他组织的为 6 个月。前款规定的期限,从法律文书规定履行期间的最后一日起计算;法律文书规定分期履行的,从规定的每次履行期间的最后一日起计算。"因此,权利人必须在法定的申请执行的期限内向法院申请执行仲裁裁决,否则,法院不会启动强制执行程序。

5. 受申请的人民法院具有管辖权。根据《民事诉讼法》的有关规定,对医事仲裁裁决的执行,由被执行人住所地或者被执行的财产所在地人民法院执行。《仲裁法解释》第 29 条对管辖法院的级别作出了补充规定,权利人申请执行医事仲裁裁决的案件,由义务人住所地或者被执行的财产所在地的中级人民法院管辖。

(三)医事仲裁裁决执行程序

医事仲裁裁决执行程序是实现医事仲裁裁决书内容的关键,是执行机关在医患双方及其他相关人员的参与下,根据仲裁裁决书,采取执行措施,强制义务人履行义务,实现权利人权利的法定步骤和过程。

1. 申请执行

当医事仲裁庭作出仲裁裁决,义务人拒不履行义务时,仲裁裁决所确定的权利人只能向有管辖权的人民法院提出申请,请求人民法院强制执行医事仲裁裁决所确定的内容,法院才能开始强制执行。即在任何情况下,权利人的申请是强制执行的必要条件。根据最高人民法院《关于人民法院执行工作若干问题的规定》(以下简称《执行规定》)第 20 条的规定,权利人申请执行,应向人民法院提交的文件和证件有:申请执行书、有效的医事仲裁裁决书、申请执行人的身份证明和其他法律文件。

2. 人民法院审查

人民法院在收到申请执行人的执行仲裁裁决的申请后,决定是否强制执行前,要进行必要的审查。主要审查内容为:医事仲裁裁决书是否有效;申请人是否适格;仲裁裁决书是否具有给付内容;执行的标的和被申请执行人是否明确;申请是否超过法定的申请执行期限;执行申请书是否符合要求;是否附具了仲裁协议;本法院是否具有对仲裁裁决的管辖权等。《仲裁法》第 30 条还规定,根据审理执行仲裁裁决案件的实际需要,人民法院可以要求仲裁机构作出说明或者向相关仲裁机构调阅仲裁案卷,对程序性问题进行审查。

3. 执行实施

申请执行人向有管辖权的人民法院提出执行医事仲裁裁决的申请后,受申请的人民法院应当根据民事诉讼法所规定的执行程序予以执行。

思考题

1. 请问医患一方提出医事仲裁申请的条件是什么？医事仲裁程序何时开始？
2. 医事仲裁庭在审理案件时要遵循什么原则？审理的具体程序是什么？
3. 为防止医事仲裁裁决的不公正性，利益受损的医患一方如何维护自身权利？

第十五章　医事 ADR 程序

内容提要

医疗纠纷是双方冲突较为严重的一种纠纷类型，加之我国的医疗保险、医师责任保险等制度构建并不完善，这更加强了医疗纠纷下医患冲突解决的复杂性。医事 ADR 程序与法庭审判方式相比，具有花费低廉、耗时少、当事人心理压力较小，医患关系相对缓和等优点，其更有利于降低纠纷解决成本、合理地利用有限的医疗纠纷解决资源。此章我们将主要讨论我国现有的医事 ADR 程序（协商方式、调解方式）的现状不足与公正性保障的问题，并结合其他国家的相关经验和我国国情，展望我国医事 ADR 的进一步发展和完善。

第一节　ADR 程序概述

一、ADR 的定义及分类

ADR（Alternative Dispute Resolution）直译为替代性纠纷解决方式，这一概念来源于美国在 20 世纪 30 年代劳动纠纷的解决，后来逐步发展起来的各种诉讼外纠纷解决方式，现已引申为对世界各国普遍存在着的、诉讼制度以外的非诉讼纠纷解决程序或机制的总称。美国 1998 年在《ADR 法》中对其定义为："非诉讼纠纷解决方法包括任何主审法官宣判以外的程序和方法，在这种程序中，通过诸如早期中立评估、调解、小型审判和仲裁等方式，中立第三方在论争中参与协助解决纠纷。"解决纠纷是 ADR 的基本功能，从对法院审判或判决的替代性，及以当事人的自主合意和选择为基础的选择性对 ADR 进行界定。ADR 方式除了西方国家 20 世纪逐步发展起来的现代 ADR，也包括一些国家基于传统形式建立、发展并纳入现代纠纷解决机制的各种纠纷解决方式。①

ADR是一个总括性、综合性的概念，对其定义主要归纳为以下三种学说：广义说、狭义说与搁置说。区别在于广义说认为ADR应该包括仲裁、谈判等诉讼以外的各种纠纷解决方式，狭义说则认为应把法院诉讼调解、谈判等排除在外，搁置说则认为ADR的范围之争无关紧要。目前大多认为ADR最主要的有调解、仲裁、谈判及其派生形式，②派生形式主要包括早期中立评价、中立专家事实发现、简易陪审团审判、小型审判、聘请法官、调解一仲裁等。③ 我们更赞同广义说，首先因为ADR的概念的提出主要来源并发展于西方，而西方就ADR的理论和实务研究角度主要从诉讼以外的相关途径进行界定，不无例外包含了仲裁等形式；其次就功能而言，普遍对ADR替代诉讼的快捷地解决纠纷的功能没有异议，ADR也是随着形势的发展而不断发展，内涵也不断在扩张，所以对于ADR的理论研究和实践，无论国外还是国内，内容与形式也是千差万别的，广义说更能概括各国现状；再次，随着ADR在各个特殊行业领域包括医疗领域的应用，更多的方式被创造挖掘，广义说有利于ADR理论体系的完善和扩充。

从不同的角度而言，对ADR的类型也有不同的划分。根据主持纠纷解决的主体或第三者即ADR机关，可分为法院附设的，国家行政机关所设或附设的，由民间团体或组织、律师主持的，国际组织所设的非诉讼程序；根据启动程序分为合意ADR、半强制ADR、强制ADR；根据处理结果的效力分为：终局性的与非终局性的ADR；根据ADR机构在纠纷解决过程中的作用，分为中立性和指导性的不同导向的ADR；根据处理的纠纷类型，分为一般性和特定纠纷的ADR，医疗纠纷属于特定纠纷的ADR；根据非诉讼程序起源和运作方式分为传统型与现代性的ADR。

二、ADR的发展背景及其优劣分析

现代ADR主要来源有三类：以美国为代表的现代的ADR，以中国调解制度和日本调停制度为代表的传统型的调解、仲裁类，苏联东欧社会主义国家的非诉讼程序等。④ 美国自上世纪70年代以来，针对诉讼极端频繁的弊病，兴起了ADR运动，试图跨出现存法庭制度范围，寻找其他实用的解决纠纷办法。根据一篇调查研究，在2545位被调查的法官之中，很大一部分（75%以上）认为自己在这种庭外协定中做了“干预”，促成了其事。此外，庭外协定占诉讼案件的很大比例：据估计，所有案

①范愉．非诉讼程序（ADR）教程．北京：中国人民大学出版社，2002年，第21页。

②范愉．ADR原理与实务．厦门：厦门大学出版社，2002年，第95，111页。

③范愉．非诉讼纠纷解决机制研究．北京：中国人民大学出版社，2000年，第201页。

④范愉．ADR原理与实务．厦门：厦门大学出版社，2002年，第20页。

件之中只有2%进入正式的庭审。[①] 在美国的影响下，ADR在日本、澳大利亚等国也得到充分发展。在日本，法院附设的调解经过自我更新已经成为了一个充满活力的制度。1994年，日本通过民事调解解决的案件有12万件，通过家事调解处理的案件有10万件，而民事诉讼案件不过38万件，调解和诉讼的比例超过1∶2。而且，在日本，调解的成功率也是相当的高，民事调解是50%，家事调解是45.7%。[②] 在韩国，根据其《医疗服务法案》第54条第2款，自1982年建立医疗检查与调解委员会，主要调解医疗服务的纠纷，由卫生福利部与地方政府组织。2001年，韩国提出"调解优先原则"，使医疗纠纷的调解制度真正在实践中发挥功能，以调解方式平息医疗纠纷的案件比例达到70%左右。[③]

作为现代ADR三大主要来源之一的中国的调解制度是深深根植于中国的历史和文化传统之中的。中国的调解制度的适用的基准即是"情、理、法"的协调，符合儒家伦理。儒家的礼治思想在中国可以追溯到春秋战国时期，调解等非诉讼纠纷解决方式历经千年文化变迁，仍在当代乡村的民事纠纷解决中起着重要作用，这本身就蕴含着巨大的合理性。[④] 但是，在中国传统社会里，民众的权利往往被官府所压抑，被官府所掩盖，民众又缺乏表达自己权利的渠道，他们是被表达的群体。[⑤] 古代"无讼"思想认为诉讼是一种消极的社会现象，它偏离、扰乱了和谐的社会关系，而借助调解制度扮演了"无讼"思想践行的工具，进而发展成为一种说教的过程，成为维护道德伦常的工具。中国的古代调解制度，虽然在乡绅和官衙大人的推动下，通过调解达到息讼的目的，但其弊端也显而易见，因为其实质以息讼为目的，对于正当利益的保护及公正方面过于概略模糊，从一定程度上而言，限制了人们捍卫自己权力的话语权。虽然中国古代的调解制度与现代经过发展逐渐完善的ADR概念及体系差距颇大。现代ADR充分体现了当事人自治，一定程度上缓解司法资源的紧张，其不断在程序设计上进行发展改良，也将日趋达到通过非诉讼方式获得公正纠纷解决的结果。

ADR的优势表现在其基本上是以相对和平的方式解决纠纷，弥补了诉讼的压力和固有弊端，为合理构建现代社会多元化解决纠纷体系起到重要作用。其优点可以具体归纳为：能充分发挥作为中立调解人的专家在纠纷解决中的有效作用；以妥协，而不是对抗的方式解决纠纷，有利于维护需要长久维系的合作关系和人际关系

①黄宗智.中国法律的现代性.http://www.jcrb.com/zywfiles/ca559791.htm，2006年11月6日。

②[日]小岛武司.诉讼制度改革的法理与实证.北京：法律出版社，2001年，第179页。

③张虹.对中国医疗纠纷调解机制的思考.医学与哲学(人文社会医学版)，2006年第3期。

④范愉.非诉讼程序(ADR)教程.北京：中国人民大学出版社，2002年，第46页。

⑤徐忠明.思考与批评：解读中国法律文化.北京：法律出版社，2000年，第102～103页。

乃至社会的稳定;使当事人有更多的机会和可能参与纠纷的解决;有利于保守个人隐私和商业秘密;当处理新的技术和社会问题时,在法律规范相对滞后的情况下,能够提供一种适应社会和技术的发展变化的灵活纠纷解决程序;允许当事人根据自主和自律原则选择适用的规范,如地方惯例,行业习惯和标准等;经过当事人理性的协商和妥协,可能达到双赢局面。ADR 在实际运用中也存在某些固有弊端和被滥用的可能性,主要包括:某些 ADR 在实体法和程序两方面都缺乏规范性和制度的保障。缺少诉讼那样的正当性与权威性基础,更多地依赖当事人的自律。ADR 在追求低廉和迅速解决纠纷的同时,可能导致一些低质量甚至非正义的结果。ADR 滥用可能会侵害当事人的诉权,对国家司法权造成一定的侵蚀。过分发展或强调 ADR 可能会导致社会忽视审判的功能,乃至消除公民的权利意识和为实现自身权利而努力的斗志。①

三、非诉讼的纠纷解决机制理论与理性的 ADR 方式选择

美国著名社会学家布莱克总结认为,现代社会除了诉讼之外还有以下的纠纷解决机制:(1)自我帮助。即通过单方面的攻击性行为使不满情绪得以表达的解决方式。该方式可能表现为:直接的非难、嘲笑、骚扰、毁坏财产、或者暴力(包括自杀)。在这些方案中,报复是较常见的手段。(2)逃避。它可能是单方面产生于受侵害方或侵害方,也可能在两方面同时发生。它包含彼此不再打交道,或者减少相互间的交往和联系,是对互动过程的削弱和剥夺。(3)协商。是一个相互妥协的过程,它广泛地产生于不同的社会情境下,是当今社会一种主要的非诉讼解决机制。(4)第三方的调解。这里的第三方是指调解者、仲裁人、法官及其他调解机构。调解普遍地存在历史的各个时期,因为它不需要任何的强制,并乐于在一种无政府介入的情境下进行。(5)忍让。当产生不满与抱怨时,装成什么也没有发生的样子,什么也不做,但这本身就是对冲突纠纷的一种反应,即忍让。② 也有学者认为,纠纷解决的价值取向是要消除纠纷的状态,使纠纷当事人的持续对抗行为丧失社会正当性,从这个角度来分析,上述的逃避和忍让,本质上不应视为纠纷的解决。因为所谓避让,是指纠纷发生以后,一方当事人主动放弃争执,从而使纠纷归于消灭的行为。避让的特点,在于一方当事人主动放弃争执,在程序上无作为的行为要求,在结果上当事人争执的权利义务关系未发生变化。③

逃避和忍让属于消极方式,其直接导致的结果使得纠纷解决被搁置,即双方对

---

①范愉.非诉讼纠纷解决机制研究.北京:中国人民大学出版社,2000 年,第 101 页。

②何平.浅议纠纷及其解决机制.四川行政学院学报,2003 年第 3 期。

③潘剑锋.民事纠纷解决方式与民事纠纷的适应性.现代法学,2000 年第 6 期。

此纠纷不再追究而保持纠纷产生后的破局，这种纠纷发生后的“冰冻”状态从广义而言也应属于纠纷的解决，但是不值得提倡，因为这种消极丧失了社会的正当性，而当公正正义被广范围阻隔的时候，整个社会也将走入一种动荡的趋势。就自我帮助这种方式而言，近年来出现“医闹”能够比较形象地体现此种方式，一般为患方，有些甚至倚仗部分暴力组织的人员，采取的不冷静的方式，攻击医务人员和妨碍医院的正常诊疗秩序，希望通过此种方式来迫使医院妥协，取得自己对医疗纠纷解决的期许结果。这种方式是一种过于亢进的纠纷解决方式，回复到“以牙还牙”的暴力方式，远远偏离了现代文明进步社会的理念，也是不值得提倡的方式。

所以非诉讼解决方式适合医疗纠纷的，主要有共同协商以及借助第三方力量进行调解的方式，国外涉及第三方力量的有多种组织形式，有些通过仲裁机构或者民间力量或法院附设的组织来进行，因而出现多种诉讼外纠纷解决方式。就西方的ADR方式，总结起来有以下十种：(1)调解。ADR中最为常见和最重要的一种形式，是所有其他形式的ADR的基础；(2)契约指定的调解。调解规则、调解员或调解小组的指定均应根据双方当事人约定的有约束力的条款来决定。这种程序无疑代表了介于普通调解与仲裁之间的一种解决争议的方式；(3)模拟诉讼形式的调解；(4)由各方当事人的董事会代表直接进行的调解(“高级行政长官评估”程序)；(5)律师或中立专家的联合磋商(早期审理评议)；(6)仲裁/调解；(7)仲裁员的选择限于各方当事人提出的要约之间的仲裁；(8)法院指定的调解或仲裁；(9)简易陪审团审判；(10)租借法官即雇请或租借退休法官处理私人案件。[①]

在我国现今大多数医疗纠纷解决中并没有运用如同西方司法体制下丰富的调解组织形式，此外，虽然仲裁也是独立于司法途径之外，广义上属于ADR的一种方式，某些地方有所实践，但并没有成为国家层面的主要解决方式，不作为本章讨论的范畴。因此我国的医事ADR方式主要分为两大类，即协商与调解[②]，它们主要是以当事人意思自治，没有借助司法力量的两种常用的方式。

第二节　医事ADR程序的主要形式

由于医疗纠纷的专门化和日常化的特点，法院实际上无法承受为数众多的纠纷带来的压力，医疗纠纷的非诉讼程序解决方式(ADR)与法庭审判相比，具有花费低

①范愉.非诉讼程序(ADR)教程.北京:中国人民大学出版社，2002年，第89页。

②依据调解中立方的不同包括行政调解、民间调解，这里没有司法调解，我们认为司法调解虽然实质而言符合调解的要素，但因为仰仗司法力量的介入，形式上而言，仍将其归类于诉讼程序方式范围。

廉、耗时少、当事人心理压力较小，医患关系相对缓和等优点，其更有利于降低纠纷解决成本、合理地利用有限的医疗纠纷解决资源，也因此逐渐成为许多国家和地区解决医疗纠纷的新趋势，目前世界上许多国家都在法院之外建立解决医疗纠纷的医事 ADR 程序。

一、我国的医事 ADR 程序的主要形式

我国现行的《医疗事故处理条例》第 46 条规定："发生医疗事故的赔偿等民事责任争议，医患双方可以协商解决；不愿意协商或者协商不成的，当事人可以向卫生行政部门提出调解申请，也可以直接向人民法院提起民事诉讼。"该条奠定了我国医疗纠纷处理现有的三种方式：当事人双方协商、行政调解、民事诉讼，为我国形成协商解决、行政处理、诉讼解决为主的三种途径解决医疗纠纷格局奠定了法定基础。由此我们将在本节讨论我国医事 ADR 程序的两大主要形式：协商方式和调解方式。

（一）协商方式

1. 协商方式的医疗纠纷类型

医患双方能够达成自行协商和解，可能是没有给患者造成过大伤害，或者事故责任明确、双方争议不大，或者医患双方比较理智，能够经双方友好、冷静协商，自行解决纠纷，一般为非医疗事故性质的纠纷。此类纠纷，医务人员的服务态度很多时候成为纠纷的导火线，比如由于医院规章制度不明确，管理监督不到位，值班时间医技人员不在岗或者在岗时做与岗位无关的其他事情；本来应该是一级护理，而护士嫌麻烦疏于尽精勤之业务；在术前告知疾病情况以及治疗方案时候的懈怠，仅仅以同意书代替医患的有效沟通；甚而在解答病人相关问题的时候不耐烦以及傲慢的态度都有可能引起患者及其家属的不满，成为日后纠纷的伏笔。

2. 协商方式现状的不足

协商解决医疗纠纷的最大特点就是没有一个明确的期限，医患双方根据各自的情况经过多次接触，不断协商，最终在双方都能接受的条件下达成一个和解协议，和解的日期也是不确定的。协商方式对事件原貌及纠纷责任追究不太精确，协商的手段和证据收集方式也比较自由，一般是双方都能接受即可达成。这种情况下，双方可协商避开鉴定程序而直奔补偿或赔偿事宜主题，所以，过程中会出现一方"漫天要价"，另一方"尽力压低"的激烈磨合。缺少对于事实的客观标准认定，如果是对于非事故性的医疗纠纷，尚且可以通过一般的民事侵权或违约赔偿标准进行比照，然而对于事故性质的医疗纠纷，缺乏鉴定使得事实责任甚至损害程度都无法准确定性，则仅能通过双方主观臆测来讨价还价，而对同一医疗纠纷而言，信息不对称、身份、地位、受教育程度等因素能轻易影响协商的结果，不同患者方对于纠纷程度的主观

认知直接导致对于赔偿额和对处理结果的满意度是截然不同的，即在事实本身无法认定的情况下，赔偿标准不同，赔偿金是否合理公平只能是未知数。这种“主观”衡量的结果，实际是一种理性规范制度的缺位，甚至有时会发生信息不对称下的欺诈行为。

3. 协商方式的公正性保障措施

协商和解注意从沟通技巧、利益契合点着手进行，双方立场互异，有助于体察对方的认知，了解对方需求后更容易达成双方的契合点。

为保障通过此种方式实现公正，首先应对协商方式解决医疗纠纷的范围进行限定，主要为非事故性质以及事故责任较轻或者损害程度较小的医疗纠纷，而对属于事故性质或者损害较重的医疗纠纷，如果双方都希望通过协商方式解决，建议需要对纠纷进行鉴定从而明确责任，但鉴定方式可以更为多样化，比如共同委托信赖的机构或者专家进行鉴定，利用循证医学收集证据支持自己的主张。其次，因为信息不对称，协商方式下由占优势的医方先提出合理的解决方案更能保障公正性。医方对事故定性心中已有较科学的评估，应结合赔偿的法律法规及医院自身经营状况提出合理的协商预期结果，让患方感受到实质上获得补偿，精神上赢得尊严。此外也需要建立相关责罚制度对协商中医方不当行为进行规制，如欺诈或利用信息明显不对称优势造成的重大误解等协议应当撤销，施以惩罚性赔偿并追究相关单位及个人责任。最后，可以通过一些途径如设置要式协议、进行公证、约定违约金，或请求法院仲裁机构出具调解书等方式仰赖国家的力量的途径保障协商结果的执行力。[①]

4. 协商方式的赔偿标准及法律参照

协商方式自主性较强，与之对应的赔偿性质主要参照民法，可以以民法层面损害赔偿规定进行比对。涉及医疗纠纷赔偿，我国《民法通则》主要有第 106 条、119 条可以适用。其中第 106 条规定：“公民、法人违反合同或者不履行其他义务的，应当承担民事责任。公民、法人由于过错侵害国家的、集体的财产，侵害他人财产、人身的应当承担民事责任。没有过错，但法律规定应当承担民事责任的，应当承担民事责任。”第 119 条规定：“侵害公民身体造成伤害的，应当赔偿医疗费、因误工减少的收入、残废者生活补助费等费用；造成死亡的，应当支付丧葬费、死者生前扶养的人必要的生活费等费用。”以上两个法条分别从合同违约责任和侵权责任进行规定，出现了违约责任与侵权责任的法条竞合问题。从挂号一刻开始，患者实质而言与医院缔结了医疗合同。但是就违约问题而言，涉及诸多因素，比如当前医疗技术水平的局限，个体差异，以及医疗行为本身的可容性危险和药物的副作用等，决定了医疗合

①巵怡，蒲川. 医疗纠纷非诉讼程序解决方式的公正性研究. 医学与哲学(人文社会医学版)，2008 年第 2 期。

同的目的实现标准无法精确,所以是否完全履行或者适当履行认定起来比较模糊,需要建立一种治病效果的合理期待。较之而言,侵权诉讼在赔偿力度和范围方面更为清晰,我们认为更适合协商方式进行参照。此外,最高人民法院《关于审理人身损害赔偿案件适用法律若干问题的解释》第17条从一般损害、致人残疾、死亡三个程度就损害赔偿范围作了明确的规定,这些细则都可供协商方式的双方进行理性的索赔与赔偿。

就赔偿方式而言,虽然大多数赔偿最后都通过金钱的形式得以补偿,但医疗纠纷损害赔偿不应仅限于赔偿金。按照我国民法的规定,出现侵权行为后,当事人在权利受到损害后,可以要求对方承担民事责任的方式为停止侵害、赔偿损失、消除影响、恢复名誉、赔礼道歉等。除金钱赔偿以外,患方的其他要求还包括公开通报、追究责任、有诚意的道歉、防止再次发生的对策等。

此外需要注意的是,如何控制在信息不对称下的欺诈行为,我们认为可以依据《消费者权益保护法》中对欺诈行为的双罚制度,它对弱者保护的偏向性,能够反过来约束道德的缺位,充分保护患者知情同意权、求偿权。

(二)调解方式[①]

1.调解方式的医疗纠纷类型

无论行政调解、民事调解,经调解手段解决的医疗纠纷的共同因素为:部分问题取得一致意见,部分问题不能协商或者一方态度欠妥;双方对部分事实和理由有共同点,但部分事实和理由有争议;一方要求与另外一方估计相差不大;双方对诉讼都有劳民伤财或精疲力竭的感觉,有适可而止的念头;经调解迅速缩短差距,求得一致;对调解书的内容绝大多数会自觉履行。[②]

2.调解方式现状的不足

虽然《医疗事故处理条例》规定了医疗事故技术鉴定专家库的组成以及专家选定随机抽取等程序,目的是为保证专家独立客观地进行鉴定,但专家鉴定小组成员构成局限于医生和部分法医人员,仍无法摆脱医疗行业本身垄断的影响。行政调解方式因医疗事故鉴定在回避、独立鉴定制度方面未起实效,百姓公信度较低。目前对于医疗仲裁制度设立的构想,对于司法鉴定的信赖以及社会新出现民间的医疗调解中心等实践,都是希望作为鉴定或者中立方身份能够跳出医疗团体,打破行业垄断。广义的调解方式下,社会应运而生的中立的第三方组织或者个人,他们来自医疗行业以外,却具有同等的医疗技术鉴别能力,理论上能够为鉴定团队带来外来的

①对于调解方式,因为现行除了行政方式以外,也逐步出现民间调解中立方,因此我们讨论的范围扩大为除了行政调解方式以外的现有的其他主体的调解。

②王才亮.医疗事故与医患纠纷处理实务.北京:法律出版社,2002年,第21页。

新鲜血液。

但是现有体制下，除了《医疗事故处理条例》对行政调解方式有所规定外，其他ADR方式实际存在“无章可循”的局面，即缺乏特定的实体法和程序法的规范以及制度保障，也缺乏相应的监督模式，这有可能导致一些低质量甚至非正义的结果。而民间第三方调解，虽以弥补行政调解的公正性缺失应运而生，但尚缺乏相关的调解程序、行业规范规制，也无对调解者的中立监督的约束，在现有框架下实现公正颇有难度。

3. 调解方式的公正性保障措施

调解的前提应是存同调异，焦点应集中于双方有争议的部分事实或者理由。固定的调解程序模式有助于医疗纠纷ADR公正性的实现，其中包括双方当事人的充分陈述、调解者的主持介入、当事人的辩论、调解者引导性的方案建议、双方充分参与讨论等，必要时也可引入鉴定手段、听证等制度来确保公正。此外，调解者的中立性保障也是实现调解方式公正性的重要手段。戈尔丁把冲突解决者中立的标准建立于执法者与冲突的事实过程以及冲突解决后果无直接或间接的利害关系。对行为心理规律的研究表明，决定主体行为态度和行为倾向的因素还包括主体的价值取向、社会政治见解、秉性情操、情绪感觉等。[①] 调解者在医疗纠纷调解中起到举足轻重的作用，应以一颗公正之心维护其职业道德操守，抛弃个人偏好而以其专业认知来定性事件，对无法定性的纠纷需要注意调和技巧。调解者应中立地将双方提出的要求加以权衡分析，并最终推动合理方案的实现，但需要避免单纯的双方意见折中。提高调解者的素质能一定程度预防不公，而对调解者进行培训是较为有效的方式，培训内容除医疗专业知识以外，还应着重补充心理学、谈判技巧方面的知识，对调解者还可通过设立责任追究、行业惩戒等方式进行事后监督。我国需要尽快制定统一的第三方调解程序规范进而有效防止调解的不公与随意。

4. 调解方式的赔偿性质及法律依据

行政调解的赔偿性质属于补偿性，因为立法也考虑到了保护医疗人员的积极性，防止“防卫医疗”的趋向，所以在赔偿金额较之民法更少。但是它也规定了从行政角度对医疗机构及其人员的处罚，包括吊销医疗机构许可证、医师资格证等。而民间第三方为调解主体的调解方式自由度更大，更适用类似与协商方式解决的民法对照，在此不再赘述。

①棚瀬孝雄. 纠纷的解决与审判制度. 北京：法律出版社，2004年，第60～61页。

二、国外的医事 ADR 程序的主要形式

(一)美国的医事 ADR 程序的主要形式

美国是 ADR 运用于医疗纠纷处理比较理想的国家,这和它经历的医疗侵权诉讼阶段密切相关,也和其完善的保险制度密不可分。美国自 1840 年医疗过失诉讼爆发以来,医疗侵权诉讼经历了三个主要阶段,出现了大量的医事侵权诉讼和天价赔偿的裁定,使得司法、保险业以及医疗界受到巨大重创,正是因为面临专业责任保险系统的危机和医疗民事侵权制度问题的双重困境背景下,美国将 ADR 模式引入医疗纠纷解决中。

美国克林顿政府曾在上世纪 90 年代发布法令,鼓励将 ADR 在医疗纠纷领域推广。ADR 在政府及私立机构的一系列改革计划中被广泛应用于医疗纠纷的解决中。1997 年,美国仲裁协会(AAA)、美国律师协会(ABA)以及美国医药协会(AMA)作为发起机构,联合成立国家医疗纠纷解决委员会(NCHCDR),并由其实施"正当程序议定书"计划,以推进 ADR 在解决医疗纠纷过程中的广泛运用。1998 年 3 月,该委员会向三家发起机构提交了最终报告。报告获得批准并被采纳为三家机构的一项政策。报告推荐了一系列解决医疗纠纷的 ADR 方式,包括:(1)监察人制度。被指定的中立第三方收集医疗纠纷有关的信息,并由其进行独立的调查进而提出纠纷的解决方案,监察人也可以向当事人提供有关程序进行的信息。(2)事实发现。由中立人进行调查,并根据纠纷的事实出具一份无约束力的报告。(3)达成一致意见。由中立的第三方(通常是一位会议召集者),召集纠纷各方(或其代表)通过有组织的谈判以使各方达成一致意见。(4)调解。纠纷各方在中立第三方的帮助下,通过协商尽量协调分歧,调解所达成的协议往往不具有约束力。(5)仲裁。纠纷被提交给一个或多个中立的仲裁员,由仲裁员根据预先制定的程序作出具有约束力的最终裁决。①

目前美国医疗纠纷主要采用协商、调解、仲裁以及审前委员会筛查制度这四种 ADR 类型,其中第四种审前委员会筛查制度是唯一随着医疗纠纷官司发展的 ADR 方式,美国大约有半数州都建立了该项方式的法规,用以诉前审查和提供顾问意见,各州在组成方式和程序上都不同,但是目的是排除不合理的索赔与鼓励合理的索赔在诉前解决。② 民权意识的强烈以及医疗事故赔偿的惩罚性判决,使得美国出现了医疗诉讼爆炸,导致司法体系遭遇"休克"的重创,因此建立了以赔偿可能性为原则

---

①张海滨.医疗纠纷的非诉讼解决方式——医疗纠纷 ADR.中国卫生事业管理,2003 年,第 3 页。

②JohnJ. FraserJrandtheCommitteeonMedicalLiabilityPediatrics,"TechnicalReport: AlternativeDisputeResolutioninMedicalMalpractic",Pediatrics,vol. 107. no. 3(2001),pp. 602～607.

认定医疗纠纷的可诉性。审前委员会制度为医疗纠纷 ADR 提供良好的专业平台，成为医疗侵权诉讼的一个“筛子”，避免了赖讼与滥讼，委员会中医生和律师的专业意见使得公众能够更好地对具体纠纷进行定位，对节约司法资源，凸现公正性解决起到一定的指导意义。

(二)日本的医事 ADR 程序的主要形式

日本的医事 ADR 程序的主要形式有三种，即当事者之间的对话解决、法院的调解和诉讼、日本医师会的解决。[①] 日本自上世纪 70 年代开始公布一套医疗事故特殊处理办法，即日本医师赔偿责任保险制度。日本医师会作为一个团体与保险公司签订合同，对已参加保险的医师会会员的医疗过失负有赔偿责任。医师会下设调查委员会和鉴定委员会，均由医学专家和律师组成，两个机构分立是为了避免片面性，求得公正的判定，协同地方医师会一起出面与患者家属协商解决；如协商失败，则通过诉讼经法院解决。日本对医疗事故判断强调注意义务、预见义务、回避义务和承诺。具体而言，日本有关有利纠纷的非诉讼处理机关是设置在医师协会内的医疗纠纷处理部。日本医疗纠纷处理利用医疗保险赔偿制度，主要步骤为三步，首先是医生受理患方赔偿请求，并将该请求提交至都道府县医师协会，由医师协会进行判断后，再委托协会申请理赔；其次，医师协会和保险公司成立联合调查委员进行调查，再交赔偿委员会进行审议；最后基于审议决定，进入医疗纠纷实质性处理和解决阶段。其中为了保证及时、公正地处理医疗纠纷，赔偿审议时，医师协会、保险机构以及与医疗纠纷相关的审查员不能参与审议，而由处于中立立场、学识渊博、经验丰富的专家、学者共计 10 名审查员(医学系毕业的学者或专家 6 名，法律专家 4 名)进行审议，按照过半数的原则确定决议，审议的内容包括：是否应该承担赔偿责任；应当负担的赔偿数额；为了公正、妥当地处理其他医疗纠纷而应采取的对策等，上述内容必须以书面形式予以表示。[②] 日本的非诉讼处理机关的赔偿委员会很值得我国借鉴，我国医疗事故鉴定专家的公正性遭受到质疑，主要是鉴定人员无法独立，在鉴定人员的选取方面，日本选择的专家学者中四成为法律人士，独立于医疗系统之外，其医学专家学者也允许扩展为是相对独立的大学教授等，使得医学专家范围也扩展到临床业务之外包括理论学者等，这些人员的结构较好地保障了独立性与公正性。

(三)德国的医事 ADR 程序的主要形式

德国的医疗纠纷主要通过非诉讼方式解决。德国医师协会所设的医事 ADR 主要为三种：医疗协会调解所、纯粹的医学上的专家鉴定委员会、介于二者之间的鉴

①周秀芹，赵立新. 日本的医疗事故纠纷与处理办法. 国外医学·社会医学分册，2002 年第 1 期。

②[日]植木哲. 医疗法律学. 北京：法律出版社，2006 年，第 33，43 页。

定一调解所，在各州采用模式不同。在1975年以后，在各州分别设立了医疗鉴定委员会或医疗调解所、医疗鉴定委员会或调解委员会一般由一名法律工作者（多为退休法官）和二名到四名医生共同组成，其管辖权为所在地区的医疗单位。患者和医生双方都可以通过申请将纠纷提交委员会或调解所处理。程序是，首先确定作为有关专业的医疗委员人选；之后，由该委员参照病例对事实进行调查，听取有关人员的意见，如果必要则由委员会任命鉴定人作出鉴定；最后，在事先确定的日期，全体委员对鉴定及事实进行口头辩论，如果认为属于医生的失误或责任，应给予其再一次发表意见的机会。委员会根据全体成员的意见制作和向当事人发出书面通知，通知中包含对事实的确定、医疗上的判断以及法律上的评价，但并不是具有法律约束力的裁定。整个程序是免费的而且处理迅速，因此知名度与利用率较高，对于减轻诉讼的压力，为当事人提供评价性的参考意见具有重要意义。[1] 德国和我国同属大陆法系国家，其医疗纠纷ADR的成效主要首先因为有完善的医疗健康保险作为强大的支撑，再者是专业的鉴定成员，在程序方面与我国有所不同的是引入了口头辩论，有别于我国的专家鉴定程序。因为鉴定本身是一种借助自己的专业知识的主观意见，专家辩论方式实则可以增加一种交流讨论机会，也是一种群体纠偏方式，真理能够经得起讨论与反驳，形成一种越辩越明的状态，当然这种针对专家内部相对公开的讨论程序，需要个人具有深厚的专业素质以及坚定的性格，如果是“随风倒”的专家类型，则无法为群体提供最终公正的鉴定结论。此外，德国的医疗鉴定免费对于我国目前实现尚有困难，主要是财政补贴不足及相应独立公正的机构的缺失。目前我国部分地区如上海徐家汇区已有所尝试，进行诉前调解，鉴定由医院先垫付鉴定费，这些措施有利于加快并引导医疗纠纷的合理解决。

(四)其他国家的医事ADR程序的主要形式

新西兰在1974年以来，由劳动部、社会福利部、卫生部联合在中央和地方分别设立意外事故赔偿委员会。包括医疗事故原因造成的损伤，要在24小时内报告意外事故委员会调查处理，如若当事人有异议，可由意外事故赔偿委员会仲裁。丹麦和比利时等国有明文规定，如果医师有责任，一般以公函形式通知医院和本人，指出医务人员在某一方面发生了医疗过失，严重的提交法庭按有关法律处理。丹麦也设有全国医学法律委员会，成员由司法机构选择的一批医学专家组成，受理地区卫生官解决不了的疑难医学纠纷问题。[2] 这些国家的尝试共同点在于有效地组织专业力量，包括开展仲裁及法庭附设等方式解决医疗纠纷等方式。

---

①柯阳友，吴英旗. 我国医疗纠纷解决机制之重构. 甘肃政法学院学报，2006年第6期。

②佚名. 国外医疗事故处理简介，http://www.zjyl120.com/querya/2007/1/20070129145913l1261.html，2007年7月16日。

第三节　医事 ADR 程序的展望

一、构建医事 ADR 的多元调解者

医疗纠纷调解主体可以是多种类的，调解并不是单一的，存在行政调解、仲裁调解、保险机构调解、人民调解、行业调解、中介调解等不同方式。未来可以构建合理的多元的医事 ADR 调解中立方参与的调解制度。

(一)主流调解者

卫生行政部门以《医疗事故处理条例》为依据成为我国医疗纠纷现今的主流行政调解者，卫生行政部门也因为无法超然于医疗系统机构，所以其调解地位一直受到质疑。

作为主流调解者的卫生行政部门，是行政调解方式公正合理解决的重要推动者，应为了中立而超然，为了公正而积极。就程序而言，“淡漠”的中立者能够起到无偏见的效果，为了保持纠纷调解者的中立，卫生部门应无所利益偏袒地看待问题，但并不意味着不积极履行调解者的身份，促成医疗纠纷的合理解决。在积极履行自己的责任方面，卫生行政部门应当认真监督审核医学会组织人员鉴定的各环节，包括判断或者组织专业人士判断鉴定结论形成的程序和依据是否恰当合理，起好程序监督员的作用。我们认为可以结合本地实际制定条例规章，从程序方面明确行政部门作为调解者的工作职责、权限范围，对相关人员进行专业知识培训，或者招聘部分专业背景人员对鉴定结论进行监督，看该结论是否科学无偏，并配合制定专家鉴定人责任及行政调解监督者责任等条款。

此外，作为行政调解者的主要依据，我国的医疗事故鉴定以后应当在如下方面得到加强：提高医疗专家鉴定的独立性，突出医疗鉴定的医学方面的专业性，加强对医疗专家鉴定人的管理，完善医疗事故鉴定采信标准，建立医疗专家鉴定制度的监管体制。

(二)其他 ADR 调解主体

1. 仲裁机构

因为仲裁方式具有意思自治、合法、独立公正及一裁终局原则，是非诉讼解决方式中较为权威的解决方式之一。医疗仲裁方式对于仲裁员的专业程度要求颇高，加之利用仲裁的快捷、公正的程序，使得医疗纠纷能够迅速解决，该方式适合医疗技术方面事故性质的纠纷类型以及需要尽快得到救济赔偿的纠纷类型，可以使得患者方

尽快得到过错方的赔偿,弱化医患矛盾冲突。

在世界许多国家和地区,仲裁已经成为与诉讼制度并行不悖、相互补充的重要社会机制。例如1997年,美国仲裁协会、美国律师协会以及美国医学会发起联合成立了国家医疗纠纷解决委员会。我国台湾地区将调解、仲裁作为医疗纠纷处理的重要机制,台湾地区还成立了专门的医事仲裁委员会。我们认为可以在已经依我国仲裁法建立起来的各市仲裁委员会的基础上,在其内部建立专门处理医疗纠纷的部门和组织专门的专家,可以在有效利用现有资源的同时,兼顾对医疗纠纷处理的技术鉴定、程序监督等专业性需求。

2.保险机构

中国目前并没有实行全社会统一的综合性医疗责任保险制度,究其原因,有学者分析主要有:保险公司的逐利性与医疗机构的公益性和福利性之间存在矛盾;保险险种和条款设计不合理;政府对医疗责任保险的引导和监管不力;全社会的保险意识不强;相关法律法规对于医疗赔偿规定不统一。我国部分地区已开始尝试着医疗责任保险,我国出现了云南、上海、深圳、北京四种医疗责任保险模式,但实施情况不容乐观。

医疗责任保险能较好地转移医疗机构及其医务人员的责任风险,更快捷地救济患者,国外已推行数十年。保险机构成为ADR调解的第三方主体的实现,实际更能在公正性上体现价值。首先,保险机构独立于医疗团体和行政机构,其地位比较中立,如日本的医疗事故鉴定委员会最初获得的原始资料搜集人员就有保险公司的人员参与,这在一定程度上也加大了处理的透明度和合理解决纠纷赔偿的筹码。其次,为了保险公司的收益和高效运作,对于涉及的医疗纠纷,保险公司都会进行详尽的查询,其运营思维是寻找到不赔偿的充足理由为出发点;再次,保险机构的专一功能决定了其更能应付突发的巨额赔偿,而能够使医疗机构从债务中解脱出来,也使得患者尽快得到应有的赔偿,降低医患之间的冲突和对立。作为独立于医疗机构的保险人应当全权出面和解、调解,维持正常的医患关系。所以实务操作中,保险机构内部的医疗技术鉴定人员、核保人员及调协谈判人员的专业水准,能直接决定保险机构作为ADR调解主体的质量。为了更好地通过非诉途径解决医疗纠纷,我国可以建立强制医师入保、医师协会成立专属保险机构、参照美国信托或再保险模式以及成立医师责任互保等模式。

3.民间的医疗调解中心

现行实践中,山西、安徽、江苏、北京等地纷纷出现了依托于司法局、居委会、医疗保险公司或纯民间性质的第三方调解机构。如何保证第三方调解机构有足够的经费维持经营发展,又不失其独立、公正,成为医疗纠纷调解中心发展的瓶颈问题。

此外,媒体、警察、卫生监督机构、政府信访部门、人大、政协等部门都可能介入成为调解的第三方。

二、新的医事 ADR 程序方式的构想

除我国现存的协商方式、行政、民间力量调解方式外，借鉴 ADR 的体系及国外经验，还可以构建如下的其他 ADR 方式，但尚待实践进行检验。

(一)模拟诉讼的方式

模拟诉讼的方式可分为两个主要步骤进行，首先是模拟诉讼，其次是调解或者仲裁。模拟诉讼过程中可以聘请经验丰富的民事裁决领域的退休法官、司法鉴定专家或者医疗事故鉴定专家进行论证，医疗法相关律师或者学者进行类似“陪审团”的旁听，在辩论举证过程中将事实辨明清楚，专家论证并找到纠纷的症结。由模拟诉讼得到的结论，再请中立的第三方进行调解，第三方可以是向法院、公证机关申请调解、仲裁，也可以是独立的民间力量的第三方主持调解，最后达成协商一致。该方式能够很形象地使医患双方感受诉讼途径的弊端，包括模拟诉讼过程中使得双方预测到正式诉讼程序需要的成本，比较适合纠纷事实清楚、患者不理性的类型，可以使其看清 ADR 合理解决的优势，理性地选择合适的方式解决医疗纠纷。

(二)法院附设的 ADR 方式

法院附设的 ADR 程序中，无论是促进双方和解的中立人，还是作出评价性的判断或假定性裁决的法官，通常都是来自于法院之外的律师、退休法官、相关行业专家或法院的辅助人员。在 ADR 程序进行中，法官通常不直接介入双方交涉的过程，法院只是监督 ADR 的程序是否符合法律，它本身不能参与其中。此类更适合非事故性医疗纠纷或者不通过鉴定而直接解决事故性医疗纠纷的类型，该两种类型需要有力的监督加强公正性。

(三)保险机构主导的调解方式

如前所述保险机构中立的优越性，由保险机构的介入调解，我国可以建立类似美国、日本的赔偿委员调解方式。具体运作借鉴前文述及的美国的审前委员会、日本的医疗保险和医师协会联合会为调解和决定赔偿额的主体的方式。但目前的困境是医疗责任保险尚未广泛开展起来，因此受众范围较小。

(四)建立医疗纠纷专门的患者协会

此可以借鉴我国的消费者协会及其他消费者组织等社会团体，可以构建类似的如“患者权益保护法”等法规，切实加强患者的权益。仿照对消费者组织的规定，医疗纠纷患者协会可以成为帮助患者的社会组织，其履行的职责包括向患者提供消费信息和咨询服务；协助患者启动行政调解、医患协商、申请医疗事故鉴定及司法鉴

定;参与有关行政部门对医疗服务的监督检查。该协会定性属于社会团体,成员需要具备比较专业的医疗法学背景知识、熟练的谈判技能及沟通技巧。患者协会可以成为医疗信息不对等情况下患者方的维权团体,对于合理解决医疗纠纷有了更为专业的平台和疏通管道。

(五)依托卫生法学会进行调解

我国自1993年成立了中国卫生法学会,很多省也陆续成立了卫生法学分会,由从事卫生行政管理、法律工作、教学、研究的专家、教授、学者、律师等相关人员组成,这部分人员具有良好的卫生法学素质,又比较了解我国医疗纠纷处理的法律背景,对于理性地处理医疗纠纷并提出合理的建议是宝贵的资源。可以依托这一专业性社团组织作为医疗纠纷处理的机构,作为调解的中介,抑或是政策咨询的团体。

诉讼途径可以在事实基础上以法律的手段进行判断衡量,而非诉讼途径下,有更多灵活的途径进行选择,因而也存在不定性,不过可以通过程序方面的规制避免不公。多种ADR方式可供的选择优势,使得不同类型的医疗纠纷个案的解决方式可以按需而定,程序方面更为贴切,但需要采取相应措施减少灵活程序带来的不确定性,执行力即是其中一个重要问题。

三、加强ADR执行力保障的思路

ADR的便捷使其不失为实现正义的优质的纠纷解决途径。相比诉讼途径,ADR的灵活运作方式以及对赔偿结果的人性化商议过程更能满足民众的心态和诉求,更能发挥当事人的自决。但为预防实务中存在的抵赖现象,仍需以下方法对执行力加强保障。

(一)达成合意的程序可以借助国家力量

为加强最终达成协议的有效性,在达成合议的过程中,可以借鉴国家力量进行监督,比如法院附设或者仲裁方式进行的调解,因为机构和专业人士的介入,而更具有权威性和公信力进行证明,也便于之后程序步骤的规范。

(二)提高协议书质量,确保协议的有效性

为保证协议的有效性,签订协议的内容中应对赔偿原因作如实的描述。若协议书中仅以患方家庭经济困难等原因给予补偿等,隐瞒事实情况,一旦患者提起民事诉讼,双方达成的协议将被法庭视为无效协议。协商解决体现了医患双方高度意思自治的原则,协商后少有反悔,但由于它本质上属于契约,效力较弱,为避免日后一方反悔,应设定违约条款。总体而言,就双方达成的最终协议,应当符合民法原则:医患双方均应具备合格的主体资格,即行为人具有相应的民事行为能力。双方意思表示自愿真实,不得有欺诈、乘人之危等情形;不违反法律或者社会公共利益;避免

对行为内容有重大误解;不得显失公平。在协议内容中应当对这些原则有所体现,防止日后变卦,而无过错方权益无法保障。除此以外可以以要式合同格式为参照,可以采取附条件的合同形式等方式加强保障,注意形式上保持全面完整性,用词精准。

(三)设计特殊的保全程序

民事诉讼制度中,由诉讼经过判决程序再到取得执行名义,当事人需要等待一段时间。而在这段时间中,情况很可能发生变化,使得将来取得的执行名义得不到完满的实现。为补救此不足,在民事诉讼中设立了民事保全程序,在当事人实体权利义务关系终局性确定之前,先给予申请人执行名义,从而限制被申请人处分其财产或为其他行为,保全将来执行名义的实现。为了便于医疗纠纷的赔偿能够及时送达,受害者迅速得到救济,可以借鉴民事诉讼的保全制度,因涉及非诉讼而无判决问题,可以将此保全职责交由中立部门如公证机构或者行政部门暂时代为限制冻结。

(四)合意协议的执行可借助国家公权力

为确保 ADR 方式达成结果的执行,可以从程序上借助国家公权力对当事人双方约束。对于协商调解可以有三种方式借用公权力,其一是通过公证,需要当事人按照《中华人民共和国公证法》的程序进行申请,而且涉及公证的内容符合相关规定,比如没有经过医疗事故鉴定或者更有效的方法,双方对医疗纠纷类型进行定性,一致认为是医疗事故,如果不能出具相应证明或者出具虚假证明,则不能进行公证;其二是启动诉讼程序后,请法院审查协议进行司法认可;其三是启动仲裁程序的方式对协议进行认可。医疗事故仲裁协议应当以书面形式达成,该协议可以采取在医疗合同中的仲裁条款或者单独协议的形式。仲裁协议应当具备以下内容:(1)请求仲裁的意思表示;(2)仲裁事项;(3)确定的仲裁机构。仲裁协议如构成合同的一部分,则合同的存在与否、变更、解除、终止、无效或失效,不影响仲裁协议的效力。

(五)加强诚信观念,提倡自觉遵守

康德说:“人最适合于服从他给自己规定的法律,或者是给他单独规定的,或者是给他与别人共同规定的法律。”在理想的状态下,双方加强诚信观念,自觉履行自己的承诺,最可能有效地阻隔事后的失约。提升当事人双方的诚信度,是预防“变卦”的最优途径,降低了时间和金钱上的成本,而不至于事发之后再费力进行救济,或者再次回到原点重新开始讨论医疗纠纷解决的被动局面。

思考题

1. 根据现行法律规定我国处理医疗纠纷可以采取哪些方式？
2. 建立医疗纠纷的 ADR 解决机制有何现实意义？
3. 如何完善我国的医疗纠纷解决机制？

主要参考文献

1. 蒲川,王安富主编.医事法学.重庆:西南师范大学出版社,2008 年.
2. 张静,王萍主编.卫生法学.重庆:西南师范大学出版社,2008 年.
3. 杨淑娟主编.卫生法学.长春:吉林人民出版社,2008 年.
4. 邢学毅.医疗纠纷处理现状分析报告.北京:中国人民公安大学出版社,2008 年.
5. 林文学.医疗纠纷解决机制研究.北京:法律出版社,2008 年.
6. 乔欣.仲裁法学.北京:清华大学出版社,2008 年.
7. 江伟主编.民事诉讼法.北京:高等教育出版社,2007 年.
8. 古津贤主编.医疗事故法律问题研究.长春:吉林大学出版社,2007 年.
9. 陈志华主编.医疗纠纷案件律师事务.北京:法律出版社,2007 年.
10. 陈志华.医疗纠纷案件律师业务.北京:法律出版社,2007 年.
11. 黄进,宋连斌,徐前权.仲裁法学.北京:中国政法大学出版社,2007 年.
12. 常英主编.仲裁法学.北京:中国政法大学出版社,2007 年.
13. 古津贤主编.医事仲裁与诉讼.北京:中国科学技术出版社,2006 年.
14. 付子堂等.医疗纠纷案件审理之实证分析.北京:人民法院出版社,2006 年.
15. 宋朝武主编.仲裁法学.北京:中国政法大学出版社,2006 年.
16. 常怡主编.民事诉讼法学.北京:中国政法大学出版社,2005 年.
17. 谭兵主编.中国仲裁制度的改革与完善.北京:人民出版社,2005 年.
18. 宋连斌主编.仲裁理论与实务.长沙:湖南大学出版社,2005 年.
19. 樊崇义主编.证据法学.北京:法律出版社,2004 年.
20. 何家弘主编.证据法学.北京:法律出版社,2004 年.
21. 谭兵.民事诉讼法学.北京:法律出版社,2004 年.
22. 石俊华主编.医事法学.成都:四川科学技术出版社,2004 年.
23. 杨荣新主编.仲裁法学案例教程.北京:知识产权出版社,2004 年.
24. 杨荣馨主编.民事诉讼原理.北京:法律出版社,2003 年.
25. 黄丁全.医事法.北京:中国政法大学出版社,2003 年.
26. 程晓明主编.医疗保险学.上海:复旦大学出版社,2003 年.

27. 张卫平. 外国民事证据制度研究. 北京：清华大学出版社，2003 年.
28. 王甲江伟，邵明，陈刚. 民事诉权研究. 北京：法律出版社，2002 年.
29. 王亚新. 对抗与判定——日本民事诉讼的基本结构. 北京：清华大学出版社，2002 年.
30. 陈平安主编. 中国典型医疗纠纷法律分析. 北京：法律出版社，2002 年.
31. 唐德华. 医疗事故处理条例的理解与适用. 北京：中国社会科学出版社，2002 年.
32. 何家弘. 证据学论坛（第五卷）. 北京：中国检查出版社，2002 年.
33. 谭兵. 外国民事诉讼证据研究. 北京：法律出版社，2002 年.
34. 范愉. ADR 理论与实务. 厦门：厦门大学出版社，2002 年.
35. 张斌生主编. 仲裁法新论. 厦门：厦门大学出版社，2002 年.
36. 范愉. 非诉讼程序（ADR）教程. 北京：中国人民大学出版社，2002 年.
37. 王才亮. 医疗事故与医患纠纷处理实务. 北京：法律出版社，2002 年.
38. 范愉. 非诉讼纠纷解决机制研究. 北京：中国人民大学出版社，2000 年.
39. 徐忠明. 思考与批评：解读中国法律文化. 北京：法律出版社，2000 年.
40. 章武生主编. 民事诉讼法新论. 北京：法律出版社，1993 年.
41. 江伟主编. 中国民事诉讼法专论. 北京：中国政法大学出版社，1998 年.
42. [日]植木哲. 医疗法律学. 北京：法律出版社，2006 年.
43. [日]棚濑孝雄. 纠纷的解决与审判制度. 北京：法律出版社，2004 年.
44. [日]谷口安平. 程序的正义与诉讼. 北京：中国政法大学出版社，2002 年.
45. [日]小岛武司. 诉讼制度改革的法理与实证. 北京：法律出版社，2001 年.
46. [日]井上治典等. 新民事诉讼. 日本评论社，1987 年.
47. [日]三乐章. 民事诉讼法. 弘文堂，1986 年.

后 记

“健康是人全面发展的基础，关系到千家万户的幸福”，胡锦涛同志在党的十七大报告中把党和国家对医疗卫生、人民的生命健康权益的重视放到前所未有的高度。《医事程序法学》是一门以维护公民生命健康权益为宗旨的专门法学，是医学、药学、卫生学等学科与诉讼法学相结合的新兴的交叉学科。

实践证明，医学院校的学生学习医事程序法学对于拓宽他们的知识结构，提高综合素质，在今后的工作岗位上切实维护公民生命健康权益，都具有十分重要的意义。为此，我们编写了本书供高等医药院校研究生、本科生教学使用，本书也可作为医疗卫生机构的工作人员、卫生行政管理人员以及社会大众学习了解医事法学理论的参考书。

本教材由天津医科大学、重庆医科大学、大连医科大学、南方医科大学、第三军医大学、杭州师范大学、滨州医学院、泸州医学院、昆明医学院、川北医学院等院校共同编写完成，按编写顺序，编写者分别为：冯磊（绪论、第一章），古津贤、李博（第二章），杨自银（第三章），王安富、陶然（第四章），刘博（第五章），张新华、辛佳锶（第六章），王永刚（第七章），汪丽青、廖晨歌（第八章），曲娜（第九章），罗秀（第十章），赵会朝、王国平（第十一章），赵会朝（第十二章），唐建、邓虹（第十三章），杜仕林（第十四章），巵怡（第十五章）。本书由蒲川、古津贤、张新华、冯磊、王国平、邓虹统改定稿。

本书编写过程中得到西南师范大学出版社、重庆医科大学以及参编院校领导的关心和支持，在此表示诚挚的感谢。

由于医事程序法学是一门新兴学科，许多理论问题还有待于进一步的研究和探讨，加之本书成书时间短促，作者水平有限，疏漏不当之处在所难免，敬请各位读者不吝赐教。

编者

2009 年 8 月

图书在版编目(CIP)数据

医事程序法/古津贤主编. —重庆:西南师范大学出版社,
2009.7
全国高等医药院校医事法学规划教材
ISBN 978-7-5621-4707-7

Ⅰ. 医… Ⅱ. 古… Ⅲ. 医药卫生管理—法规—中国—医
学院校—教材 Ⅳ. D922.16

中国版本图书馆 CIP 数据核字(2009)第 140912 号

医事程序法

古津贤　张新华　主　编
冯　磊　王国平　邓　虹　副主编

责任编辑:郑持军
整体设计:白　好
出版发行:西南师范大学出版社
地址:重庆市北碚区天生路 1 号　400715
市场营销部电话:023—68868624,68254350(传真)
http://www.xscbs.com
经　　销:全国新华书店
印　　刷:重庆东南印务有限责任公司
开　　本:787mm×1092mm　1/16
印　　张:17.5
字　　数:380 千字
版　　次:2009 年 8 月　第 1 版
印　　次:2009 年 8 月　第 1 次印刷
书　　号:ISBN 978-7-5621-4707-7

定 价:25.00 元